새로운 세대를 위한
세계사 편지

새로운 세대를 위한
세계사 편지

임지현 지음

'만들어진 역사', 국사와 세계사 교과서를 찢어버려라

휴머니스트

머리말

월간 〈우리교육〉에 '역사 에세이' 연재를 시작한 게 2000년 2월이니 꼬박 10년이 지났다. 연재는 딸에게 보내는 편지 형식을 취했는데, 교육적인 고려 때문만은 아니었다. 편지라면 빨리 쓸 수 있겠다는 얄팍한 계산이 더 컸다. 그래도 그 형식의 자유로움 덕분에 답답한 직업적 타성에서 벗어날 수 있었다.

당시 나는 한국 사회의 역사 인식이 본질주의적 사유방식에서 자유롭지 못한 게 큰 문제라고 생각했다. 왕조사든 민중사든 교과서적 고정관념을 깰 수 있는 주제들을 부러 찾았다. 교과서적 역사를 흔들 수 있다면 국가든 민족이든 계급이든 젠더든 주제는 상관없었다. 해체의 전략으로는 언젠가 발터 벤야민(Walter Benjamin)이 제시한 '일화(anecdote)'적 역사 서술을 택했다. 공식적 역사 서술이 구축한 정교한 인과관계를 흔드는 데는 불쑥불쑥 이야기를 던지는 방식이 효과적이라고 생각했기 때문이다. 당시로서는 그런 접근방식이 신선하게 느껴졌던 모양이다. 연재가 끝나자 묶어서 단행본으로 출판하자는 제의를 여러 출판사에서 받았다.

 그러다 이런저런 일로 바빠 미적거리는 사이에 10년이 훌쩍 지났다. 그새 많은 이야기들이 낡은 것이 됐다. 원고를 다시 읽어보니 새롭다는 느낌도 별로였다. 당시 중학교 2학년이던 큰애도 대학을 졸업하고 사회인이 됐다. 너무 커버려 옛 편지들이 영 어색해졌다. 그러니 출판사의 성화에도 손이 안 갔다. 슬그머니 손을 놓고 있었는데, 옆에서 보기가 답답했나 보다. 휴머니스트출판사의 김학원 대표가 직접 나서서 새로운 제안을 내놓았다. 수신인을 아예 바꾸어 딸애 대신 이런저런 역사적 인물들에게 보내는 편지 형식을 취하는 게 어떻겠냐는 것이었다. 좋은 생각 같아 안식년에 새로 쓰기로 했다.

 2009년 9월에 교토로 왔는데, 말만 '안식'년이었다. 그러다 겨울 초입, 광저우의 쑨중산 대학에 갔다가 다리가 부러졌다. 그 덕에 나는 자유로워졌다. 거부하기 어려운 초청들도 예의바르게 거절할 수 있었고, 이미 약속한 것들도 당당하게 안 지켰다. 부러진 다리 소식을 듣고는 오히려 상대방들이 더 미안해했다. 그래서 2010년 1월과 2월에는 '강제된 휴식'을 즐길 수 있었다. 이 책은 주로 그 덕이다.

 먼저 다리가 부러지는 충분조건을 제공해준 쑨중산 대학 인류학과, 사학과 교수들에게 감사드린다. 그들이 마련한 학술대회는 즐거웠고, 뒤풀이는 더 즐거웠다. 밤늦게까지 쑨중산 대학 앞 광장을 가득 메운 채 놀이에 열중하고 있던 중국의 인민들에게도 감사한다. 그들의 놀이 덕분에 다리가 부러지는 필요충분조건이 만족되었고, 그 겨울 다리의 부자유를 담보로 나는 총체적 자유를 얻었다. 그들의 '결과적' 국제주의가 아니었다면 이 원고는 결코 완성될 수 없었을 것이다.

 어떤 사람들의 자유는 다른 사람들의 노동과 희생을 먹고 자란다.

아내는 느닷없이 목발을 짚고 돌아와서는 꼼짝 않고 집 안에 틀어박혀 있는 이 사이비 장애인을 겨울 내내 거두어 먹였다. 아내의 속마음을 부러 알려고 하지는 않았다. 무조건 감사한다. 아주 가끔 심부름을 했던 작은딸도 조금은 고맙다. 다가오는 노동을 예감하고 아예 멀리 도망갔다가 깁스를 푼 다음에야 돌아온 큰딸에게는 별반 감사할 게 없다. 그래도 《새로운 세대를 위한 세계사 편지》(이하 《세계사 편지》)는 원래 그 애로부터 시작했으니 내게 고마움을 요구할 권리는 있겠다. 하지만 내가 감사해야 할 의무는 없다.

교토에서 이 책을 쓸 수 있었던 것은 큰 행운이었다. 교토의 매력은 수많은 문화유산이 아니라 세월이 멈춘 듯한 뒷골목에 있다. 낡은 사진첩에 나오는 흑백사진 같은 교토의 뒷골목들은 일화적 역사와 이미지가 맞았다. 교토의 미치구사(道草) 덕분에 기억 깊숙이 숨어 있던 일화들이 슬금슬금 되살아났다.

교토의 뒷골목만큼이나 내 안식년을 풍요롭게 해준 니치분켄(日文硏, 국제일본문화연구센터)과 교토의 지인들에게 감사드린다. 니치분켄으로 나를 초청한 스즈키 사다미 교수는 쑨중산 대학의 세미나에까지도 나를 연루시켰으니 이중으로 도와준 셈이다. 이중으로 감사한다. 니치분켄은 뜻하지 않게 《세계사 편지》 저술을 지원한 꼴이 됐다. 그래도 예기치 않은 일탈을 묵묵히 감내하고 지원했다. 모든 스태프에게 고맙다.

교토의 일상적 우아함을 보여준 니시카와 나가오 선생 부부, 정착을 도와준 이소마에 준이치, 이타가키 류타 등의 우정에도 감사한다. 유학생 김병진은 이동의 자유가 없는 내 대신 책을 빌리고 반납해주었다. 세계 각국의 와인들을 아주 '착한' 가격으로 공급해준 일본의 포도주 수입업자들, 고율의 관세를 덜어준 자민당의 주류 정책 담당자들도 고맙다. 자민당의 정책 중에서 내가 유일하게 사는 부분이다. 덕분에 글쓰기 노동으로 지친 몸을 달랠 수 있었다.

휴머니스트의 김학원 대표, 선완규 주간, 최세정 편집장, 박태근 편집자에게도 감사한다. 아이디어가 풍부한 편집자들과 일하는 건 항상 즐겁다. 다리가 좀 더 일찍 부러졌다면 그들한테도 더 좋을 뻔했다. 내 학생이었다가 이제는 동료가 된 비교역사문화연구소의 하영준 연구교수는 원고를 꼼꼼히 읽고 귀중한 조언을 아끼지 않았다. 마지막 교정과 형식을 갖추는 데는 김선경 씨와 비교역사문화연구소의 심재 겸 조교의 도움이 컸다. 이종훈 형은 그 특유의 느긋한 날카로움으로 마지막 교정 단계에서 사실 문제들을 짚어주었을 뿐 아니라 귀중한 사진자료도 제공했다. 우정에 감사드린다.

가장 큰 감사는 지난겨울 운명하신 어머니의 몫이다. 생의 막바지에 암 병동에서 힘들게 싸우고 계신 어머니 앞에 나는 깁스에 목발을 짚고 등장함으로써 오랜 불효의 피날레를 장식했다. 대학에서 역사학을 전공하겠다고 하자 시댁의 가족사가 아팠던 어머니는 몸져누워 반대 투쟁을 하셨다. 역사가가 된 아들이 끝내 탐탁지 않으셨다. 이 책도 그럴 것이다. 그래도 여기서 이렇게 감사드리는 것 외에 달리 할 수 있는 일이 없다. 가슴이 쿵하다.

2010년 6월
임지현

차례

프롤로그 역사 교과서를 찢어버려라!　　　　　　　　　　12

1　'동양'과 '서양', 그 이분법의 해체를 위하여　　　　　18
　　에드워드 사이드에게　　　　　　　　　　　Edward Wadie Saïd

2　동아시아의 민족주의, 그 적대적 공범자들　　　　　42
　　사카이 나오키에게　　　　　　　　　　　　酒井直樹

3　식민주의, 나치즘, 그리고 홀로코스트　　　　　　　60
　　헤르만 괴링에게　　　　　　　　　　　　Hermann Göring

4　죽은 공자가 산 아시아를 잡아먹다　　　　　　　　74
　　공자에게　　　　　　　　　　　　　　　　　孔　子

5　파시즘과 식민지 마르크스주의의 역사적 해후　　　90
　　베니토 무솔리니에게　　　　　　　　　　Benito Mussolini

6　노동 해방에서 인민 동원으로　　　　　　　　　　108
　　이오시프 스탈린에게　　　　　　　　　　Иосиф Сталин

7　역사의 '주체'는 당신인가, 민중인가?　　　　　　 128
　　김일성에게　　　　　　　　　　　　　　　金 日 成

8　'한강의 기적', 대중의 욕망과 독재 사이　　　　　 150
　　박정희에게　　　　　　　　　　　　　　　朴 正 熙

9　불순한 마르크스주의를 위하여　　　　　　　　　170
　　로자 룩셈부르크에게 1　　　　　　　　Rosa Luxemburg

10　일상과 도그마의 사이에서　　　　　　　　　　 190
　　로자 룩셈부르크에게 2　　　　　　　　Rosa Luxemburg

11	불가능을 꿈꾸기, 혹은 꿈의 불가능성	214
	체 게바라에게	Che Guevara
12	권력의 장악은 혁명의 실패다	230
	마르코스에게	Marcos
13	시온주의, 홀로코스트, 그리고 이스라엘 국가주의	248
	다비드 벤구리온에게	David Ben-Gurion
14	우리도 악마가 될 수 있다: 악의 평범성	268
	한나 아렌트에게	Hannah Arendt
15	근대는 야만이다: 악의 합리성	286
	지그문트 바우만에게	Zygmunt Bauman
16	희생의 기억이 삼켜버린 가해의 기억	304
	요코 가와시마 왓킨스에게	Yoko Kawashima Watkins
17	사법적 무죄와 도덕적 죄의식	324
	얀 브원스키에게	Jan Błoński
18	문화는 국경이 없다	346
	니시카와 나가오에게	西川長夫
19	국경을 넘는 역사적 상상력을 위하여	362
	한·중·일의 동료 시민들에게	

| 에필로그 | 네가 서 있는 바로 그곳부터 파헤쳐라 | 382 |

딸이자 적에서
친구이자 강적이 된
희재와 희주에게

| 프롤로그 |

역사 교과서를 찢어버려라!

희재야.

이미 아득한 옛날 일이지만, 아빠와 같이 본 영화 〈죽은 시인의 사회〉 기억나니? 그 영화에서 영미 시를 가르치는 수업시간에 괴짜 선생 키팅이 학생들에게 소리를 치지. "쓰레기! 시를 어떻게 아메리카 톱 텐처럼 평가할 수 있겠나? 이제 그 페이지를 찢어버려라. 어서! 깨끗이 찢어……. 내가 듣고 싶은 건 프리처드 박사의 책을 찢는 소리뿐이다. 그 책은 성경이 아니다. 찢는다고 지옥에 가지 않는다. 어서 찢어, 깨끗이 찢어버려라." 잠깐 어안이 벙벙했던 아이들이 이내 신나게 교과서를 찢는 장면을 기억할지 모르겠다. 아마 나보다 더 생생하게 기억하겠지. 교과서를 찢어버리라는 키팅 선생의 혁명적 제안과 신이 나서 교과서를 찢어버리는 아이들의 모습을 한국의 교실에서 기대할 수 있을까? 무책임하다는 소리를 들어도 좋으니, 나 또한 아이들에게 교과서를 찢어버리라고 소리치고 싶구나.

검인정제도를 통해 국가가 공인한 한국의 역사 교과서는 정말 객관적인 걸까? 아시아 이웃에 대한 일본의 침략전쟁과 식민지에 대한 잔학행위를 부정하거나 축소시켜 서술하고 있는 일본의 《새역사교과서》만 왜곡을 일삼는 걸까? 일본이 대한민국이나 조선민주주의인민공화국보다 더 나쁜 국가라서 객관적이지 못한 나쁜 교과서를 공인한 걸까? 《새역사교과서》의 필자들에게 한국의 국정 국사 교과서를 본받으라고, 그래서 애국심과 민족사에 대한 자부심을 더 한껏 고취시키라고 촉구한 일본의 우파 언론인 〈산케이 신문(產經新聞)〉의 논조는 어떻게 이해해야 할까? 일본의 우파 민족주의자들이 한국의 국정 교과서를 더 객관적이라고 생각한 걸까? 국가가 도대체 언제부터 직접 나서서 역사 해석의 시시비비를 가릴 만큼 국민의 교육에 관심을 갖게 되었을까? 한국의 정치판을 보면 도저히 그럴 것 같지 않은데, 왜 국민의 교양과 지식수준을 높이려는 고상한 문화국가처럼 행세하려는 걸까? 국가권력이 요구하는 충성스러운 국민을 만들어내는 데 교육이 그만큼 중요하다는 증거가 아닐까?

1870년대에 유럽 국가들을 중심으로 의무교육이 도입된 이래 공교육체제는 국가가 자신의 정당성을 국민에게 설득하는 가장 기본적인 도구였다. 교육이 알 권리를 넘어서 국민의 의무가 된 것도 그런 이유에서지. 교육의 주도권이 중세 때부터 사교육을 주도해온 교회 등의 종교 공동체로부터 국가의 공교육체제로 옮겨지는 것도 국민적 의무가 됐기 때문이 아니겠니. 교사와 교육행정가 등 '교육공무원'을 양성하는 사범학교 혹은 사범대학의 제도개편이 뒤따른 것도 같은 맥락에서다. 프랑스에서는 사범대학을 'École Normale'이라 부르고, 중국에서도 사범대학의 영어 표기를 'Normal University'라고 부르는데, 재미있지 않니? 그 명칭만큼 국가의 규범 혹은 기준(norm)을 예비교사들에게 가르치고, 교사들은 이 규범과 기준을 학생들에게 가르친다는 공교육의 비밀을 잘 드러내주는 것도 없지 않은가 싶다. 의무교육 과정을 마친 국민이라면 모두 국가가 옳다고 주장하는 규범과 기준을 몸에 익히게 만든다는 교육의 목적 말이다. 국민 모두가 특정 종교나 집안, 촌락공동체와 같은 개별적이고 전통적인 사회조직에 대한 충성심을 국가에 대한 충성심으로 바꾸게 된다면 권력의 입장에서야 그보다 더 좋은 일이 없지 않겠니?

교과서를 찢어버리라는 키팅 선생의 주장에 공감하는 것도 바로 이런 이유 때문이다. 사물의 이치를 따지고 비판정신을 길러내는 교육이라면, 당연히 국가가 요구하는 규범이나 기준에 대해서도 의문을 가지고 삐딱한 눈으로 볼 수 있는 비판적 안목을 키우는 게 중요하지 않겠니? 그런데 교과서는 기존의 규범과 기준이 옳다고 무조건 외우라고 강요하니 곤란하다는 게 아빠 생각이다. 의무교육에 입각한 근대적 교육체제가 조국과 민족에 충성하는 민족주의의 신도들을 만들어내는 근대국가의 성전이라면, 교과서는 사실상 성경이나 마찬가지이겠구나. 이치를 따져서 분석하는 것이 아니라 무조건 믿고 외워야만 하는 도그마의 텍스트 말이다. 상대방의 교과서는 거짓이고 자기 교과서가 진실을 담고 있다고 주장하는 지금 한국 사회의 역사 교과서 논쟁이나 동아시아의 역사 교과서 논쟁도 그러니까 도그마를 외우게 만드는 구조적 문제에는 눈을 감고, 서로 자기 도그마가 옳다고 주장하는 코미디라는 게 아빠 생각이다. 내용에 앞서 교과서라는 형식과 구조 자체가 문제인 게지.

역사 교과서를 한번 들추어보면, 내용은 차치하더라도 '우리', '우리나라', '우리 민족' 등의 주어를 비롯하여 '해야 한다', '해야 할 것이다'라는 규범적 진술이 자주 등장하는 걸 발견할 수 있을 게다. 아빠가 세어보니 2002년판 중학교 국사 교과서의 불과 세 쪽짜리 서문에만도 '우리', '우리나라', '우리 역사'라는 주어가 스무 번 이상이나 나오더구나. 이처럼 신화적인 먼 옛날부터 '우리'라는 주어가 역사적 행위의 주체로 자주 등장하다 보니, 이런 서술에 익숙해진 학생들은 '우리'로 묶이는 국가와 민족이 항상 존재해왔다는 느낌을 가질 수밖에 없지 않겠니? 국가와 민족이라는 것이 시간과 공간을 초월해서 늘 존재해온 실재라고 느껴지면, 국민의 한 사람으로서 무언가를 같이해야겠다는 생각이 드는 건 당연하겠지. 신문의 칼럼이나 사설에서 '나'라는 주어 대신에 '우리 국민'이라는 주어가 빈번히 사용되는 것도 이러한 반복훈련의 결과일지 모르겠구나. 더욱이 이런 주장에 동조하지 않으면 '우리 국민'이 아닌 '비국민'으로 낙인찍고, 민족 배반자나 이적 행위자로 고발하는 마녀사냥을 정당화하기 때문에 '우리'라는 용법은 참 무섭다.

더구나 '우리'라는 모호한 집단적 주체가 다시 규범적 술어와 결합하여 '우리 국민은 마땅히 무엇 무엇을 해야 한다'라는 당위적 서술로 발전하면, 이것은 더 이상 역사적 해석이 아니라 폭력이 아닐까? 누군가 그러한 주장에 반대하면 그 사람은 더 이상 국민의 한 사람이 아니라, 그러니까 '우리'가 아니라 '저들'이 되어버리는 거지. 이에 비하면 '우리 일본인의 조상'과 같은 구절이 간간이 발견되기는 하지만 '우리'라는 집단적 주어를 별로 사용하지 않는 일본의 《새역사교과서》는 한국 국사 교과서의 국민 만들기를 따라가기에는 역부족이더구나. 〈산케이 신문〉이 《새역사교과서》 필자들에게 한국의 국정 국사 교과서를 본받으라고 분발을 촉구할 만도 하겠구나 하는 생각은 나만의 엉뚱한 생각일까? 그런데도 《새역사교과서》만 일방적으로 비판한다면 그 비판은 설득력이 있을까?

아빠는 한국의 국사 교과서와 일본의 《새역사교과서》는 무척이나 닮은꼴이라는 생각이 자꾸만 든다. 일본의 제국주의 침략 같은 특정한 역사적 사건에 대한 해석은 서로 다르지만, '피가 이어지는 조상의 역사'를 통해 고유한 국민의 역사를 배우고 단일한 집단적 의지와 욕구를 지닌 국민적 정체성을 기른다는 공통의 목표 아래 쓰인 책들이기 때문이다.

너희는 혹시 대학에서 움베르토 에코(Umberto Eco)가 쓴 책들을 읽었는지 모르겠다. 우리나라에도 《장미의 이름(Il nome della rosa)》, 《세상의 바보들에게 웃으면서 화내는 방법(Il secondo diario minimo)》 등의 책이 번역 소개된 이탈리아의 언어학자이자 기호학자, 중세문헌 연구자이지. 아주 박식하고 탁월한 지성인인 이 사람이 언젠가 파시즘 시절에 초등학교를 다녔던 어린 시절의 이야기를 한 적이 있다. '무솔리니의 영광과 이탈리아의 불멸하는 운명을 위해서라면 목숨을 바쳐야 하는가?'라는 제목의 글짓기 대회에서 열 살의 어린아이답지 않게 '거만한 수사'로 그렇다고 답해서 최우수상을 받았다는 이야기이다. 한국의 국사 교과서를 열심히 읽으면 읽을수록 어린 에코처럼 결사적으로 그렇다고 답할 수밖에 없다는 게 아빠의 판단이다. 에코처럼 지적으로 예민하고 발랄한 사람도 그럴 정도니, 보통 사람들이야 오죽하겠니.

그러니 희재야, 우리 교과서를 찢어버리자. 내가 쓴 이 《세계사 편지》마저 찢어버려도 괜찮다. 이 편지들까지도 찢어버릴 때, 너는 어느새 네 세계를 향해 성큼 다가가고 있을 게다. 네가 만드는 새 세상은 아빠가 들려주는 이 이야기가 더 이상 필요 없는 세상이기를 바란다.

'동양'과 '서양', 그 이분법의 해체를 위하여

— 에드워드 사이드에게

에드워드 사이드
1935~2003

팔레스타인 디아스포라가 낳은 대표적 지식인. 팔레스타인에서 태어나 이집트의 영국계 학교에서 중등교육을, 미국에서 고등교육을 이수했다. 컬럼비아 대학, 하버드 대학에서 교수로 있으면서 문학평론가이자 문명비평가로 활동했다. 1978년에 출간한 대표작 《오리엔탈리즘(Orientalism)》에서 동양과 서양은 역사·지리적 실체가 아니라 '상상된 지리'라는 관점에 서서 '동양'과 '서양'의 이분법을 해체했다. 이로써 세계문학과 민족문학, 서양 문화와 동양 문화 등 세계사의 개념 자체를 바꾸어놓았을 뿐 아니라 이후 '오리엔탈리즘'이라는 말이 일상적 단어가 될 만큼 커다란 반향을 일으켰다. 세 개 이상의 외국어 실력을 갖추지 않은 대학원생에게는 세미나 청강을 허락하지 않은 엄격한 학자로서 트랜스내셔널 연구의 중요성을 강조한 그는 영어와 아랍어 외에도 이탈리아어와 프랑스어에 대한 해박한 지식을 스스로 갖춘 연구자였다. 전문 연주자에 가까운 피아노 실력과 프로급의 테니스 실력을 지녔으며, 정치적 사안에 관해서도 적극적인 발언을 두려워하지 않는 지식인이었다. 팔레스타인의 '가장 강력한 정치적 대변자'라고 불렸으며, 2000년 7월에는 레바논 - 이스라엘 접경지대에서 이스라엘군을 향해 돌을 던지는 모습이 외신으로 알려지기도 했다. 2003년 9월, 팔레스타인의 평화를 끝내 보지 못하고 세상을 떠났다.

EDWARD WADIE SAÏD

　에드워드 사이드.

　당신의 이름을 나지막이 부르고 나니, 무척이나 다양해서 서로 모순되게 얽혀 있는 당신의 많은 이미지들이 떠오릅니다. 당신은 참 종잡기 힘든 사람이라는 생각이 자꾸 드네요.

　이스라엘 점령자들에게 저항하는 팔레스타인인들의 봉기인 인티파다(intifada)가 한창이던 1980년대 말이던가요, 아니면 1990년대 초이던가요? 가자 지구에서 아들 또래보다도 한참 어린 팔레스타인 청소년들과 함께 이스라엘군의 탱크를 향해 돌을 던지던 당신의 사진이 아직도 뇌리에 선명한데, 언젠가 〈런던 서평(The London Review of Books)〉에서 읽은 요한 제바스티안 바흐의 전기에 대한 당신의 서평은 여전히 놀라움으로 남아 있습니다. 바로크 음악에 대한 해박한 전문가적 식견과 미학에 대한 깊은 인문학적 사유가 기막히게 결합된 그 서평의 필자가 당신인 것을 깨닫고 경악했던 기억이 여전히 생생합니다. 궁핍과 곤경의 최전선에서 막강한 이스라엘군의 최신 탱크를 향해 절망의 돌팔매질을 하던 당신과 바로크 음악의 악보와 역사를 눈부시게 타고 넘던 당신의 이미지들은 쉽게 겹쳐지지 않았습니다.

　팔레스타인해방기구(PLO) 평의회에 참가한 대표적 지식인이면서도 당신은 PLO의 정치적 부패와 비민주적 관행, 원초적 민족주의의 한계에 대해서는 비판을 참지 못했지요. 미국의 중동 정책에 대해서는 그 누구보다 비판적이면서도 미 국무성의 중동문제 자문 요청에 대해서는 세상 비판을 다 감수하면서까지 지푸라기라도 잡는 심정으로 기꺼이 응했던 당신은 누구인가요? 팔레스타인의 주변부 지식인이니 뉴욕의 중심부 지식인이니 하는 식으로 간단히 구획해버린다면 오히려 문제겠지요.

파리에 있는 미셸 푸코의 아파트에서 열린 장폴 사르트르 등과의 토론을 회고하면서 팔레스타인의 정치적 절박성에는 무심한 듯 점심 식사에 세 시간을 소비하는 프랑스 지식인들의 속물성을 신랄하게 비판했던 비판적 지식인, 예전에는 안 그랬는데 이제는 도저히 프로 선수들과 테니스를 즐길 수 없을 만큼 프로와 아마추어의 격차가 커졌다고 개탄할 정도로 수준급의 테니스 실력을 갖춘 아마추어 테니스 선수, 어린 시절 이집트 기자의 피라미드 사막에서 본 오페라〈아이다〉공연을 따듯하게 기억하는 메트로폴리탄 뉴욕의 팔레스타인 지식인……. 이 많은 이미지들이 겹치는 당신은 누군가요?

당신한테서 이처럼 다양하고 모순되기까지 한 이미지들이 연상되는 것은 어찌 보면 당연한지도 모르겠습니다. 이 다양성 덕분에 당신은 실존의 영역이든 사상의 영역이든 경계를 넘는 지식인으로서의 독특한 위치를 구축할 수 있지 않았는지요? 누구나 자명한 것으로 생각하는 '동양'과 '서양'의 역사적·문명적·지리적 구분이 작위적이고 상상된 허구라고 꿰뚫어본 당신의 날카로운 혜안은 어디서 왔나요? '탈아입구(脫亞入歐)'를 외치며 '구라파'가 되고자 했던 일본의 개화파 지식인들이나 서양의 일원임을 입증하려고 몸부림치는 동유럽 지식인들에게 신기루를 좇고 있을 뿐이라고 말할 수 있는 그 세계사적 전망 말입니다. 동양이 없으면 서양이 없고, 서양이 없으면 동양도 없으므로, 동양이 만들어진 거라면 서양도 만들어진 거지요. 이들 서양을 좇는 지식인들에게 당신들이 좇는 서양은 원래부터 없으며, 당신들이 좇기 시작한 순간 서양이 만들어진다는 이야기를 할 수 있다는 건 큰 용기지요. 19세기 이래 동양과 서양의 모든 지식인들이 신주단지처럼 모셔왔던 인식론의 기반을 근본적으로 흔드는 일이니까요.

쉽게 말해서 당신은 미국을 동경하는 한국의 지식인들에게 서울의 청담동과 아이오와의 옥수수 밭 중에서 어디가 서양이냐고 물은 거지요. 청담동과 함평의 고구마 밭이 가까운 게 아니라, 함평과 아이오와, 할렘과 왕십리, 여의도와 맨해튼, 그리고 청담동과 소호가 맺고 있는 동맹관계를 생각할 수 있는 것은 당신 덕분입니다. 중심의 제국주의와 주변의 민족주의가 맺고 있는 비대칭적 공모관계를 꿰뚫어보는 당신의 혜안은 특정한 영토에 안주하는 지식인이 아니라 탈영토화된 지식인만이 가질 수 있는 특권인 셈이지요. 양파를 끝까지 까본 사람만이 양파는 속이 없고 껍질만 있다는 것을 알 수 있는 법이지요. 주변부 지식인으로 태어난 당신은 '서양적인 것'의 끝까지, 가장 깊숙한 속까지 들어가보았기 때문에 결국 서양은 알맹이가 있는 본질적 개념이 아니라 까도 까도 껍질뿐인, 그래서 다 까고 나면 아무것도 남지 않는 '상상된 지리'일 뿐이라는 통찰이 가능했던 게 아닌가 합니다.

저는 당신의 책 《오리엔탈리즘》이 세상을 얼마나 급격하게 바꾸었는지를 이론적으로 이해한 것 못지않게 몸으로 느낀 사람입니다. 비교역사문화연구소를 만든 후 지난 몇 년 동안 꽤 많은 국제학술회의를 열었고, 상대적으로 짧은 기간에 명망 있는 중진 연구자들을 적잖이 서울로 초청해서 많은 경험을 나눌 수 있었습니다. 그런데 국제회의를 할 때마다 주제가 무엇이든 상관없이 당신이 자꾸 생각났습니다. 제가 초청한 연구자들은 대부분 유럽 현대사를 전공하는 학자들이었고, 이들 대부분은 한국은 물론이고 아시아가 처음인 경우가 많 았습니다. 주로 대서양을 중심으로 유럽과 미국을 건너다니며 활동하는 바람에 아시아에 올 기회가 거의 없었던 거지요. 이들과 교류하면서 자꾸 당신이 생각난 것은 정작 학술회의장이 아니라 식사자리나 술자리 같은 소소하면서도 일상적인 교류의 장이었습니다.

가장 흥미로운 것은 아시아의 첫 방문지로서 서울에 온 이들이 식당에서 결사적으로 젓가락질을 하려고 노력하는 모습이었습니다. 한국 음식점에서 포크나 나이프를 달라는 사람은 찾아볼 수 없었고, 비교적 생소한 젓가락에 익숙해지려고 노력하는 이들을 보면서 어떤 변화가 읽혔습니다. 한국에 관한 여행 안내서를 읽고 와서는 나오는 밑반찬마다 이게 김치냐고 묻는 친구가 있는가 하면, 청진동 해장국집으로 2차를 데리고 갔던 독일 친구들은 해장국과 소주를 아주 맛있게 먹어 깜짝 놀란 적도 있습니다. 포츠담의 현대사연구소 부소장인 토마스 린덴베르크(Thomas Lindenberg)는 우리가 초청하기에 앞서 대통령 직속의 역사 관련 위원회 초청으로 한국에 온 적이 있는데, 서울의 최고급 호텔의 양식당으로만 데리고 다녀 지루했다고 투덜대더군요. 그러면서 청진동의 해장국처럼 독일에도 선지를 넣은 소시지가 있다면서 끊임없이 소주잔을 기울이더군요. 변경사 학술대회에 참가했던 리투아니아 출신의 한 친구는 출국 전날 청진동과 포장마차에서 과음을 한 탓에 비행기를 놓칠 뻔한 적도 있습니다. 이들이 얼마나 진짜 맛있게 해장국과 순대, 김치 등을 먹었는지는 본인들 외에는 누구도 모르는 일입니다만…….

또 한 번은 이런 일도 있었습니다. 세계역사학대회 회장이던 위르겐 코카(Jürgen Kocka)가 방한했을 때인데, 그의 강연이 끝난 후 방석

위에 앉는 한정식 집에서 같이 식사를 하게 됐습니다. 한국 사람들은 식당 등 일상생활에서 주로 이렇게 가부좌로 앉느냐고 묻기에 서양 손님이 있을 때만 이런 한정식 집에 와서 가부좌로 앉으며, 사실은 매우 불편하다고 답하고는 같이 낄낄거린 적이 있습니다. '한국적인 것'은 '서양' 손님과 같이 배치되는 그 공간 속에서 만들어지는 거지요. 그런데 코카 교수 말로는 독일에도 '재단사식 앉기(Schneidersitz)'라는 말이 있는데, 19세기까지 독일의 작은 공방에서는 재단사들도 그 한정식 집에서처럼 가부좌로 앉아서 일했다고 하더군요. 서양은 의자, 동양은 방바닥이라는 이분법은 그저 고정관념일 뿐이지요.

내가 하고 싶은 이야기는 한국의 해장국이 가장 맛있는 수프라거나 좌식 문화가 더 우아하고 합리적이라는 것이 아닙니다. 오히려 음식문화와 같은 소소한 일상의 습관과 관행, 그리고 그에 대한 사유를 지배했던 문화적 차이를 본질화하고, 그 차이를 다시 우월한 문화와 열등한 문화로 나누며, 서양 문화가 우월하고 동양 문화는 열등하다는 문화에 대한 위계질서적 사유방식이 무너지고 있다는 것입니다.

1970년대에 대학을 다녔던 우리 세대만 해도 서양 사람을 만날 때는 냄새나는 김치를 먹어서는 안 되고, 일본 황실의 공식 만찬 메뉴가 프랑스 요리인 것처럼 나이프와 포크를 들고 양식을 먹는 것이 좀 더 우아한 것이고, 다문화주의에 대한 배려에서가 아니라 서양 사람들한테 쪽팔리지 않기 위해서 중·고등학교에서 양식 먹는 법을 배웠던 세대입니다. 멀리 추상적 학문체제를 들먹거릴 것도 없이 이처럼 '스스로 오리엔탈리즘'과 '서구중심주의'는 식탁과 같은 일상에서부터 우리를 지배하는 사유의 체계였습니다.

돌이켜보면 한국적 민주주의를 표방했던 유신체제의 강력한 민족주의의 세례를 받은 세대인데도 우리 세대의 구체적 일상을 지배한 것은 오리엔탈리즘과 서구중심주의가 아니었나 합니다. 노무현 정권 아래서 스스로 진보적 지식인이라고 자처했던 그 역사 관련 위원회의 친구들이 서양 학자들을 최고급 호텔 양식당에서 접대한 일이야말로 동양과 서양의 이분법에 갇혀 있는 민족주의적 주체의 정신분열증을 잘 드러내주는 게 아닌지요?

하긴 이러한 정신분열증은 비단 한국만의 예는 아닙니다. '동양' 사회는 대개 우월한 '서양'의 지식인들에게서 자기 문화의 독창성이나 우수성을 인정받을 때 비로소 자신의 민족적 존재가치를 인정받는 것 같은 느낌을 갖는 거지요. '비서양' 주변부의 역사가 서양의 '보편적 역사 발전과정'에 비추어 자신의 역사적 발전단계를 설명하거나, 서양의 박물관이나 미술사의 분류방식을 그대로 빌려와서 자기네 민족예술의 독자성과 특징을 설득하는 것도 같은 맥락입니다. 우월한 서양에게서 자신들의 가치를 인정받겠다는 '인정투쟁'이지요. 노예 소유주에게 자신의 존재가치를 인정받고자 노력하는 노예의 인정투쟁에 대한 게오르크 헤겔의 시선이 다시 한 번 서늘하게 느껴집니다.

아시아의 다른 어느 나라보다 서양과의 격차를 더 예민하게 받아들이고, 그 때문에 더 결사적으로 동양에서 벗어나 서양을 따라잡고자 했던, 그러나 끝내는 서양의 일원으로 받아들여지지 않아 좌절해야 했던 일본의 근대화론자들이나 민족주의자들은 어느 면에서는 그런 정신분열증적 인정투쟁의 선배인지도 모르겠습니다. 엉뚱한 이야기지만, 이 역설은 영화 〈역도산〉의 한 장면에서 기가 막히게 나타나더군요. 패전 이후 미국 콤플렉스에 시달리는 일본 국민에게 미국의 거구들을 가라테로 쓰러뜨리는 프로레슬러 역도산은 가히 국민적 영웅으로 떠오릅니다. 그런데 이런 장면이 있지요. 전통 강장제를 권하는 일본 오야붕에게 역도산으로 분한 설경구가 자신은 서양 비타민만 먹는다며 한마디 툭 던지고 나가버리지요. 미국에 가서 프로레슬링을 배우고 서양의 비타민을 먹기 때문에 덩치 큰 서양 놈들을 이길 수 있었다는 역도산의 아이러니한 생각이야말로 오리엔탈리즘의 복잡한 심회를 드러내주는 게 아닌가 싶었어요.

  미국에서 표준적인 동아시아사 교과서로 사용된 에드윈 라이샤워(Edwin Reischauer)와 존 페어뱅크(John Fairbank)의 《동아시아: 위대한 전통(East Asia: The Great Tradition)》이 일본의 봉건제를 논하면서 '중국적 패턴으로부터의 탈피'라고 제목을 붙였을 때, '탈아입구'라는 일본의 꿈은 실현된 듯이 보입니다. 중국이나 한국과는 달리 일본은 유럽식 봉건제를 겪었기 때문에 서양처럼 자본주의로 발전할 수 있었다는 가정이 그 밑에 깔려 있는 거지요. 그러나 자코모 푸치니의 〈나비부인〉이 라이샤워와 페어뱅크의 동아시아 역사 교과서보다 더 대중적인 한, 일본은 여전히 동양으로 남아 있을 뿐입니다. '동양사'라는 학문 영역을 새로 만들어 조선과 중국을 동양으로 가두어둠으로써 자신은 서양의 일원이 되고자 했던 일본판 오리엔탈리즘은 결국 실패한 셈이지요. 그들에게 유일한 위안은 구식민지였던 한국의 역사학이 여전히 '국사', '동양사', '서양사'라는 학문체계를 유지하고 있다는 점 정도가 아닐까요? 사실 이러한 학문체계는 아직도 동아시아에서 순수한 '서양적인 것', '동양적인 것', '일본적인 것', '한국적인 것'에 대한 담론을 만들어내고 사회적으로 유포하는 주범이지요.

  '동양(東洋, toyo)'과 '동아(東亞, toa)'의 용례 차이도 흥미롭습니다. 일본에서도 처음에는 영어와 프랑스어인 'orient'의 번역어로 '동양'만 사용했다는 거지요. 그런데 이 단어를 사용하다 보니 'orient'라는 말에는 당신이 이야기한 오리엔탈리즘적인 상징과 부정적 이미지들이 개입되어 있는 것을 알게 됐다더군요. 인도와 인도차이나를 각각 식민지로 갖고 있는 영국과 프랑스에서 사용된 오리엔트라는 말에 식민주의적 시선이 들어 있는 것은 당연했겠지요. 그런데 이들 일본 지식인들은 독일어의 'Ostasien'이라는 말 속에는 오리엔탈리즘적인 뜻이 없다는 것을 발견했습니다. 독일어 'Ostasien'을 '동아시아'라고 번역해서 오리엔탈리즘의 느낌이 들어 있는 '동양'과 중립적인 느낌의 '동아'를 구분한 것도 그런 이유지요. 중국과 조선의 역사를 묶어서 '동양사'라고 했지만, 자신들이 건설하고자 했던 제국은 '대동아공영권'이라 부른 이유도 여기에 있지 않나 합니다.

마르크스주의라고 해서 오리엔탈리즘으로부터 자유로운 것도 아니더군요. 대학에 갓 들어가서 채 스무 살도 안 된 앳된 시절, 이영협 선생이 지은 마르크스주의적 시각의 경제사인 《일반경제사 요론》을 읽었을 때의 기억이 아직도 생생합니다. 이 책을 읽자 세계사의 흐름과 세상의 이치가 눈에 확 들어오더군요. 한반도의 문제가 나름대로 세계사의 큰 흐름 속에서 보이더라고요. 당시 분단과 유신독재, 그리고 주변부 자본주의적 후진성으로 시달리고 있던 한국 사회의 문제는 자본주의로의 이행이 정상적으로 이루어지지 않았기 때문이라는 확신을 갖게 되었지요. 정상적으로 자본주의가 발전하는 길을 걸었다면 한국은 지금처럼 후진국이 아니라 민주주의를 누리는 선진국이 될 수 있었다는 회한이 그 밑바닥에 있는 거였지요. 역사학도로서 한국사에서 자본주의로의 이행 문제를 공부해보겠다고 생각한 것도 그때의 일입니다다만······.

　여하튼 그 후 영국의 마르크스주의 경제학자이자 경제사가인 모리스 돕(Maurice Dobb)이나 미국의 마르크스주의 경제학 잡지인 〈월간평론(Monthly Review)〉을 이끈 폴 스위지(Paul M. Sweezy) 등의 글을 읽고, 또 나중에는 《자본론(Das Kapital)》을 읽으면서 그러한 확신은 더 굳어졌습니다. 19세기 후반 러시아에서 좌파 출판사가 아니라 자유주의적 부르주아지가 운영하는 콜로콜 출판사에서 카를 마르크스의 《자본론》을 러시아어로 번역 출판한 역설을 이해할 것도 같아요. 러시아의 부르주아지들에게 마르크스의 《자본론》은 러시아에도 자본주의 발전이 필연적이며, 또 역사의 진보를 위해 피할 수 없다는 메시지로 읽혔던 것이지요. 자본주의를 비판하는 책이 아니라 옹호하는 책으로 읽혔다는 이야기인데, 충분히 그럴 수 있습니다.

　돌이켜보면 마르크스주의 경제사는 이처럼 유럽의 자본주의 발전 과정을 인류 역사의 보편적 발전과정과 등치시킴으로써 서구중심주의를 자신의 역사관 안에 가지고 있었습니다. 그러니 마르크스주의의 입장을 견지하는 한 서구중심주의를 벗어날 수 있는 길은 없어 보입니다. 한반도도 서유럽의 선진 자본주의 국가들처럼 자본주의로 발전할 수 있었다는 논리가 정당화되기 위해서는 서유럽의 역사에서 발견되는 부르주아지, 시민사회, 자유주의, 근대과학정신, 합리주의 등을 찾아내야만 하는 거지요. 한국사 서술에서 봉건소농의 해체, 광작농민의 등장, 여항문학, 근대학문으로서의 실학 등을 강조한 것도 바로 서구의 자본주의 발전에 필적할 만한 요소들을 찾아내려는 필사적인 노력이었습니다.

　그러나 아무래도 '진품'과 '파생상품'은 차이가 있을 수밖에요. 결사적으로 서구적 자본주의의 발전에 필적할 만한 요소들을 찾아낼수록 서구와의 격차는 더 벌어지는 거지요. 18세기 조선의 중인계급을 서구의 부르주아지, 실학을 계몽사상과 비교하면 할수록 둘 사이의 격차를 더 실감하게 되는 역설에 부딪히는 거지요. 조선의 중인계급이나 실학이 서구의 부르주아지나 계몽사상보다 못하다거나 서양의 부르주아지나 계몽사상이 더 뛰어나다는 이야기가 아닙니다. 서구의 역사를 비교 판단의 기준으로 삼는 한 서구는 완벽하고 조선은 그에 비해 떨어질 수밖에 없는 거지요. 서양과 동양을 비교하는데, 서양이 비교의 기준이 되고 동양은 비교의 대상이 되는 거지요. 그러니 인류 발전의 보편적 역사를 대변하는 서양에서 일어난 일들이 우리 역사에서도 일어났다는 것을 끊임없이 확인하고 스스로에게, 또 우리를 깔보는 서양 사람들에게 보여주어야 했던 거지요.

물론 자본주의 맹아론, 즉 18세기 한반도에서도 서구처럼 자본주의가 발전하고 있었다는 주장은 우리도 너희 못지않게 발전하고 있었다는 것을 보여주고자 하는 민족적 자부심의 발로라고 판단됩니다. 그런데 아이러니한 것은 민족적 자부심을 충족시키기 위해 서구의 역사를 기준으로 삼음으로써 거꾸로 서구중심주의를 강화하는 결과를 낳았다는 겁니다. 이미 파사 채터지(Partha Chatterjee)와 같은 인도의 서발턴(subaltern)* 연구자들이 인도의 근대 역사학에 대한 분석에서 잘 입증한 바와 같이, 역사 서술이 민족주의의 성격을 띠면 띨수록 더 서구중심적이 되는 역설이 한국의 민족주의 역사학에서도 잘 나타나는 거지요. 서양을 비교의 기준으로 삼고 동양을 비교의 대상으로 삼는 그 비교의 위계질서를 근원적으로 뒤엎지 않는 한 서구중심주의는 형태를 달리하면서 지속되는 게 아닌가 싶어요. 주변부의 민족주의 역사학은 이처럼 자기 부정에서 출발하는 거지요.

흔히 생각하는 것과는 달리, 마르크스는 주변부의 민족주의와 마르크스주의가 접목될 수 있다는 생각을 한 적이 없습니다. 식민지 민족해방운동의 선구자는 결코 아니지요. 오히려 식민지 근대화론자에 가까웠습니다. 마르크스는 실제로 영국의 인도 지배가 도덕적으로나 인간적으로 바람직하지 않다고 지적하면서도, 영국의 식민주의가 인도의 아시아적 생산양식의 정체성을 깨트리고 자본주의적 진보를 가져온다고 확신한 식민지 근대론자였습니다. 심지어는 식민주의 지배의 잔인성에 눈물을 흘리는 영국의 인도주의자들을 '얼치기'라며 조소하기도 했습니다.

영국의 인도 지배뿐만 아니라 프랑스 식민주의의 알제리 정복, 멕시코령인 캘리포니아의 미국 합병 등이 모두 문명의 진보라는 이름으로 정당화된 것도 같은 맥락에서입니다. 알제리의 아브델카데르(El Amir Abdelkader)가 펼쳤던 반프랑스운동이나 인도의 세포이 항쟁, 중국의 태평천국운동 같은 19세기의 맥락에서 나온 식민지 민족해방운동에 대해서도 부정적이었어요. 자본주의적 근대에 거스르는 회귀적

■ **서발턴**

흔히 '하위주체'로 번역되는 서발턴은 지배계층의 권력에 종속되거나 차별받고 억압당하는 개인이나 집단을 가리킨다. 안토니오 그람시(Antonio Gramsci)가 프롤레타리아를 대신하는 용어로 처음 사용했다. 1980년대 초에 인도를 비롯해서 식민지 아시아의 하층민에 대한 연구로 시작된 서발턴 연구는 역사의 관점을 지배계층 중심에서 하층계급 중심으로 이동시키기 위해 이 개념을 발전시켰다. 현재는 역사나 인류학, 사회학, 인문지리학, 문학 등 폭넓은 분야에서 사용하는 개념이다.

운동이라는 이유에서였지요. 1848년 혁명 당시에는 슬라브 민족운동을 독립국가를 운영할 능력이 없는 '역사 없는 민족(geschichtelose Völker)'■■의 반혁명운동이라고 규정하기도 했지요. 중앙집권적인 근대국민국가의 형성 과정이나 자본의 본원적 축적 과정, 식민주의의 지배가 모두 폭력적이라는 것을 충분히 인식하고 있었지만, 그 폭력들이 자본주의의 발전을 촉진시키고, 그래서 사회주의로 이행할 수 있는 기반을 마련하기 위한 피할 수 없는 과정이라면 얼마든지 용납될 수 있다는 게 기본입장이 아니었나 합니다.

한국 역사학계의 대표적인 식민지 근대화론자들이 경제학과에서 정통으로 공부한 마르크스주의 경제학이라는 바탕 위에 경제사 연구

■■ **'역사 없는 민족'**
게오르크 헤겔의 역사철학에서 비롯된 용어이다. 국가를 세우는 데 성공하지 못했거나 정복당한 민족들을 '비역사적 민족(unhistorische Völker)'이라고 지칭한 헤겔은 구체적으로 남슬라브족을 예로 들면서 이들은 역사적으로 존재가치가 없기 때문에 역사에서 사라져야 한다고 언급했다. 카를 마르크스와 프리드리히 엥겔스는 이 용어를 1848년 유럽 중부에서 들불처럼 일어난 민주주의 혁명이 실패하게 된 까닭을 설명하기 위해 사용했다. 당시 남슬라브족의 다수는 오스트리아 제국과 제정러시아의 군대에 복무하면서 헝가리, 폴란드, 오스트리아, 이탈리아의 민주주의 혁명을 분쇄하는 데 이용되었는데, 동유럽에 대한 정세 분석을 담당한 엥겔스는 특히 이들의 반혁명적 역할 때문에 1848년 혁명이 실패했으며, 따라서 남슬라브 민족은 존재 그 자체가 역사에 대한 반동이라며 이들을 '역사 없는 민족'이라고 불렀다. 마르크스와 엥겔스는 더 나아가 '역사 없는 민족'을 정치경제학적으로도 정당화했다. 예컨대 스스로 자본주의적 국내시장을 발전시킬 만한 규모를 갖추지 못한 소수민족들의 독립은 봉건제로부터 자본주의로의 이행이라는 역사의 진보에 역행한다는 논리 등이 그것이다.

를 축적해온 연구자들이라는 것도 이와 관련해 흥미롭습니다. 사학과에서 한국사 훈련을 받고 민중사를 연구하는 연구자들에 비해 이들 식민지 근대화론자들의 역사 해석이 실은 마르크스의 식민주의론과 훨씬 가까운 거지요. 일본 식민주의의 조선 지배가 낡은 생산양식을 무너뜨리고 자본주의적 진보를 가져왔다는 그 생각은 영국의 인도 지배에 대한 마르크스의 생각과 거의 그대로 일치하지요. 그에 비하면 일본의 식민주의에 대한 도덕적 비판으로 일관하는 수탈론 중심의 민중사 연구 경향은 사실 마르크스주의적 역사 해석과는 별 관계가 없습니다. 오히려 민족주의가 마르크스주의를 전유한 인민주의적 경향이 훨씬 농후하지요.

한국의 주류 역사 연구자들한테는 안된 이야기지만, 당신의 오리엔탈리즘 비판을 마르크스주의와 접목시키기는 사실상 어렵습니다. 혹시 이스라엘에서 가르치고 있는 슐로모 아비네리(Shlomo Avineri)라는 마르크스 연구자를 기억하시는지 모르겠습니다. 《전체주의적 민주주의의 기원(The Origins of Totalitarian Democracy)》 등의 책을 쓴 야콥 탤몬(Jacob Leib Talmon)의 제자인데, 마르크스의 사회사상에 대한 그의 책은 한국에 번역된 지도 꽤 오래입니다. 식민주의와 근대화에 대한 마르크스와 엥겔스의 선집 중 가장 충실한 책은 아비네리가 편집한 거지요. 《식민주의와 근대화에 대한 마르크스 글 모음(Karl Marx on Colonialism and Modernization)》이라는 책인데, 모스크바에서 나온 선집들과는 비교도 할 수 없을 정도로 두껍고 거의 모든 글을 망라했습니다. 그의 편집자 서문을 보면, 그는 이 책을 6일전쟁***에서 전사한 자신의 친구에게 헌정하고 있습니다.

이 서문을 읽는 순간 나는 아주 묘한 생각이 들었습니다. 혹시 마르크스주의자로서의 아비네리는 식민주의에 대한 마르크스와 엥겔스의 글을 팔레스타인에 대한 이스라엘의 점령을 정당화하는 기제로 생각하고 있는 것은 아닌가 하는 의심을 지울 길이 없었습니다. 영국의 식민주의가 인도의 낡은 생산양식을 일소하고 자본주의적 진보를 가져온 것처럼 이스라엘의 팔레스타인 점령도 같은 효과를 가져온다는 해석이 가능한 거지요. 역사의 진보를 위해서는 어설픈 윤리적 평가는 유보할 수 있다는 게 마르크스주의의 과학적 역사학이 추구하는 바이기도 하니까요. 식민지 근대화론이 국제정치의 현실에 바로 대입되면

■■■ **6일전쟁**

1967년 6월 5일부터 10일까지 단 6일 동안 일어났던 이스라엘과 아랍 사이의 전쟁을 일컫는다. '제3차 중동전쟁'이라고도 한다. 당시 이집트의 가말 나세르(Gamal A. Nasser) 대통령이 수에즈 운하의 안전을 빌미로 시나이 반도에 군대를 보내자 수송로가 막힌 이스라엘이 이집트를 기습적으로 공격해 이집트 군사력을 마비시키고 순식간에 끝을 맺었다. 그 결과 이스라엘은 시나이 반도뿐 아니라 가자 지구와 구예루살렘 시 등을 차지함으로써 팔레스타인 지역의 패권국가로 자리 잡을 수 있었다. 이 전쟁은 흔히 크고 강한 아랍 국가들에 포위된 작은 나라 이스라엘이 국민의 헌신적인 애국심에 힘입어 기적적인 승리를 거둔 것처럼 알려져 있으나, 최근 공개된 미국 중앙정보국의 보고서는 이미 전쟁 전부터 군사력의 압도적인 우위 때문에 이스라엘의 승리를 점치고 있으며, 단지 승리까지 시간이 얼마나 걸릴 것인지에 대한 판단만 유보하고 있었다. 이 전쟁 직후 동유럽의 현실사회주의는 당의 주도 아래 '반시온주의' 운동을 대대적으로 벌였는데, 이것은 실은 이미 민족주의적으로 변질된 노멘클라투라의 당 권력이 '반시온주의'의 이름으로 낡은 '반유대주의'를 불러내 체제에 대한 인민들의 불만을 호도하려는 시도이기도 했다. 슐로모 아비네리가 6일전쟁에서 죽은 자신의 친구에게 마르크스와 엥겔스의 식민주의에 대한 선집을 헌정했다는 것은, 혹시 자본주의 문명의 진보라는 관점에서 이스라엘의 팔레스타인 점령을 정당화하는 식으로 마르크스와 엥겔스를 해석하는 것은 아닌가 하는 의심도 불러일으킨다.

항상 그런 위험성이 있는 거지요. 이는 비단 이스라엘과 팔레스타인의 관계에서뿐만 아니라 이스라엘 내부에서 유럽계 아슈케나지 유대인과 동방의 셰퍼드 유대인**** 사이의 헤게모니 관계에서도 작동하는 논리가 아닌가 합니다. 아슈케나지 유대인이 이스라엘의 '서양'이라면, 셰퍼드 유대인은 이스라엘의 '동양'이니까요. 언젠가 독일에서 온 유대계 연구자에게 이 이야기를 했더니, 그 친구 안색이 확 바뀌더군요.

시간이 가면 갈수록 내 생각이 크게 틀린 것 같지는 않아요. 바르샤바에서 힌두 문학을 가르치던 뉴델리 대학의 마르크스주의자와 가까이 지낸 적이 있는데, 그 친구 말로는 인도의 마르크스주의자들이 대중집회를 할 때마다 정치적 반대파들이 마르크스가 자본주의적 진보의 입장에서 영국의 인도 지배를 정당화한 글들을 가져와 반공주의 선전을 하는 바람에 애를 많이 먹는다고 쓴웃음을 짓더군요. 그뿐만 아니지요. 구소련의 오리엔탈리스트들 중에는 중앙아시아에 사회주의 체제를 강제로 이식시킨 모스크바의 헤게모니를 '복지식민주의'라

■■■■ **유럽계 아슈케나지 유대인과 동방의 셰퍼드 유대인**
아슈케나지 유대인은 중세시대 라인 강 서쪽 지방에 거주하던 유대인의 후손을, 셰퍼드 유대인은 이베리아 반도 주변의 스페인계, 중동 지역과 북아프리카계 유대인까지 포괄해서 일컫는다. 이들은 같은 유대인이면서도 피부색이 다르기 때문에 전후 함께 귀환한 이스라엘 내부에서도 셰퍼드 유대인들이 은연중에 홀대를 받았다. '서양'에서 온 아슈케나지 유대인과 '동양'에 살았던 셰퍼드 유대인 사이의 이러한 헤게모니 관계는 오리엔탈리즘이 유럽의 민족 대 동양의 민족이라는 구도에서 전개될 뿐만 아니라, 같은 국가와 민족 구성원 내부에서도 얼마든지 다른 논리와 메타포로 작동할 수 있음을 잘 보여준다.

이스라엘과 팔레스타인 자치지역을 갈라놓고 있는 베들레헴의 분리장벽에 그려진 벽화
팔레스타인인이 쓴 "존재한다는 것은 저항하는 것이다(To exist is to resist)"라는 낙서가 인상적이다.
이 분리장벽이 팔레스타인인을 막을 것인지, 이스라엘인들을 가둘 것인지는 두고 볼 일이다.

는 독특한 용어로 정당화하는 주장을 편 사람들도 있지요.

물론 복지식민주의라는 주장이 마르크스의 논리와 모순되는 것은 아니었습니다. 당신 말대로 마르크스주의는 '붉은 오리엔탈리즘'의 혐의에서 자유롭지 못한 거지요. 그런데도 솔직히 고백하자면, '마르크스, 엥겔스와 민족문제'(탐구당, 1990)라는 주제로 박사논문을 쓰면서는 어떡해서든지 마르크스를 '서구중심주의'나 '붉은 오리엔탈리즘'의 혐의에서 구출하려고 애썼습니다. 1867년 이후 아일랜드 민족해방을 지지한 마르크스의 입장 전환이나 러시아에서 반드시 자본주의를 거치지 않고도 사회주의로 이행하는 것이 가능하다고 쓴 마르크스의 편지 초고 등을 근거로 당신의 평가를 반박하려고 애쓴 거지요.

'유럽중심주의'라는 말 대신 '자본중심주의'라는 용어를 사용해서 유럽중심주의자 혹은 오리엔탈리스트라는 마르크스의 혐의를 최대한 벗겨내려고도 했습니다. 하긴 비유럽 사회에 대한 마르크스의 글들이 영국을 비롯한 유럽 오리엔탈리스트들의 저작을 참조하고 있는데, 마르크스가 오리엔탈리즘에서 자유로울 수 있었다고 믿는다면 그게 잘못이지요. 좋게 말하면 미래지향적 해석이었다고도 하겠지만, 실은 견강부회(牽强附會)적 해석이고 학문적으로 정직하지 못했다는 게 더 옳은 분석이겠지요.

비단 마르크스뿐만 아니지요. 유럽 좌파들의 지성사를 초국가주의의 시선으로 읽다 보면 서구 마르크스주의와 아시아 마르크스주의의 '붉은 오리엔탈리즘'에서 사상적 연쇄가 잘 드러납니다. 폴란드 사회주의에 대한 독일 사민당의 문명적 우월감은 러시아나 우크라이나의 사회주의를 내려다보는 폴란드 마르크스주의자들의 오만한 시선에서 그대로 재현되고, 그것은 다시 중국의 공산주의 운동을 지도편달의 대상으로 생각하는 볼셰비키들의 시선에서 재현됩니다. 마오쩌둥(毛澤東)의 상처받은 자존심이 반둥 회의를 주도한 한 원인이었는지도 모르지요. 미국도 소련도 아닌 제3세계를 주창하면서 말입니다.

그러나 이제는 말할 수 있을 것 같습니다. 유럽에서 발원한 근대 지성사에서 서양과 동양의 경계는 이데올로기의 경계를 넘어서는 더 근원적인 틀이었다고요. 당신의 《오리엔탈리즘》은 개화기에 겪은 근대 학문으로의 패러다임적 전환 이래 1세기가 지나 다시 인간과 세계, 그리고 역사를 이해하는 탈근대적 패러다임으로의 전환을 요청하고 있다는 것입니다. 《세계사 편지》의 첫 수신인은 마땅히 당신이 되어야 한다고 생각한 것은, 당신이 '상상의 지리'를 드러내고 '동양'과 '서양'의 이분법을 해체함으로써 '세계사'라는 개념 자체가 바뀌기 때문입니다.

사실 요즈음은 수업에 들어가기가 무섭습니다. '서양사 개설', '유럽사 특강' 등의 교과목을 가르칠 때, 무엇보다도 먼저 왜 이런 교과목명이 잘못되었는가를 설명해야 하기 때문입니다. 말하자면 '서양'이라는 개념을 부정함으로써 서양사 교수로 먹고사는 자신의 학문적/실존적 근거를 무너뜨린 후에야 강의가 가능하기 때문입니다. 이 《세계사 편지》에서 말하는 주체는 더 이상 서양사학자 임지현이 아니라 그냥 역사학자 임지현이어야겠다는 결심이 더 굳어집니다. 《세계사 편지》가 끝났을 때, 역사학자 임지현이라는 발신인이 낯설게 느껴지지 않았으면 하는 희망으로 이 편지를 시작합니다.

추신

며칠 전 우연히 2002년 케임브리지 대학 출판부에서 나온 《마르크스주의, 모더니티, 포스트콜로니얼 연구(Marxism, Modernity and Postcolonial Studies)》를 읽었습니다. 이 책에서 아직도 몇몇 연구자들은 아일랜드 민족운동이나 러시아 문제 등에 대한 마르크스의 글을 인용해서 마르크스가 서구중심주의자가 아니었다는 주장을 펼치더군요. 그런데 이들의 주장은 마르크스의 글을 꼼꼼하게 정독한 결과라기보다는 먼저 붉은 오리엔탈리즘으로부터 마르크스를 구한다는 목표를 설정해놓고 그 목표에 끼워 맞추는 경향이 강합니다. 예컨대 아일랜드 민족운동을 공개적으로 지지하면서도 페니언 민족주의를 믿어서는 안 된다는 마르크스의 편지, 러시아가 프랑스혁명에 개입하지 못하도록 방파제 역할을 한 폴란드 민족운동에 대한 마르크스의 도구주의적 시각 등에 대해서는 아예 언급을 피하더군요. 더 기본적으로는 마르크스의 자본중심주의적 시선 자체가 유럽중심주의를 내장하고 있다는 문제의식이 결여되어 있지 않은가 합니다.

최근 케네스 포머란츠(Kenneth Pomerantz)나 빈 웡(Bin Wong) 등 캘리포니아 학파를 중심으로 18세기 후반 중국 양쯔 강 유역이나 일본과 인도의 산업이나 경제발전 수준이 잉글랜드의 맨체스터보다 못하지 않았다는 '실증적' 연구나 안드레 프랑크(Andre Gunder Frank) 등의 《리오리엔트(Reorient)》가 '서구중심주의'를 극복하는 듯하면서도 결국에는 서구의 자본주의 발전을 역사적 평가의 기준으로 삼는다는 점에서 다시 서구중심주의로 회귀하고 있다는 일련의 비판에 귀를 기울일 필요가 있다고 봅니다. '새로운 지구사'의 흐름에 속하는 이 연구들은 비유럽 세계의 역사 발전에 대한 서구중심주의를 탈피하는 듯 서술하지만, 인식론적으로는 그 자본중심적 시선 때문에 다시 서구중심주의로 회귀하는 예가 아닌가 합니다. 잉글랜드 대신에 중국이나 일본, 인도의 발전된 지역이 '서구'가 되는 거지요. 중심을 비판하는 게 아니라 중심을 바꾸는 거예요. 변형된 서구중심주의로서의 중국중심주의에 대한 비판적 시선이 요구되는 것도 같은 맥락이지요. 이런 연구들을 읽었다면, 당신이 어떤 반응을 보일지 궁금하기 짝이 없습니다.

2

동아시아의 민족주의, 그 적대적 공범자들

— 사카이 나오키에게

사카이 나오키
1946~

도쿄 대학 문학부를 졸업한 후, 런던 주재 일본 상사에서 일했다. 공부를 계속하기로 결심하고, 후기구조주의의 입장에서 일본 사상사를 해체한다는 연구계획서를 제출했으나 자신의 모교인 도쿄 대학은 물론이고 일본의 어느 대학에서도 입학 허가를 얻지 못했다. '할 수 없이' 자신의 연구계획을 높이 산 해리 하르투니언(Harry Harootunian) 교수의 초청으로 시카고 대학에 진학해 박사학위를 받았다. 현재 코넬 대학에서 일본 문학과 일본 사상을 가르치면서 일본 사상사, 문화이론, 비교사상, 문학이론 등 여러 분야에서 활약 중이며, 세계 각지의 연구자들이 참여하는 잡지 〈흔적(Traces)〉을 통해 경계를 뛰어넘는 실천적인 학문 활동을 벌이고 있다. 특히 권력의 계보학과 제국을 잃어버린 후에 등장한 일본의 민족주의적 담론이 어떻게 학문 편제를 다시 구축하는가, 지식인이나 학문이 어떻게 제국의 국민주의에 참가하고 있는가에 대해 연구해왔다. '제국주의와 민족주의에 대한 세계사적 인식 속에서 한국과 일본의 근대는 어떻게 형성되어왔는가'라는 주제로 3년 동안 임지현과 대담을 나누었고, 이를 묶어 《오만과 편견》(휴머니스트, 2003)을 출간했다.

酒 井 直 樹

사카이 나오키.

생각해보니 우리가 만난 지 올해가 정확히 10년째군요. 10년 전 일본의 포스트모던적 마르크스주의 잡지라는 〈겐다이시소(現代思想)〉에 실린 내 글을 읽고 당신이 추진하던 어떤 프로젝트에 초대했지만, 나는 너무 일정이 촉박한 탓에 미안하지만 거절할 수밖에 없었지요. 또 솔직히 당신이 누군지 몰라 무턱대고 초청을 수락할 입장도 아니었고요. 당시는 일본의 수정주의자들이 《새역사교과서》를 만드는 등 이른바 '일본의 뉴라이트'가 고개를 내밀던 시기였는데, 아무리 탈근대적 좌파 잡지라 하지만 한반도의 민족주의 비판을 일본 잡지에 게재한다는 것이 주는 부담감 때문에 많이 망설였지요.

〈겐다이시소〉에 실린 일본판에서 나는 〈당대비평〉의 원본에는 없던 '일본의 독자에게 보내는 글'을 추가하면서 민족주의의 적대적 공범관계를 처음으로 언급했습니다. 일본 열도의 민족주의와 한반도의 민족주의가 맺고 있는 적대적 공범관계를 이해하면, 일본의 전후 민족주의가 다시 고개를 드는 현 상황에서 한반도의 민족주의에 대한 비판이야말로 일본의 민족주의에 대한 가장 통렬한 비판이라는 게 내 논지였지요.

나중에 당신이 대산재단의 초청으로 방한했을 때 처음 만났는데, 오랜 지기처럼 느껴져 꽤나 마셨던 것 같아요. 당신은 '적대적 공범관계'라는 그 논지에 끌려 내게 접촉했노라고 말했지요. 그 후 휴머니스트출판사에서 무려 3년에 걸쳐 대담을 진행하면서 우리는 서로를 더 잘 알게 되었고, 나는 시간이 가면 갈수록 당신 사유의 논리적 집요함에 감탄하면서 많은 것을 배웠습니다. 그러나 당신한테 느낀 신선함은 다른 무엇보다도 민족주의에 대한 당신의 집요한 비판에서 한반도의 민족주의도 예외는 아니었다는 점입니다. 그것은 일본의 민족주의에 대해서는 예리한 비판의 날을 세우다가도 정작 한반도의 민족주의 앞에서는 맥을 못 추는 이른바 일본의 '양심적 지식인'들과는 사뭇 다른 모습이었습니다. 사실 그들에게서 자주 느끼는 바는 식민지 지배와 피지배라는 역사적 경험의 차이를 근거로 일본의 민족주의는 신랄하게 비판하면서도 한반도의 민족주의는 정당화될 수밖에 없다는 식민주의적 죄의식입니다. 그리고 그 식민주의적 죄의식은 곧잘 '정치적 올바름'과 동일시되더군요.

  10년도 더 된 일인데, 영국에서도 비슷한 경험을 한 적이 있습니다. 포츠머스 대학에서 개최한 '유동하는 정체성'이라는 제목의 학술대회였는데, 트로츠키주의 계통의 국제 마르크스주의자 그룹이 중심이 된 모임이었다고 기억합니다. 이들과 며칠 동안 같이 지내면서 아주 재미있는 현상과 마주쳤습니다. 이 자리에 모인 영국 좌파들 거의 대부분이 결사적으로 자신의 잉글랜드적 정체성을 부정하고 아일랜드나 스코틀랜드, 웨일스적 정체성을 어떻게 해서든 갖다 붙이는 것을 보고 실소한 적이 있는데, 아마도 비슷한 심성이 아닌가 싶어요. 심지어 음악학을 하는 한 친구는 그러더군요. 자기는 아무리 찾아도 웨일스나 아일랜드 등에서 건너온 선조는 없지만, 문화적으로는 스코틀랜드인이라고요. 한참 웃었지요. 이들의 선의는 접수하지만, 왜곡되거나 굴절되면서 그것이 관철되는 메커니즘을 이해하는 것은 또 다른 문제겠지요.

  물론 일본 좌파들의 식민주의적 죄의식을 비판한다고 해서 '재일'

의 역사적 조건이나 경험을 무시하고 철저하게 그들을 차별하거나 배제한 일본의 민족주의 우파가 옳다는 이야기는 결코 아닙니다. 전쟁 책임이나 식민주의의 과거에 대한 반성적 기억이라는 전후 책임을 회피해온 일본의 주류 우파 지식인들을 반사적으로 정당화하는 사태는 경계해야겠지요. 오히려 일본 우파의 역사적 후안무치에 대한 문제제기라는 점에서 식민주의적 죄의식에 젖어 있는 일본 구좌파의 이런 '정치적 올바름'은 물론 소중하고 또 존중되어야겠지요.

그러나 문제는 한일관계에서 식민주의적 죄의식이 작동하는 굴절의 메커니즘이 아닌가 합니다. 한나 아렌트(Hannah Arendt)가 《예루살렘의 아이히만(Eichmann in Jerusalem)》에서 잘 설파했지만, 식민주의적 죄의식은 제국주의의 후예인 일본인 전체를 '집합적 유죄'로 간주하고, 또 반대로 조선인 전체는 '집합적 무죄'로 간주하는 경향이 있습니다. 그러니까 개개인의 행동과 그에 대한 책임을 묻는 것이 아니라, 그 사람이 일본인이냐 한국인이냐에 따라 죄의 여부가 결정되는 것이지요. 섬뜩한 이야기지만, 나치의 홀로코스트도 사실 이 논리예요. 너는 유대인이기 때문에 죄인이고, 그러므로 네가 어떻게 살았는지 무엇을 생각하고 무엇을 했는지에 상관없이 유대인이라는 이유만으로 죽어야 한다는 그 논리 말입니다. 식민주의적 죄의식이야말로 전형적인 집합적 유죄의 논리지요.

식민주의의 집합적 죄의식은 현상적으로는 일본 민족주의를 신랄하게 비판하는 듯하면서도 일본인 전체를 죄의식의 공동체로 묶음으로써 결과적으로 일본의 민족주의를 강화시키는 게 아니냐는 당신의 물음은 당연히 정당하지요. 일본이라는 국가에 대해 책임을 추궁하는 것과 모든 일본인은 죄인이라는 식의 집합적 유죄를 수용하는 것은 다른 거지요. 집합적 유죄를 부정한다고 해서 전후세대에게 면죄부를 주는 건 아니잖아요? 그들에게는 그 끔찍한 과거에 대한 오늘날의 집단적 기억에 대한 책임이 있지요. 과거는 과거에 일어난 일이지만, 그 과거에 대한 기억은 지금 일어나는 일이니까요.

수업시간에 가끔 학생들한테 이런 질문을 합니다. 이들은 베트남전쟁이 끝나고도 한참 후에나 태어난 세대입니다. 베트남에서 한국군이 저지른 잔학행위에 대해 베트남의 젊은이들이 자네들한테 책임지라고 따지면 어떻게 할 것인가? 그들은 조심스럽게 자기 책임이 아니라고 대답하겠답니다. 당연하지요. 자기가 태어나기도 전에 일어난 일에 대해서 책임을 지라고 하면 그거야말로 민족적 연좌제잖아요. 그러면 나는 이렇게 이야기합니다. 일본의 전후세대도 식민지 시기나 제2차 세계대전에 대해서 마찬가지 감정을 가질 것이다. 그들에게 식민주의 과거에 일어난 일에 대해 책임을 묻는 것은 그래서 온당치 않다. 그렇다고 해서 자네들이나 일본의 전후세대가 책임의 정치에서 자유로운 것은 아니다. 일어난 일에 대한 책임은 없지만, 그 과거에 대한 기억은 지금 만들어지는 일이니 그 기억에 대한 책임은 자네들한테도 있다고.

전전의 과거에 대한 기억을 만드는 기억의 정치는 많은 부분이 전후세대의 책임이기도 합니다. 그들이 태어나기도 전에 일어난 일에 대해서는 어쩔 수 없지만, 그 과거에 대한 기억은 전후세대의 참여 아래 지금 만들어지고 있는 일이니까요. 과거는 그들이 만든 세계가 아니었지만, 그 과거에 대한 기억은 그들이 지금 여기에서 만들어간다는 점에서 이 기억의 정치는 연좌제와는 분명 다른 거지요. 실제로 역사 논쟁의 많은 부분은 기억의 정치 문제이지요. 대담집《오만과 편견》에서 우리가 겨냥한 것도 실은 동아시아의 기억의 정치학에서 일본과 한국의 민족주의가 갖고 있는 공모관계가 아니었는지요?

아마도 우리의 친구들인 이와사키 미노루, 이타가키 류타, 고마고메 다케시 등이 운영했던 '기미가요'와 '히노마루'의 의례를 반대하는 웹사이트의 일화만큼 동아시아 민족주의의 적대적 공범관계를 잘 드러내주는 예도 없지 않은가 합니다. 내가 말을 한 적이 있던가요? 몇 년 전 이 친구들한테 갑자기 SOS 메일이 왔던 일. 메일의 내용인즉 비교적 간단했습니다. 내 대학원생들에게 알려서 자신들의 웹사이트에 자주 접속해서 글을 남겨달라는 거였지요. 문제는 이런 거였습니다. 한국의 네티즌들이 주로 한국 민족주의의 입장에서 일본의 민족주의를 원색적으로 욕하고 이 웹사이트를 칭찬하는 방문기를 대거 남기고 가면, 그 다음에는 일본의 민족주의적 네티즌들이 몰려와서 다시 한국의 민족주의를 욕하고 이 웹사이트를 운영하는 일본의 비판적 지식인들은 한국의 민족주의자들에게 빌미를 주는 민족반역자이다 등등의 욕으로 게시판을 도배한다는 거지요. 한국의 민족주의자들이 이런 식으로 일본의 민족주의를 비판할 때, 정작 일본의 민족주의에 대해 비판적인 일본 지식인들의 입지는 점점 좁아지는 거지요.

한국의 민족주의가 이처럼 일본의 비판적 지식인들의 운신 폭을 좁히고 오히려 일본의 민족주의자들에게 빌미를 제공하는 역학관계는 한국과 일본의 민족주의가 적대적 자세를 취하면서도 물밑에서는 결국 서로가 서로를 강화하는 공범관계를 맺고 있다는 좋은 예가 아닌가 합니다. 일국적 차원이 아니라 동아시아 전체 차원에서 민족주의에 대한 동시다발적 비판이 절대적으로 필요하다는 좋은 반증이라고 생각합니다.

전후 동아시아에서 민족주의의 적대적 공범관계를 해체한다는 것은 결국 일본의 민족주의 비판이 한국의 민족주의를 강화하고, 또 역으로 한국의 민족주의 비판이 일본의 민족주의를 강화하는 의도하지 않은 공범관계를 해체하는 일이기도 합니다. 일본의 민족주의를 비판하는 데는 공동보조를 취하면서도 한국의 민족주의를 정당화해온 일본의 좌파 지식인과 한국의 민족주의적 지식인들 간의 신성동맹도 문제지만, 한반도의 민족주의 비판이 일본의 우파 민족주의 지식인들에 의해 오용되는 상황이 계속 되풀이되는 것도 심각한 문제지요. 기존의 한일 지식인 연대가 그 정치적 선의에도 오히려 민족주의의 적대적 공범관계를 강화하는 데 기여한 것은 아닌가 하는 자기반성에서부터 출발해야 한다고 우리는 손쉽게 의기투합을 했지요. 그런데 벌써 10년이 지났군요. 굉장히 외롭게 시작했는데……

2003년이었나요? 코넬 대학에서 대중독재에 대한 강연을 마치고 이타카에 있는 당신의 낡은 미국식 목조 주택 부엌에 앉아 《오만과 편견》의 후기를 쓰던 생각이 납니다. 겨울이 지났음을 알리는 봄볕이 따사롭게 낡은 창으로 들어오는 그 부엌에서, 영어로 대화를 나누면서 그때그때 한 마디 한 마디를 낡은 노트북에 내가 한글로 풀어 적고, 다시 영어로 우리가 말한 바를 확인하고 마침내 후기를 완성했지요. 그리고 오랜 작업이 끝났다는 해방감에 당신 아내 게일이 오븐에 구워준 오리고기를 먹으며 거나하게 술을 마셨지요.

그때 우리는 미국 학계의 오리엔탈리즘과 미국에 유학 온 일본이나 한국 연구자들의 숭미주의와 민족주의 등에 대해서 이런저런 이야기를 나누었던 것 같습니다. 내가 왜 일본에서 공부하지 않고 미국으로 유학을 왔느냐고 묻자 당신은 숨겨두었던 옛이야기를 꺼냈지요. 후기 구조주의의 시각으로 일본의 근대사상사를 해체하는 연구계획서를 당신의 모교인 도쿄 대학뿐 아니라 일본의 여러 대학에 보냈는데, 어디에서도 입학 허가를 받지 못해 다른 도리가 없었다고……. 그렇게 좌절과 분노를 삭이던 중 궁여지책으로 시카고 대학에 똑같은 연구계획서를 보냈더니 장학금을 제의하며 입학을 허가한 일, 그래서 해리 하르투니언을 지도교수로 시카고 대학에서 공부하게 된 에피소드 등을 이야기했지요. 그러면서 일본에 남아 있었다면 자살했거나 미쳤거나 둘 중 하나였을 거라고도 했고, 나보고는 당신도 '서양사'라는 영역에 몸을 담고 있는 덕분에 민족주의자들과 덜 부대껴서 살아남은 게 아니겠느냐고 동병상련의 연대의식을 확인했지요.

 이런 이야기도 나누었던 것 같아요. 동아시아 지식인들 중 미국에 유학 온 많은 사람들이 민족주의자가 되어 본국으로 돌아가는 그 독특한 현상을 당신은 한마디로 지적 도피라고 말하더군요. 미국 학계의 학문적 온축이나 제도적으로 축적된 노하우와 정면으로 부딪쳐 이길 수 없을 때, 일종의 자기방어기제로서 민족주의에 기탁하게 된다는 거지요. 글쎄요, 나는 미국의 학계에 대해서 아는 바가 별로 없어서 어떤가 싶기도 합니다. 그런데 주변을 보면 정말로 미국에서 공부하고 아내와 자식 등 가족도 미국에 있고, 또 생활은 가장 미국적으로 하는 사람들 중에 완강한 반미 민족주의자들이 적지 않은 걸 보면, 그런 해석이 옳다는 생각도 듭니다. 학문적으로 미국 지식인 사회의 핵심으로 성큼 들어가 그들과 어깨를 겨루고 대등한 고지에서 싸우기보다는 자신에게 익숙한 자기만의 영역으로 도피하는 경우도 있지요.

일본의 한 친구가 그러더군요. 사카이 나오키한테 걸리면 민족주의자라고 비판받지 않을 사람이 없다고. 나는 그 이야기를 이렇게 해석합니다. 에드워드 사이드 이후 포스트콜로니얼리즘(postcolonialism)■ 연구와 문제제기가 봇물처럼 터져 나왔지만, 사카이 나오키만큼 사이드의 문제의식을 논리적 극단까지 밀고 간 사람은 드물다고. 그렇기 때문에 동아시아의 역사와 문화에 대한 미국의 '지역연구(area studies)'에 대해서도 비판의 날을 세울 수 있었다는 게 내 판단입니다. 당신의 지도교수였던 하르투니언의 말대로 동아시아의 연구자들이 미국이나 유럽으로 유학을 가면 '공부'나 '연구'를 하러 가는 것이 되고, 미국이나 유럽의 연구자들이 동아시아로 가면 '연구'가 아니라 '현장조사(field work)'를 간다는 메타포만큼 미국의 지역연구가 갖는 정치성이랄까 이데올로기성을 잘 드러내주는 것도 없는 것 같습니다.

■ **포스트콜로니얼리즘**
제2차 세계대전 이후 유럽 열강의 식민주의에서 벗어난 식민지 국가들의 역사적 경험을 표현하는 용어인 동시에 이러한 경험을 새로운 문제의식에서 이해하고자 하는 시도를 의미한다. 여기서 'post'는 정치적 독립이 이루어지고 난 이후에도 이들 국가 사이에 여전히 지속되고 있는 '후기' 식민주의적 관계를 지칭하는 것으로, 이런 관계에서 벗어나 좀 더 평등한 '탈' 식민주의적 관계를 형성하고자 하는 정치적·문화적·이론적 노력을 의미한다. 에드워드 사이드의 오리엔탈리즘은 지식권력 체계로서의 담론 분석을 통해 제2차 세계대전 이후 독립한 식민지 국가들이 '탈' 식민주의적이기보다는 '후기' 식민주의적 상황에 놓여 있음을 예리하게 지적하고, 주변부의 민족주의 자체가 식민주의의 담론적 종속관계에 있음을 시사함으로써 포스트콜로니얼리즘 연구의 새 장을 열었다고 할 수 있다. 이 책에서는 맥락에 따라 '탈식민주의'나 '후기식민주의'를 뜻하고 있기 때문에 '포스트콜로니얼리즘'이라는 용어를 그대로 사용하기로 한다.

그런데 문제는 이처럼 미국과 동아시아의 학문공동체 사이에 존재하는 정치적 위계질서만은 아닙니다. 그것도 문제지만, 눈에 보이지 않는 인식론의 문제가 더 심각한지도 모르겠습니다. 실제로 동아시아에 대한 미국의 '지역연구'와 동아시아 각 지역의 '국학'은 중국, 일본, 혹은 한국과 같은 지역을 본질화시키는 본질주의의 인식론적 틀을 공유하고 있습니다. 그래서 한국적인 것, 일본적인 것, 중국적인 것을 자의적으로 추려내서 한국, 일본, 중국의 역사적·문화적 본질로 만듦으로써 서양과 동양의 차이를 전형화시키는 것이지요. 이처럼 전형화된 본질주의는 미국이나 서구의 '지역연구' 기관과 동아시아 '현지'의 국학 연구기관이 인식론적으로 만나는 곳이기도 합니다.

미국의 지역연구, 특히 동아시아에 대한 지역연구는 제2차 세계대전 당시 점령정책의 일환으로 시작되었지요. 일본에 대한 미국의 인류학적 연구를 대변하는 《국화와 칼(The Chrysanthemum and the Sword: Patterns of Japanese Culture)》이 일본에 주둔하는 미군을 위한 일본 사회 입문서로 쓰인 것은 이미 잘 알려진 사실이지요. 또 미국 동아시아학의 대부라 할 수 있는 에드윈 라이샤워가 주일 미국대사를 오래 지냈다는 것도 이 점에서 의미심장합니다. 미국의 동아시아 정책과 동아시아 연구가 얼마나 밀접하게 연관되어 있는가를 시사해주는 예라 생각됩니다.

며칠 전 이곳 니치분켄의 이소마에 준이치(磯前順一) 교수가 대영박물관에서 조몬 시대의 일본 종교에 대한 강연을 하고 왔습니다. 당신과 공동작업도 해서 잘 아시겠지만, 그 강연에서 수천 년 전 조몬 시대 일본의 원시종교는 원시기독교와 사실상 다를 바 없다는 주장을 펼쳐서 동양 종교의 특수성을 기대하고 왔던 영국 청중을 실망시켰던 모양입니다. 조몬 시대 일본 사회의 '집단 표상'인 종교에 대한 그의 강연은 인간의 의례라는 관점에서 보면 '종교'와 '미신적 마술'은 구분되지 않는다는 루트비히 비트겐슈타인(Ludwig Wittgenstein)의 한마디로 요약될 수 있는 것이었습니다. 그러니 보편종교인 기독교와는 다른, 무언가 원시적이고 좀 더 신비적이며 마술적인, 심지어는 섹시한 동양의 이색 종교를 기대하고 온 청중은 실망할 수밖에요. '노'나 '가부키'의 신비스러운 동작이나 일본 각지에 흩어져 있는 신사의 독특한 건축과 분위기, 심지어 다소 우스꽝스러운 스모 등 일본적인 것을 기대했던 영국의 청중에게 이소마에는 실망을 준 거지요. 일본의 원시종교가 원시기독교와 같다니요…….

고대 일본 종교에 대한 이소마에 교수의 대영박물관 강연이라는 이 설정은 어떤 기시감을 주지요. 필라델피아, 시카고, 파리, 런던 등 서양에서 열린 만국박람회에 설치된 일본관, 그리고 서양과는 다른 일본적인 그 무엇인가를 전시하는 익숙한 구도입니다. 일본 최초의 근대적인 국사 책과 일본 예술사 책이 파리 만국박람회 주최 측의 요청에 따라 일본어에 앞서 프랑스어로 쓰였다는 흥미로운 사실도 언급해야겠군요. 그러니까 서양 관객의 요청에 맞게 그들이 이해할 수 있는 언어로 일본적인 문화와 예술, 그리고 역사를 설명하려고 했던 거지요. 그래서 보통 사람들이 의식주를 위해 사용한 생활 도구들이 갑자기 공예품이 되고, 종교적 숭앙 대상인 불상이 갑자기 아름다운 조각품이 되는 사물의 역전 현상이 나타나는 거지요. 그것은 다시 일본적인 특징이 되고 일본 문화의 본질이 되는 거고요. 좀 더 단순화시켜 말한다면, 서양이 동양을 만나는 설정에서만 동양이 동양적인 것으로, 그리고 서양이 서양적인 것으로 나타난다는 것이겠지요.

《번역과 주체(Translation and Subjectivity: On 'Japan' and Cultural Nationalism)》에서 당신이 정식화한 "서양과 동양의 동시적 배치/형상화(Co-figuration of East and West)"만큼 이러한 설정을 잘 설명해주는 키워드는 아직 못 만났습니다. 그런데 이때의 서양과 동양은 우랄 산맥을 경계로 나누어지는 것과 같은 지리적 실재가 아니라 '상상의 지리'라는 점을 사람들은 자주 잊어버립니다. 내가 자주 쓰는 비유인데, 베를린 장벽이 붕괴된 이후 폴란드 연대노조운동의 영웅 레흐 바웬사(Lech Wałęsa)가 대통령선거에 나섰을 때의 이야기입니다. 바웬사가 유권자들에게 "폴란드를 제2의 일본으로 만들겠다"고 선언했을 때, 바웬사는 서양인 폴란드를 동양으로 만들겠다고 약속한 것일까요? 아닐 겁니다. 당신이나 에드워드 사이드의 논법을 따르면, 바웬사의 이 문장의 지리적 배치에서는 폴란드가 동양이고 일본이 서양인 거지요. 스테판 다나카(Stefan Tanaka)■■가 자신의 저서《일본의 오리엔트(Japan's Orient)》에서 잘 분석했듯이, 일본의 오리엔탈리즘적 구도에서는 조선과 중국이 동양이 되고 일본은 서양이 되는 것과 비슷한 이치가 아니겠는지요?

■■ **스테판 다나카**
근대 일본사 전공자로, 현재 캘리포니아 주립대학의 사학과 교수로 있다. 그는 일본의 동양사학이 표면적으로 객관성과 실증성을 강조했지만 실제로는 아시아를 대상화함으로써 일본의 아시아 지배를 뒷받침한 오리엔탈리즘에 기초하고 있다고 주장했다. 이러한 주장은 국내에 '일본 동양학의 구조'라는 제목으로 번역된 그의 저서《일본의 오리엔트》를 읽으면 더 자세히 알 수 있다.

공산주의 체제가 붕괴된 직후 동유럽을 여행한 한국의 한 '진보적' 지식인은 나한테 이런 이야기를 하더군요. 백인들이 못사는 것을 보니까 느낌이 참 이상하다고……. 이 경험을 통해서 이 지식인은 백인의 서양과 유색인의 동양을 타자화했던 서구중심적 오리엔탈리즘에서 벗어날 수 있었는지는 모르겠지만, 실은 그의 무의식 속에서 다시 가난한 백인 슬라브인들이 사는 동유럽을 동양화하는 한국의 새로운 오리엔탈리즘이 작동하고 있었던 것은 아닐까 하는 생각을 좀처럼 떨치기 어려웠습니다. 실제로 폴란드에 살 때, 현지 지사에 나와 있는 한국의 종합상사 직원들, 사업이나 유학차 와 있는 한국인들과 이야기를 나눌 기회가 가끔 있었는데, 폴란드를 보는 이들의 시선은 그야말로 오리엔탈리즘의 전형이었습니다.

표현의 차이는 있지만, 폴란드 사람들을 바라보는 이 한국인들의 시선에서 마치 19세기 말 조선을 방문했던 이사벨라 비숍 여사가 조선 사람들을 바라보던 그 시선을 느끼곤 했습니다. 20세기 초 폴란드 작가인 바츠와프 시에로셰프스키(Wacław Sieroszewski)가 시베리아를 지나 일본으로 갈 때 조선을 거치면서 남긴 여행기적 소설 《기생 월선이(Ol-Soni Kisa)》를 읽었다면, 폴란드에서 거들먹거리던 이 한국 사람들은 아마도 기절초풍했을 겁니다. 이 폴란드 작가의 시선에서 지금 폴란드인들을 보고 있는 자신의 시선을 느꼈을 테니까요.

서양과 동양의 경계가 역사나 문화, 문명에 대한 담론을 어떻게 구성하는가에 따라 자의적으로 갈라지고 배치된다는 것을 아마도 아돌프 히틀러만큼 명명백백하게 밝힌 인물도 없을 겁니다. 히틀러에 따르면 유럽과 아시아의 경계는 우랄 산맥이나 보스포루스 해협과 같은 지리적 표식에 따라 갈라지는 것이 아니었지요. 게오르크 헤겔의 '역사 없는 민족' 개념을 계승한 히틀러와 나치의 이데올로그들에게 폴란드는 아시아였어요. 폴란드가 아시아라면, 러시아가 '제3제국'의 '인도'라 해도 이상할 것은 없지요. 그러니까 독일 식민자들의 정착지가 끝나고 순수한 슬라브인 거주지가 시작되는 그 경계가 곧 유럽과 아시아의 경계선이었습니다. 히틀러의 눈에 비친 폴란드와 러시아, 우크라이나 등은 슬라브인이 거주하는 야만적 아시아였던 것입니다. 나치가 건설한 제3제국의 슬라브인은 대영제국에서 아시아나 아프리카의 원주민들이 했던 역할을 떠맡을 운명이었던 겁니다.

유럽과 아시아에 대한 히틀러의 이러한 생각은 상상의 지리인 동양에 대한 오리엔탈리즘적 사고방식의 전형을 드러내고 있어 흥미롭습니다. 오히려 내가 놀라는 것은 히틀러와 제3제국에 대해 그처럼 많은 연구가 축적되었는데도 정작 그들의 오리엔탈리즘에 대한 연구는 눈 씻고 찾아봐도 볼 수가 없다는 점이에요. 전후 나치즘에 대한 연구 자체가 유럽중심주의적으로 이루어진 탓이지요. 나치의 오리엔탈리즘과 식민주의라는 맥락 속에 홀로코스트를 배치한다면, 유대인이 오리엔트화되는 것을 피할 수 없는 거지요. 유대인이 오리엔트화되면, 다시 유대계 지식인들이 큰 역할을 했던 유럽 지성사가 흔들리는 거고요. 그러니까 홀로코스트에 대한 포스트콜로니얼리즘적 시선은 제2차 세계대전 이후 독립한 아시아·아프리카의 주변부 역사를 이해하는 것뿐 아니라, 유럽중심주의에서 벗어나 20세기 유럽사를 비판적으로 재구성하는 데도 큰 도움이 되는 것이 아닌가 생각하고 있습니다.

나치즘에 대한 연구를 읽다 보면 나는 가끔 이런 생각이 들 때가 있습니다. 많은 유럽의 연구자들에게 히틀러가 더 괘씸한 것은 반인류적 범죄에 더해서 백인이자 같은 유럽인인 슬라브인과 유대인을 오리엔트화하고 같은 유럽인들을 식민화하려 했기 때문이 아닐까 하는 거지요. 제2차 세계대전 이후 대부분의 역사 서술에서 나치 독일의 국가폭력이 더 그로테스크하게 그려져온 이유는, 즉 나치 독일의 패씸죄는 유럽의 식민주의가 유럽의 외부에서 '문명화 사명'을 완수하려 한 데 반해, 유럽의 내부에서 '문명화 사명'을 수행하려 했다는 겁니다. 그것은 '유럽인'에 대한 명예훼손인 셈이지요.

슬라브인을 동양화하려는 시각은 예전만큼 노골적이지는 않지만 오늘날에도 여전히 발견됩니다. 영국의 대표적인 군사사가인 존 키건(John Keegan)이 1990년대 중반 유고 내전 당시 보스니아에서 일어난 학살을 '오직 인류학자들만이 이해할 수 있는 원시적 부족 갈등'이라고 했을 때, 말하자면 보스니아는 역사적 연구 대상이 아니라 식민지에 대한 제국의 탐험 방식으로만 이해될 수 있다는 잠재의식을 드러낸 것이지요. 유고슬라비아를 제3세계로 귀속시킴으로써 유럽을 인종학살의 오점에서 자유롭게 만드는 담론 전략이 그 밑에 숨어 있는 것입니다. 오늘날 우리 세계가, 또는 21세기를 사는 우리가 동유럽의 슬라브인들을 지배하고 식민화하려고 했던 나치 이데올로그들이나 식민지 조선이나 타이완, 만주국에서 일했던 일본 엘리트 관료들의 생각과 삶에서 얼마나 떨어져 있는지는 참으로 의문입니다. '서양'에서 '동양'을 가르치고 연구하는 당신에게 '동양'에서 '서양'을 가르치고 연구하는 내가 그냥 몇 자 적어보았습니다.

3

식민주의, 나치즘, 그리고 홀로코스트

— 헤르만 괴링에게

헤르만 괴링
1893~1946

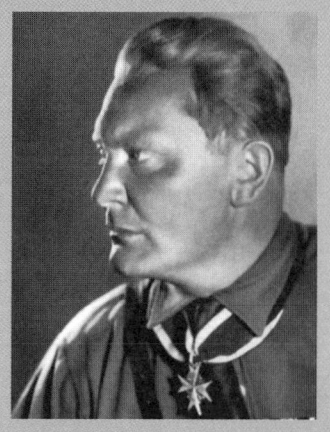

나미비아 총독을 지낸 아버지와 귀족 혈통의 어머니를 둔 '뼈대 있는' 식민주의 전통의 가문에서 태어났다. 어려서부터 원주민을 때려잡는 식민주의 군대의 무용담에 익숙했으며, 제1차 세계대전에 참전하여 공군 장교로 활약했다. 1922년 아돌프 히틀러를 만나 나치에 입당한 후 나치돌격대를 지휘했다. 1923년 선거에서 나치당이 승리하자 국회의장으로 선출되었으며, 히틀러가 독재권력을 잡은 후에는 프로이센 주의 내무장관이 되어 관료와 경찰의 나치화를 주도했다. 국가비밀경찰을 창설하고, 반대파를 숙청하기 위해 강제수용소를 만들었다. 이러한 일련의 정책들은 나미비아에서 이루어진 식민주의 지배의 경험이 반영된 것으로, 홀로코스트 등 나치의 인종주의적 폭력 및 식민주의 폭력과의 연속성을 보여준다. 1935년 재군비 선언 이후에는 공군을 창설하고 육성했다. 1936년 전시경제를 위한 4개년 계획을 맡아 경제상의 독재권을 행사했으며, 군사물자 생산을 밀어붙여 전쟁 준비를 추진했다. 약물중독으로 인해 감정의 기복이 심했으며, 방종한 성격 때문에 주위 사람들의 경멸을 샀지만, 히틀러의 가장 충성스러운 지지자라는 위치는 1930년대 말까지 흔들리지 않았다. 제2차 세계대전 후에는 뉘른베르크 재판에서 사형을 선고받았고, 형 집행 직전에 감방에서 자살했다. 그의 동생 알베르트 괴링(Albert Göring)은 수백 명의 유대인을 구했다는 사실이 최근에 밝혀지면서 다시 그의 집안이 회자되기도 했다.

HERMANN GÖRING

헤르만 괴링.

뜻밖의 편지에 너무 놀라지는 마십시오. 당신이 그립지도 않고, 또 이미 영면하고 있는 당신을 다시 역사의 현장에 불러내겠다는 의도는 추호도 없습니다. 원수를 미워하면 판단이 흐려지니 감정을 죽이라는 마피아적인 계산도 없습니다. 우스꽝스럽게 과시적인 공군 원수의 하얀 정복에 마약성 진통제 중독으로 비대해진 몸을 감추고, 약탈과 사기로 온갖 세속의 즐거움을 만끽했던 나치의 부두목 당신에게 편지를 쓰리라는 생각은 결단코 한 번도 해본 적이 없습니다. 단지 생각이 다르다거나 정치적 견해가 달라서가 아니라, 그냥 당신은 내 스타일이 아닙니다.

당신한테 편지를 써야겠다는 생각이 든 것은 조금 엉뚱하지만 나미비아 때문입니다. 남아공과 대서양에 국경을 접하고 있는 아프리카 서남단의 별로 알려지지 않은, 크지도 작지도 않은 나미비아에서 광활한 아프리카의 대자연이나 사파리, 칼라하리 사막과 부시맨 같은 호연지기적 이미지가 아니라 뻔뻔하고 혐오스러운 나치의 부두목 당신을 연상하다니요? 나치즘은 유럽, 더 좁게는 독일만의 특수한 것이라 생각했는데, 남서유럽과 북아프리카를 거쳐 중앙아프리카를 가로질러 아프리카 서남단의 나미비아에서 당신네 가족사와 나치의 전사를 찾으리라곤 미처 생각도 못했습니다.

나미비아가 처음 내 눈길을 끈 것은 수도 빈트후크를 가로지르는 '하인리히 괴링 대로'라는 이름 때문이었습니다. '이 괴링이 그 괴링인가?' 하고 의아하게 생각하던 참에, 하인리히 괴링이 당신의 아버지라는 걸 알았습니다. 당신, 생각보다 '뼈대' 있는 집안 출신이더군요. 이참에 당신 아버지가 비스마르크 정부에서 복무했던 외교관이자 독일이 나미비아를 점령한 후에는 나미비아의 총독(Reichskommissar)을 지냈다는 사실도 알게 되었습니다. 그래도 그렇지, '괴링' 도로라니요. 다행히 지금은 그 도로의 이름이 바뀌어 나미비아 사람들은 더 이상 괴링이라는 이름을 견디지 않아도 되게 되었지만, 그래도 씁쓸합니다.

나미비아가 어떤 나라인가요? 남아프리카공화국의 인종차별적 아파르트헤이트 백인 정권과의 오랜 투쟁 끝에 독립을 쟁취한 나라 아닌가요? 그런데도 독립한 1990년 이후까지 상당 기간 하인리히 괴링 대로라는 이름이 버젓이 존재했다는 것은 아프리카의 탈식민주의적 상황의 양면성과 모순을 드러내는 것 같아 착잡하기만 했습니다. 무덤 속에서 낄낄거리며 비웃는 당신의 웃음소리가 들리는 것 같아 정말 견디기가 힘들었습니다. 전쟁에는 졌지만 역사에서는 이겼다는 엉뚱한 소리가 들리는 것 같기도 했습니다. 당신과 당신 가족이 남긴 역사적 실마리를 계기로 그 동안 몇몇 역사가들이 고투해서 식민주의와 나치즘의 역사적 연관성을 충분히 파헤쳤기 때문에 굳이 당신이 부활해서 나미비아의 탈식민주의 논의에 끼어들 필요는 없습니다.

언젠가 본 당신의 어릴 적 사진이 기억납니다. 서너 살밖에 안 되어 보이는 어린아이가 군인 모자 비슷한 것을 쓰고 밝게 웃으며 거수경례를 하는 사진이었지요. 시민권과 국방의 의무를 맞바꾼 국민개병제 체제 아래에서 어린 남자아이들의 병정놀이는 흔한 일이기 때문에 무심코 넘겼던 사진입니다. 그러나 나미비아의 수도 한복판을 가로지르는 도로가 당신의 아버지 하인리히 괴링의 이름을 땄으며, 그 거리의 주인공이자 영국의 식민주의자 세실 로즈(Cecil Rhodes)의 친구였던 당신 아버지가 나미비아의 총독을 지냈다는 사실, 당신 가족이 1885년부터 1891년까지 나미비아에서 살았고, 당신 형은 나미비아에서 태어날 정도로 식민지의 사정에 정통한 집안의 배경 등이 그 사진을 다시 보게 만듭니다.

케케묵은 연좌제적 사고방식을 당신에게 적용하려는 것은 물론 아닙니다. 네 아버지가 나미비아의 총독이고 식민주의자였기 때문에 너도 식민주의자였다는 논리를 적용할 생각은 추호도 없습니다. 실제로 당신 동생 알베르트 괴링은 나치를 끔찍이 싫어했고, 홀로코스트에서 수백 명의 유대인과 정치범들을 구하기도 했잖아요? 물론 그가 당신의 대부이자 유서 깊은 혈통의 귀족인 헤르만 폰 에펜슈타인(Hermann von Epenstein)과 당신 어머니 사이에서 생긴 아이라는 소문이 끊이지 않았지만······. 어쨌거나 어떤 사람이 실제로 한 행동에 대해서 잘잘못을 가리는 것이 아니라 단지 그/그녀가 어디에 속해 있는가를 기준으로 평가하고 죄를 뒤집어씌우는 것은 당신네 수법일 뿐이지요. 그건 당신의 논리이자 사유방식일 뿐입니다. 나도 그런 논리를 편다면, 그건 죽은 괴링이 산 임지현을 물리치게 만드는 격이고, 결국 당신을 역사의 승자로 만들어버리는 바보짓이겠지요.

현실사회주의가 체코의 극작가 바츨라프 하벨(Václav Havel)에게 대부르주아 출신이라는 이유로 대학 입학을 허가하지 않고, 전후의 신생 사회주의 국가들이 재능 있고 선량한 젊은이들을 출신성분이 나쁘다는 이유로 공적 영역에서 배제했을 때, 무덤 속에서 신산하게 웃었을 당신을 생각하면 아직도 온몸이 오싹합니다. 누구 말마따나 그것은 '계급 인종주의(class racism)'이지요. 결국 당신은 인종적 연좌제 대신에 계급적 연좌제를 사회주의의 지배적인 사유방식으로 만듦으로써 무덤 속에 가만히 누워서 스탈린그라드의 복수를 한 거지요. 그러나 베를린 장벽이 무너지고 현실사회주의가 몰락했다고 해서 아시아적 볼셰비즘으로부터 유럽의 문명을 구한다는 명분 아래 소련을 침공한 바르바로사 작전의 실패를 보상받았다고 생각하면, 그래서 나치가 역사의 최종 승자라고 생각한다면 그건 오산입니다. 착각도 이만저만한 착각이 아니지요.

다시 우리 이야기로 돌아가면, 당신 아버지가 나미비아 총독을 지낸 전형적인 식민지배자의 가족적 배경 때문에 당신도 식민주의자로 태어났다는 식으로 주장할 생각은 조금도 없습니다. 그래도 군대 유니폼 비슷한 것을 앙증맞게 입고 씩씩하게 거수경례를 하는 어린 괴링의 사진은 아무래도 당신이 식민주의적 폭력을 자연스럽게 생각하는 당대의 사회적 배경이나 가족적 분위기에 푹 젖어 있었던 것은 아닌가 하는 의구심을 자아냅니다.

당신이 더 잘 알겠지만, 실제로 1904년 발발한 나미비아의 식민지 폭동에서 약 6만 5,000명에 달하는 헤레로(Herero) 종족이 1,500여 명의 독일군에게 전멸당하는 일"이 벌어집니다. 식민지 전쟁이라기보다는 일방적인 학살이었던 셈이지요. 잘 모르겠다고요? 당신 아버지한테 한번 물어보세요. 당신 형이 천진난만하게 총독 관저에서 뛰어놀 때, 관저 밖에서 어떤 일이 있었냐고요. 물론 당신 아버지가 나미비아를 떠난 후에 일어난 일이지만, 당신의 가족사를 떠나 이 끔찍한 식민주의적 폭력은 한 사회의 도덕적 혹은 종교적 금기를 깨버린 것이 아닌가요?

당신이나 당신 세대의 독일인들이 그 전에는 감히 상상할 수도 없었던 홀로코스트라는 대학살을 자행한 것은 결국 식민주의적 폭력이 인간의 생명을 대량으로 빼앗아서는 안 된다는 금기를 깨버린 거지요. 당신들이 세운 강제수용소는 사실 독일 식민주의가 1904년 12월 11일 나미비아에 세운 강제수용소—샤크 섬에 세워진 절멸수용소—와 남서아프리카의 여타 지역에 만든 노동수용소라는 이중구조를 본 딴 게 아닌가요? 물론 나미비아의 강제수용소 또한 스페인과 영국의 식민주의가 쿠바와 남아프리카에서 이미 각각 실험한 수용소 제도를 본땄다는 점에서 독창적일 것도 없지요. 내 이야기는 결국 유럽 식민주의의 넓은 맥락 속에서 홀로코스트를 봐야 하지 않느냐는 거예요.

영국과 프랑스, 스페인을 포함한 유럽 식민주의의 폭력이라는 역사적 맥락 속에서 나치의 그로테스크한 폭력을 고찰해야 하는 것은 옳습니다. 홀로코스트를 독일 민족의 특수성이나 전근대적 야만성으로 환원시키는 데 나는 반대입니다. 사실 19세기 말의 상황에서 독일의 반유대주의는 프랑스 등의 서유럽 국가들에 비해 특별히 더 심한 것도 아니었지요. 그렇다고 독일이 더 폭력적인 사회였다고 믿을 만한

■ **헤레로 종족 학살**
1870년대부터 제1차 세계대전에 이르는 시기까지 나미비아를 지배한 독일제국이 벌인 학살극을 일컫는다. 독일 이주민들이 나마족과 헤레로족의 땅을 강제로 빼앗자 1904년 1월 11일, 자신들의 생존권을 지키기 위해 원주민들이 봉기를 일으켰다. 당시 독일 점령군 사령관 로타르 폰 트로타는 이들의 저항에 몰살 명령으로 답했다. 1908년까지 지속된 독일 점령군의 학살로 헤레로족 전체의 80퍼센트가 사망했다.

근거도 없습니다. 식민주의적 폭력으로 따진다면 서유럽의 선배 식민주의가 더 심하지요. 영국 군인들이 남아프리카공화국의 원주민 반란을 오죽 잔인하게 진압했으면, 식민차관 윈스턴 처칠조차 너무 잔인했다는 이유로 제국 메달을 수여하는 것을 거부했을까요? 레오폴 2세의 재위 기간(1865~1909)을 중심으로 1885년부터 1920년까지 불과 30여 년 사이에 콩고자유국에서 1,000만 명이 넘는 아프리카인을 살해하고도 버젓이 국제인권회의를 개최한 벨기에의 후안무치는 또 어떻고요? 1935년부터 1939년까지 독가스까지 사용해 25만 명의 에티오피아인을 살해하고는 '에티오피아인이 없는 에티오피아'를 꿈꾸었던 이탈리아 파시스트들은요? 이들이 당신네 나치보다 훨씬 더 인간적이고 덜 잔인했다고 믿어야 할 이유는 모르겠습니다.

　소련 침공 당시 특별히 설정한 '죽음의 구역(tote zone)'에서 극에 달했던 당신네 나치의 폭력은 나미비아의 원주민 게릴라를 소탕했던 식민지 전쟁의 전략을 채용한 것이 틀림없지요. 어린아이와 여자를 포함하는 주민 전체에 대한 인종전쟁이라는 점이 우선 그래요. 또 전쟁포로와 민간인에 대한 체계적 집단살해를 정당화하는 논리로 독일 민족의 공공보건과 사회적 위생의 논리를 내세웠다는 점에서도 나미비아에서의 식민지 지배/전쟁과 당신들의 소련 점령정책은 닮은꼴이에요. 무려 330만 명이 당신네 수용소에서 목숨을 잃은 소련군 포로들 또한 샤크 섬의 절멸수용소에서 죽어간 헤레로족 원주민 전사들과 마찬가지로 국제법의 적용 대상이 아니었지요. 나치의 포로수용소에 수감된 23만 2,000명의 미군과 영국군 포로 가운데 목숨을 잃은 8,348명과 소련군 포로 사망자 330만 명은 어떻게 비교가 가능한가요? 설마 당신, 모르고 있었다는 소리는 안 하겠지요?

모를 리가 없지요. 당신이 히틀러가 공인한 나치의 부두목일 때 바바리아의 주 장관과 제국의 식민장관을 지낸 프란츠 폰 에프(Franz Ritter von Epp)한테 나미비아의 헤레로 학살에 가담했던 무용담을 귀 따갑게 들었잖아요. 1919년 2월 우익 '자유군단'을 창설해 사회주의자들에 대한 우익 테러를 주도하고 루돌프 헤스(Rudolf Hess)나 그레고르 슈트라서(Gregor Strasser), 에른스트 룀(Ernst Röhm) 등 나치 돌격대와 폭력조직의 핵심인물들을 키운 것도 그 작자였잖아요. 심지어는 나치 돌격대가 입었던 갈색 셔츠도 색상이나 디자인이 나미비아의 식민지 돌격대가 입었던 군복과 같더군요. 백인 고용주에게 피고용 원주민을 채찍이나 주먹으로 때릴 수 있는 법적 권리를 보장한 '가부장적 교정법'(1905), 다른 인종간의 결혼을 금지한 '혼혈금지법'(1905) 등 인종주의를 제도화했던 독일 식민주의의 역사를 당신들은 잘 알 수밖에 없었겠지요. 아리아 인종과 유대인의 결혼은 물론 섹스까지 금지한 뉘른베르크법은 그러니 사실 새로울 것도 없어요.

어찌 보면 당신들 나치의 독창성은 별 거 없어요. 식민주의의 실험들을 받아들여 뉘른베르크법으로 법령화하고 동부 점령지에서 제도적으로 실시한 것뿐이잖아요. 당신들 나치가 식민주의를 베꼈다는 느낌은 지배공학의 측면에서도 아주 잘 드러나 도저히 부정할 수가 없어요. 국가폭력의 독창성이 무슨 자랑이냐고요? 홀로코스트의 국가폭력은 결코 독일의 독창적 업적이 아니라고요? 물론 아니지요. 이제 좀 철이 드셨나? 왜 당신들이 만든 '동방부' 있잖아요? 동유럽 점령지를 지배하기 위해 만들었다고 하지만, 솔직히 그건 영국의 인도 지배 전담부처인 '인도부'를 그대로 본 딴 게 아닌가요? 아리아인을 지배자로 슬라브인을 예속적 피지배자로 하는 인종주의적 특권사회를 건설하겠다는 바르바로사 작전과 이주 작전도 미안하지만 독창적이라는 생각이 전혀 안 들어요. 아프리카 등지에서 백인 식민주의자들을 위한 학교나 행정창구들을 따로 만들고 원주민들에게는 백인 지배자들에게 공경을 표하는 인사의 의무 등을 부과한 식민주의의 관행이 그대로 되풀이되지 않았나요?

예컨대 폴란드인들은 인도(人道)에서 독일인과 마주칠 때 정중하게 경의를 표시하는 동시에 자리를 양보해야만 했고, 이들 '하얀 원주민'들에게는 극장, 영화관, 전시회, 박물관, 도서관, 콘서트 등의 입장을 불허했지요. 폴란드 사람들은 쇼팽만 연주해도 처형되었다고 하는데, 솔직히 믿어지지가 않아요. 이들은 자전거나 라디오, 카메라, 각종 악기, 전축, 전화, 심지어는 가죽 서류가방 등도 가질 수 없었지요. "독일의 영토정책은 카메룬에서 실현될 수 없으므로 유럽에서 실현되어야 한다."는 히틀러나 "폴란드는 식민지처럼 다루어져야 한다."는 폴란드 점령장관 한스 프랑크(Hans Frank)의 주장, 우크라이나 책임자 에리히 코흐(Erich Koch)의 '하얀 검둥이'라는 우크라이나인 비하 발언도 실은 식민주의자들의 오리엔탈리즘을 그대로 느끼게 해요. 동유럽 점령지의 민간인 이주를 담당한 독일의 식민지 회사들이 아프리카의 식민지 경험을 가진 이주민들을 우대했다거나, 동유럽으로 가는 식민자들 사이에서 유행한 미국의 서부 개척에 대한 카를 마이(Karl May)의 판타지 소설을 당신이 모를 리 없지요. 이 소설은 당신도 열심히 읽었잖아요?

나치의 인종주의적 절멸정책의 배후에 있는 '생활공간(Lebensraum)' 개념도 따지고 보면 당신들 나치의 발명품은 아니잖아요. 이미

1897년 독일의 지리학자 프리드리히 라첼(Friedrich Ratzel)이 자신의 저서 《정치지리학(Politische Geographie)》에서 유대인, 로마(집시), '아프리카 오지의 왜소한 수렵인들' 등은 우월한 인종의 생활공간을 위해 소멸되어야 할 존재라는 주장을 제기했으니까요. 이어서 1904년 출간된 《생활공간(Der Lebensraum)》이라는 저서는 또 어떤가요? 인류의 생활공간이 만성적으로 부족하게 될 것이므로 원시적인 인종은 우월한 종이 새로이 진화할 공간을 열어주기 위해 사라져야만 한다고 주장했더군요. 나미비아에서 헤레로 부족에 대한 학살이 벌어진 해에 이 책이 출간된 것도 우연의 일치만은 아니지 않을까요? 사실 라첼은 당시 독일 사회의 어떤 흐름을 대변했을 뿐이지요. 식민주의자들의 언론인 〈독일 남서아프리카 신문〉이 식민화의 목적은 땅의 소유권을 원주민의 손에서 백인들에게로 이전시켜버리고 이 땅을 넘긴 원주민들은 백인의 노예가 되어야 한다고 공공연히 주장한 것은 당신 아버지가 더 잘 알 겁니다.

1924년 란츠베르크의 감옥에서 《나의 투쟁(Mein Kampf)》을 집필하고 있던 히틀러가 헤스로부터 건네받은 라첼의 책을 얼마나 열심히 읽고 감동받았는지는 당신도 히틀러한테 자주 들어서 잘 알고 있는 사실이잖아요. 그뿐만이 아니지요. 나중에 인류학, 유전학, 우생학을 연구했던 카이저 빌헬름 연구소 소장이자 당신이나 히틀러와 가장 가까운 과학자였던 오이겐 피셔(Eugen Fischer)가 나미비아에서 현장 조사를 한 것도 모른다고 하지는 않겠지요. 독일인 식민주의자들과 원주민 여성들 사이에서 태어난 아이들이 지적으로나 체력적으로 열등하다는 이론을 구성해 훗날 뉘른베르크법을 만드는 데 '과학적'으로 기여한 인물 말이에요. 당신들이 동유럽 경영에 대한 노하우를 얻은

통로는 식민관료학교, 함부르크 열대연구소, 식민여성학교 등에서 실시한 식민주의 교육이 아니었나요?

우연이라고 하기에는 식민주의와 당신들 나치가 너무 많이 얽혀 있지요. 비단 독일뿐만 아니라 유럽 식민주의의 역사적 경험에서 홀로코스트의 선례를 찾으려는 최근의 대량학살(genocide) 연구경향이 나는 옳다고 봅니다. 미국의 남북전쟁 직후 남부에서 결성돼 흑인에 대한 살인과 방화, 폭행을 일삼은 KKK단을 '파시즘의 주목할 만한 예고편'이라거나 '최종해결책'의 전례를 아메리카 인디언에 대한 백인 이주민들의 대량학살에서 찾고, 반유대주의 전통은 아메리카, 오스트레일리아 및 아시아에서 유럽의 식민주의 팽창 당시 발생한 대학살의 경험과 결합되면서 인종적 대학살로 진전하게 되었다는 지적 등을 들으면 어때요? 오싹하지요?

당신이 혹시 또 착각하고 엉뚱한 자기 방어 논리를 펼치지 않을까 염려되어 마지막으로 한 마디만 못 박아둡니다. 유럽의 식민주의적 폭력에서 홀로코스트의 전조를 찾는다고 해서 나치즘의 가공할 만한 반인간적 폭력이 상대화되거나 당신의 죄가 가벼워지는 것은 결코 아닙니다. 당신을 환영하는 무리가 아직도 여기저기 있겠지만, 제발 부활하겠다는 헛된 꿈은 꾸지 마세요. 그냥 푹 주무십시오. 아주, 아주 영원히.

4

죽은 공자가 산 아시아를 잡아먹다
― 공자에게

공자
기원전 551~기원전 479

중국 춘추시대의 사상가이며 유교의 시조이다. 주나라의 사회적 혼란이 심해지자 '인(仁)'을 통해 사회를 도덕적 공동체로 개조시키고자 했다. 인이란 '자기 자신을 이기고 예(禮)를 따르는 삶'으로, 자기 수양이 사회 질서의 바탕이며, 사회 질서는 정치적 안정의 기반이 된다고 확신했다. 따라서 위정자는 사회의 도덕적 선봉이 되어야 하며, 도덕과 예의에 의한 교화가 이상적인 지배방법이라 생각했다. 어떤 해석도 가능한 모호한 텍스트를 남김으로써 주자를 비롯해 이후 수많은 학자에 의해 다양하게 '해석'되어왔다. 지금도 역사적 상황과 맥락에 따라 서로 다른 방식의 해석이 난무해서, 한때는 절대적 척결의 대상으로, 또 한때는 아시아적 가치의 창시자로 추앙받기도 했다. 공자가 죽어야 사는지, 살아야 사는지는 누구도 모르지만, 자기가 어떤 사람이었는지는 공자 자신도 모른다. 참으로 "저자는 죽었다." 모호한 글쓰기가 다양하고 다층적인 함의를 지닌 풍부한 텍스트가 될 수 있다는 본보기를 보여주었다.

孔 子

공자님 상서.

시하맹춘지절(時下孟春之節)에 상제(上帝)의 후의(厚意) 아래 기체후일향만강(氣體候一向萬康)하옵시고, 옥체만안(玉體萬安), 별래무양(別來無恙)하시온지요? 소생 전생 연분이 중하여 오늘 공자님께 경계하오니 은혜 망극하옵니다. 그러나 소생 팔자 기박하여 서양 오랑캐의 역사를 공부하는 천한 몸이 되어 품은 한이 깊사와 자연 기운을 억제치 못하여 거친 말로 성인을 욕되게 하는 일이 있더라도 널리 혜량해주시고 큰 너그러움으로 참고 견디시어 귀체를 보중하시기를 복망하나이다.

그럼 혜량하셨다고 치고, 좀 더 단도직입적으로 말씀드리겠습니다. 소문 들으셨겠지만, IMF 외환위기 때 어떤 이가 《공자가 죽어야 나라가 산다》는 책을 써서 큰 화제가 된 적이 있습니다. 물론 당신이 가신 지 이미 오래지만, 죽은 공명이 산 중달을 물리친 것처럼 죽은 공자가 지금 대한민국에 사는 사람들을 잡아먹는다는 거지요. 그 책을 쓴 사람에 의하면, 한국 사회에 횡행하는 연고주의, 권위주의, 정신주의, 한탕주의 같은 부정적 기풍이 모두 당신 때문이고, 심지어는 군사 쿠데타나 어린이 성추행 같은 것도 유교 때문이라는 거예요. 그러니까 당신이 남긴 지적·정신적 유산은 실제로 '사람을 잡아먹는 가르침'이라는 겁니다. 글쎄요, 그렇게 따지면 월스트리트나 엔론 사태에서 나타난 미국의 한탕주의와 연고주의, 프랑스의 권위주의와 관료주의, 1981년 폴란드 보이치에흐 야루젤스키(Wojciech Jaruzelski)의 쿠데타는 기독교 때문이 되는 건가요? 아니, 미국의 경우는 유대교 때문이고, 프랑스와 폴란드의 경우는 가톨릭 때문이 되나요? 아 참, 스리랑카의 내전은 그러면 부처님 때문이군요.

어쨌거나 공자가 죽어야 나라가 산다는 주장의 핵심은 당신이 한국 사회의 모든 병폐의 원흉이고, 당신이 씨를 뿌린 병폐들이 도덕적 해이와 정실 자본주의를 낳아 한국 사회를 IMF 위기상황으로 몰고 갔다는 것이지요. 그래서 당신은 어떤 개그맨의 별명처럼 곰팡이로 비유되기도 하고, '유교 바이러스'라는 나치식 위생수사학으로 당신의 사상을 박멸하자고 해충 퇴치 소독회사 사장 같은 주장을 펴기도 하고, '주검의 종교' 등의 선정적 표현으로 당신을 진짜 죽이겠다고 덤벼들더군요. 당대의 베스트셀러가 된 이 책은 부모 세대의 나이에 따른 위계질서론자들에게 억눌렸던 젊은 세대나 가부장주의가 민족의 전통인 양 들먹이면서 유교적 미풍양속을 팔아먹는 남성들에게 신물이 난 여성들에게 많이 팔렸다는 분석도 있더군요. 글쎄요, 그런 분석은 우리의 젊은 세대나 여성들을 너무 우습게 본 게 아닌가 하는 생각도 듭니다만…….

그런데 세상은 참 재미있지요. 당신이 죽어야 나라가 산다는 책이 공전의 히트를 치고 논란의 도마 위에 오르자 어떤 분이 다시 《공자가 살아야 나라가 산다》라는 책을 쓴 모양입니다. 글쎄, 관운도 별로 없어 정치적으로 큰 책임이 있는 자리에는 앉아본 적도 없는 당신을 두고, 당신이 죽어야 나라가 산다거나 당신이 살아야 나라가 산다거나 하는 주장들을 보니 의아하고 어이가 없습니다. 정작 가장 의아하고 당혹스러운 건 당신이겠지요. 그런데 대단히 실례되는 표현인지 모르겠지만, 아무래도 《주역》으로 당신 팔자를 풀이하면 구설수가 크게 나오지 않을까 싶네요.

당신을 죽이자는 이야기는 사실 새로운 게 아니지요. 아버지 살해의 충동은 새로운 세대가 헤게모니를 잡을 때마다 으레 발견되는 현상이잖아요. 단지 동아시아에서는 당신이 너무 오래 아버지 자리를 차지했다는 게 다를 뿐이지요. 한번 살펴볼까요? 이미 100년도 더 된 일본의 메이지유신 때 어떤 이야기가 나왔나요? 사무라이들이 칼로 공자를 베어 중국 문화를 최대한 씻어버리고 서구화에 매진함으로써 근대화에 성공했다는 해석이 유행했지요. 그런가 하면 1910년대 중국에서는 급진적 서구화론자들이 '타도공가점(打倒孔家店)'이라는 구호를 들고 나와 당신을 다시 죽이려고 했더군요. 문화대혁명 때도 '비림비공(批林批孔)'이라 해서 당신을 다시 한 번 확실하게 죽이겠다고 했다지요. 마오쩌둥의 권력에 도전하려 했던 린뱌오(林彪)가 당신을 몰래 읽은 공자주의자였다는 거잖아요. 이렇게 해서 죽은 당신은 사회주의의 권력투쟁에도 한 발 담근 셈이네요.

멀리 갈 것도 없이 한국에서도 해방 직후에는 유교 때문에 나라가 망했다는 인식이 널리 퍼졌고, 조국 근대화에 한창이던 1970년대에는 당신 한 사람만으로도 모자라 주자 때문에 조선이 망했다는 주장도 만만치 않았습니다. 그러니까 공자뿐만 아니라 맹자, 주자 등까지도 포함하는 '자스 브라더스' 때문에 망했다는 거지요. 또 당신은 새마을운동의 주적이기도 했습니다. 당신이 그렇게 소중히 여겼던 '예(禮)'는 허례허식의 대표적인 예로 질타의 대상이 되고, '이씨 조선'은 허례허식의 관혼상제 때문에 망했다는 주장까지 나왔지요. 그래서 합리주의의 정신 아래 모든 예식이 간소화되었습니다. 바꾸어 말하면 당신의 '예'는 합리적이지 않고 미신과 통한다는 거였지요. 조국 근대화가 한창일 때 당신은 그런 수준으로 하락했습니다. 죽었다 해도, 정말 당신의 힘은 대단합니다.

　그런데 구설수라고 해서 반드시 나쁜 말만 도는 것은 아니지요. 당신을 둘러싼 논란에는 '죽이자'파 못지않게 '살리자'파도 꽤 있었으니까요. 단지 사람 심리라는 게 그렇잖아요. '죽이자'라는 구호가 '살리자'보다는 훨씬 더 선정적이기 때문에 더 오래, 그리고 더 깊이 각인되었던 거죠. 이미 메이지유신 때부터 공자를 베어버렸기 때문에 성공했다는 주장에 대해 유교가 메이지유신의 원동력이었다는 반론이 만만치 않았지요.

　그러나 '살리자'파의 가장 중요한 핵심은 역시 '아시아적 가치'론으로 무장한 '유교 자본주의'가 아니었나 합니다. 1960~1970년대에 눈부신 경제발전을 이룩한 아시아의 네 마리 용, 즉 홍콩, 싱가포르, 타이완, 한국의 역사적 공통점이 유교라는 데 착안해서 유교적 노동윤리나 공동체적 가치가 그 발전의 동력이었다는 것이 이 논리의 핵심입니다. 유럽 자본주의 발전의 주요 원인을 프로테스탄트 윤리에서 구한 막스 베버의 동아시아적 버전이지요. 유교가 강조하는 가족공동체주의나 교육과 학문을 존중하는 문화적 기풍, 엄격한 사회적 윤리 규범 등이 이들 동아시아 네 마리 용의 자본주의가 발전하는 기틀이 되었다는 거지요. 지금 대량 리콜 사태로 회사 존립이 위기에 빠진 도요타 자동차가 한때는 이런 주장의 주요한 전거였어요. 이 아시아적 가치론은 한 걸음 더 나아가 공자가 없는 중국에는 미래가 없다는 논리로 비약하면서 현대 신유학이라는 이름으로 유교 르네상스를 가져오기도 했다는군요. 심지어 현재 중국에서는 사회주의 건설과 공자를 분리할 수 없다는 주장까지도 나오는 모양입니다.

　그런데 정작 흥미로운 것은 가족주의나 근면성, 책임감 같은 '아시아적 가치'를 먼저 들고 나온 것은 아시아의 학자들이 아니라는 거지요. 서구적 근대성 혹은 자본주의적 근대의 문제들이 드러나는 가운데 미국식 문명에 회의를 갖고 대안을 찾고자 했던 에즈라 포겔(Ezra Vogel)이나 차머스 존슨(Chalmers Johnson) 같은 미국의 비판적 지식인들이 대표적인 예겠지요. 글쎄요, 공동체주의에 대한 지향은 분명히 있지만 사회주의까지 나아가기는 조금 부담스럽고, 그런 와중에서 아시아의 공동체적 전통을 그 대안으로 발견한 게 아닌가 합니다. 미국식의 벌거벗은 자본주의에 대한 이들의 문제의식에는 공감이 가는 바도 많지만, 헛발질이라는 느낌을 지울 수 없습니다. 많은 단서들이 있지만, 결국 서구는 개인주의이고 아시아는 공동체주의라는 이분법으로 귀착되는 이들의 사고방식은 당신을 살리느냐 죽이느냐는 논쟁만큼이나 단순하지요.

솔직히 보스턴에 처음 갔을 때 제일 놀란 것은 이 도시에 남아 있는 공동체적 유제였습니다. 왜, 보스턴 시내 중심부에 가면 보스턴 커먼(Boston Common)이라고 식민지 시대부터 보스턴의 식민지인들이 모여 공동의 일들을 논의하고 결정하던, 지금은 공원이 된 장소가 있잖아요? 시내 중심의 금싸라기 같은 땅을 그처럼 공공의 공원용지로 사용하는 것, 서울이나 부산 같으면 어림도 없는 일이지요. 개발업자들에 의해서 결딴이 나도 벌써 결딴이 났을 겁니다. 보스턴 커먼을 보고 놀란 이야기를 했더니, 하버드의 한국통인 에드워드 베이커(Edward Baker)가 그러더군요. 특히 메인 주에 가면 작은 도시에도 항상 그 중심부에 커먼이 있다고요. 도쿄나 베이징, 서울 등 아시아의 도시 한복판에서 마주치는 것은 보스턴 커먼과 같은 공동의 포럼이 아니라 고

쇼나 쯔진청, 경복궁 같은 왕실의 궁정이잖아요. 동아시아 어느 도시의 한복판에 이처럼 시민적 포럼의 전통과 유제를 보여주는 곳이 있나요? 그런데도 여전히 서양은 개인주의적이고 동아시아는 공동체적인가요? 보스턴 옆의 하버드 대학에서 오랫동안 학생들을 가르친 포겔이 이런 사실을 몰랐을까요? 경복궁이나 야스쿠니 신사가 동아시아의 공공영역인가요?

공동체주의적 아시아라는 허구성은 유럽사의 상인 길드와 전통시대 아시아의 상인조합의 차이에서도 잘 드러납니다. 반드시 그런 것은 아니지만, 유럽의 상인/수공업 길드가 자체적으로 생산물의 품질관리를 통해 자기 조합 상품의 브랜드와 질을 관리하는 데 주력했다면, 예컨대 조선의 조합은 조합원들에게 구전을 거두어 관아에 상납하는 브로커 역할이 더 컸다는 거지요. 어느 편이 더 공동체적인지 묻는다면, 아시아라고 답하기 참으로 어려운 상황이지요. 개인주의가 확립되지 않은 곳에서는 진정한 공동체주의가 발전할 수 없다는 레온 트로츠키의 개탄은 물론 러시아의 현실에 대한 성찰의 결과입니다만, 동아시아 공동체론에도 어느 정도 적용될 수 있는 게 아닐까요?

물론 아직도 중국이나 한국, 그리고 심지어는 일본의 촌락에는 여전히 공동체적인 유제와 삶의 관습들이 남아 있는 것은 분명합니다. 그런데 그것이 동아시아 문명의 특수성이자 본질적 특성이라고 할 수 있나요? 그와 같은 공동체적 관습은 집단노동과 경작이 요구되는 자연환경에서 살아가는 사람들에게서 흔히 발견되는 것이 아닌가요? 그런 흔적은 유럽의 농촌에서도 흔히 발견되잖아요. 그런데도 '공동체적 전통'에 방점을 둔 아시아적 가치론은 결국 일부 구미 지식인들이 특정한 의도에 따라 아시아 사회에서 재발견하고, 그것이 마치 아시아의 본질적 특징인 양 '아시아적 가치'라는 이름으로 재구성한 것이지요.

외람되지만, 공자를 죽이냐 살리느냐는 논쟁도 결국 이런 맥락이 아닌가 싶어요. 원래 당신 같은 대가들은 말을 두루뭉술하게 조금, 아니 많이 모호하게 하는 경향이 있잖아요. 그러니까 어떤 해석에도 열려 있고, 더 나아가서는 정반대의 해석도 얼마든지 가능한 텍스트를 남기잖아요. 호주제 폐지 논쟁이 한창일 때도 그랬지요. 유교 경전에 나오는 '삼종지도(三從之道)'를 근거로 보수적 유림들이 호주제와 가부장주의가 민족전통이라며 철폐 불가를 부르짖을 때, 호주를 중심으로 가족 구성원들의 위계관계를 구성하는 호주제는 천황제적 가족국가 이데올로기의 산물에 불과하다는 게 역사가들에 의해 밝혀졌죠. 전통적으로 존재했던 호주제는 조세와 호구 관리를 목적으로 작성된 통치문서로서, 여성이 호주인 경우도 있고 노비들까지도 호주의 이름 아래 같은 문서로 묶였다는 거지요. 그러니까 당신의 뜻은 호주제 찬성보다는 폐지에 가까운 게 아닌가요?

또 《서경》에 나오는 "새벽에 암탉이 울면 집안이 망한다(牝鷄之晨 惟家之索)"는 유명한 구절을 한 여성학자가 전복적으로 읽은 적이 있는데, 참으로 재미있는 해석도 가능하더군요. 이 구절은 가부장제의 증거가 아니라 여성의 사회활동이 활발하고 모계제 사회의 전통이 강했다는 증거라는 거지요. 기원전 11세기의 은나라에서 지배질서인 모계제를 뒤엎고 가부장적 질서를 획책하는 자들이 자신들보다 힘이 강력한 여성들의 세력을 견제하기 위해 먼저 담론적 헤게모니를 장악하려던 음모의 증거라는 겁니다. 그러니까 《서경》의 이 구절은 고대 사회에 존재했던 여성 헤게모니의 증거이며, 그것에 불만을 갖고 전복시키려는 남성 반란세력들이 만들어낸 저항의 논리라는 거지요. 이 해석이 얼마나 당대의 역사 현실과 정합성을 갖는지를 판단할 능력은 없습니다만, 유교는 본질적으로 가부장주의라는 고정관념을 여지없이 흔들어놓은 해석이 아닌가 합니다.

실제로 1차 사료를 가장 많이 읽은 연구자 중 한 사람인 경제사학자 이영훈 선생이 언젠가 그러더군요. 한 번은 《삼국유사》와 《삼국사기》에서 남녀상열지사 조항만 훑어본 적이 있는데 재미있는 현상이 드러나더라는 거예요. 기록상으로 보면 남자보다 여자가 더 적극적인 경우가 훨씬 많더라는 거지요. 물론 유교가 아직 지배 이데올로기로 자리 잡기 전의 일이니, '여필종부'와 같은 원칙이 지배적인 시대는 아니었던 게지요. 잠깐! 그렇다면 남성주의나 가부장주의는 민족전통과 관계없고, 유교는 중국에서 수입된 외래 이데올로기이므로 민족전통으로서 여성주의를 되살리자는 주장이 가능한가요? 가부장주의자들, 호주제 폐지를 반대한 유림들은 민족전통을 거부하고 유교라는 수입 이데올로기를 열렬히 신봉하는 민족반역자들인가요? 아니, 이런 식이 되면 곤란하니까 공자도 한국 사람이었다는 주장이 극우적 민족주의 역사학계에서 제기되는 것인가요? 유교가 민족 이데올로기가 되어야 가부장주의와 민족주의가 접목될 수 있다고 생각하는 걸까요?

공자님.

솔직히 말하면 나는 당신이 진짜 말하려고 했던 게 무엇이었는지, 그리고 그 진의에 대한 해석을 어떻게 하는가에 따라 당신을 살리는 게 옳은가 죽이는 게 옳은가가 달라지는 따위의 논쟁에는 크게 관심이 없습니다. 어느 해석이 맞고 어느 해석은 틀린 것이라는 논지를 떠나 내 관심은 당신에 대한 서로 다른 다양한 해석들이 배치되는 방식과 맥락이에요. 예컨대 미국의 벌거벗은 자본주의에 대한 비판으로 제기된 아시아적 가치론이 태평양을 건너 한국이나 싱가포르에 배치될 때, 그것이 겪게 되는 의미의 전성(轉成) 따위가 내 관심사입니다. 아실지 모르겠지만, 싱가포르의 리콴유(李光燿) 수상은 길거리에 침을 뱉거나 담배꽁초를 버리는 것은 물론, 공중화장실에서 용변을 보고 물을 내리지 않는 행위에도 벌금을 물릴 정도로 일상을 통제하는 개발독재 체제를 확립했지요. 옥스퍼드에서 교육받은 이 인물이 자신의 체제를 정당화한 것도 바로 이 아시아적 가치를 통해서였습니다.

더 가까이는 한국의 유신체제가 있습니다. 아시다시피 박정희 정권은 쿠데타 직후 민족적 민주주의를 표방하면서 강력한 근대화 정책을 펼쳤지요. 이 와중에 의례를 중시하는 유교의 '예'는 관혼상제의 낭비를 불러오는 악습으로 미신과 동급으로 격하되어 실생활에서 추방운동의 대상이 되었고, 생활의 과학화와 합리화라는 이름 아래 유교적 사유방식은 청산의 대상이었습니다. 요컨대 유교는 조국 근대화의 장애물 같은 것이지요. 그런데 개발독재를 정점에 올려놓은 유신체제가 확립되면서 우리의 고유한 공동체적 전통을 강조하기 시작했습니다.

그러자 유교에 대한 해석도 은연중에 바뀌더군요. 긴급조치라는 숨 막힐 듯한 억압체제를 뚫고 터져 나오는 민주화에 대한 요구는 서구의 퇴폐적 개인주의를 지향하는 무분별한 반민족적 지식인의 철없는 응석이 되어버리는 대신, 유신체제는 공동체주의적인 아름다운 민족 전통을 복원하고 그 위에서 소아(小我)가 대아(大我)를 위해 희생하는, 참으로 이타적인 한국식 민주주의를 확립하기 위한 위대한 정치적 실험으로 각색되었던 것을 우리는 잘 기억합니다. '충'과 '효'가 대아를 위해 희생할 줄 아는 소아의 덕목이 된 것도 이때이지요.

국민교육헌장, 주민등록증제도의 도입, 정신문화원의 설립, 국정 국사 교과서의 도입, 민족주체성을 강조하는 각종 문화정책과 담론들은 그야말로 아시아적 가치를 지향하는 것이었습니다. 얼마 전까지만 해도 거의 모든 시골 초등학교의 담에서는 천박한 페인트 색깔로 대문짝만큼 크게 쓴 '충', '효'라는 글씨를 보기 싫어도 볼 수밖에 없었지요. 2009년 선거에서 55년 만에 자민당 정권의 민주적 독재를 몰아내고 정권 교체를 실현한 일본의 하토야마 유키오(鳩山由紀夫) 수상이 '우애'야말로 자기가 좋아하는 정치적 덕목이라고 밝혔을 때, 어쨌거나 나는 마음이 짠했습니다. 한 사회의 정치적 덕목이 충, 효와 같은 수직적 인간관계를 함축하는 것에서 우애와 같이 수평적 관계를 상징하는 덕목으로의 바뀔 때 그 사회의 결이 민주적으로 바뀐다고 믿기 때문이에요. 남한의 한국적 민주주의나 북한의 우리식 사회주의가 모두 충과 효를 마치 유교의 대표적인 덕목인 것처럼 추려내서, 서구의 개인주의적 민주주의나 사회주의를 대체하는 민족전통의 옷을 입힌 것도 우연이라는 생각은 안 듭니다.

나는 솔직히 당신이 충, 효를 얼마나 강조했는지 판단할 능력이 없습니다. 또 '자스 브라더스'의 중간 보스인 맹자의 '역성혁명'과 충, 효가 어떤 관계를 맺고 있는지 알 길이 없어요. 당신 말하는 투로는 "회야, 둘 다 맞고 둘 다 틀리기도 하다."는 식으로 답하지 않을까 하는 생각이 들다가도, 내가 뭐 안다고 섣부른 추론은 하지 말아야지 하고 그냥 모르는 채로 넘어갈 생각입니다. 왜냐하면 앞서 말씀드렸듯이 내 관심사는 당신이 속으로 진짜 어떻게 생각했는가가 아니라, 왜 어떤 사람들은 죽은 당신의 생각을 자신들만이 정확하게 대변할 수 있다고 강변하면서 자기들이 해석한 당신의 뜻을 우리에게 강요하는가 하는 점입니다.

솔직히 나처럼 당신을 공부하지 않은 사람들은 많이 당황스럽습니다. 사실 이미 역사적 맥락이 크게 달라진 시기에 당신이 남겼다는 은 유적 이야기들은 이렇게도 저렇게도 해석될 수 있는 여지가 많은 게 아닌가요? 역사적 동기가 무엇이든, 그것이 정치적 선의를 바탕으로 출발한 것인가 아닌가의 여부에 상관없이, 유교에 대한 본질주의적 해석에 입각해 아시아적 가치를 들먹거리는 논의들이 불편한 것도 이 때문입니다. 더구나 우리는 이미 유럽과 아시아의 경계가 어떤 지리적 이정표에 따라 고정적으로 갈라지는 것이 아니라 유동적이라는 것을 잘 알고 있습니다. 만약 아돌프 히틀러나 헤르만 괴링이 생각한 것처럼 유럽과 아시아의 경계가 게르만족과 슬라브족의 경계와 일치한다면, 폴란드의 가톨릭교회가 선창하고 러시아정교회가 강조하는 가치들 또한 '아시아적 가치'가 되는 건가요? 폴란드는 그럼 유럽 연합에서 탈퇴해서 동아시아 공동체에 가담시켜야 하나요? 터키는 유럽 연합에 가입하면 '유럽적 가치'의 담지자가 되나요?

일본의 버블 경제가 무너지고 나니까 갑자기 아시아적 가치에 대한 논의는 공동체적 정서와 유대를 살린 종신고용에 대한 찬사에서 '연줄 자본주의'와 같은 부정적 이미지를 표상하는 것으로 재빨리 바뀌는 것도 보았습니다. 서구의 합리주의가 아시아적 가치보다 우월하다는 거지요. 당신이 죽어야 한국이 산다는 논리는 특히 IMF 위기 이후 경영의 투명성과 노동시장의 유연성과 결부되어 한국에서 유행한 서구적 합리주의의 우월론이라는 이면을 갖고 있는 거지요. 그러다 엔론 사태가 터지면서 미국의 기업들도 결코 회계 등이 투명하지 않고 연줄 등이 복잡하게 얽혀 있는 사회라는 점이 드러나면서 다시 아시아적 가치론이 슬그머니 복권되는 것도 보았습니다.

　장님 코끼리 더듬기 식으로 자기가 만진 당신과 유교의 부분을 전체처럼 본질화하고, 죽여야 옳다, 아니다 살려야 옳다는 등 서로 싸우는 이 본질주의자들에게 "둘 다 맞고 둘 다 틀리다."는 식으로 넘어가지 말고 한마디 하십시오. "이놈들아, 나는 공자일 뿐이지 너희 유림과는 아무 상관이 없다."라고. 그리고 "내가 제나라에 살 때는 아시아라는 것은 존재하지도 않았다. 중국도 없고 한국도 없고 일본도 없으니 동아시아는 어떻게 있었겠냐!"고 일갈 한번 하시지요.

5

파시즘과 식민지
마르크스주의의 역사적 해후

– 베니토 무솔리니에게

베니토 무솔리니

1883~1945

이탈리아의 파시스트 정치 지도자. 사회주의 잡지의 편집인이자 이탈리아 사회주의의 이론가였지만 제1차 세계대전 참전에 찬성하면서 사회당에서 제명되었고, 전쟁이 끝난 후에는 과격한 국가주의를 주창했다. 1921년 국회의원에 당선되자 파시스트당을 조직했다. 1922년 검은 셔츠단과 함께 '로마 진군'에 성공함으로써 권좌에 오른 이후 생산통제, 임금통제, 물가통제를 통해 유럽의 후진국이었던 이탈리아의 근대화와 경제적 부흥을 일으켜 대중의 지지를 받는다. 프롤레타리아 민족인 이탈리아를 부르주아 민족으로 만들려는 그의 정치적 꿈은 어느 정도 실현된 셈이다. 대중의 사랑을 받고자 한 '매우 인간적인' 독재자 이미지를 가지고 있지만 결코 '순진한 파시스트'는 아니었다. 제국주의적 팽창정책의 일환으로 1935년에는 에티오피아를 침략하고 스페인 내란에도 간섭했으며, 1939년 독일과 군사동맹을 체결하고 나치 독일·일본과 함께 국제 파시즘 진영을 구성했다. 1940년 제2차 세계대전에 참전했지만 계속된 패전으로 1943년 7월 실각하여 체포, 감금되기도 했다. 같은 해 9월 독일군에게 구출되어 북부 이탈리아에 나치의 괴뢰 정권인 살로공화국을 세웠지만, 1945년 독일 항복 직전에 도망치다가 파르티잔에게 발각되어 총살되었다.

BENITO MUSSOLINI

두체.

'두체(Duce)'라고 당신을 부르려니 자꾸 조폭들이 허리를 90도로 구부리면서 '형님' 하고 부를 때의 억양이 튀어나오는 것 같은 착각에 실소했습니다. 베니토 무솔리니라는 이름 대신에 사람들이 즐겨 불렀던 '두체'라는 칭호를 한국어로 번역한다면 어떤 단어가 마땅할까 고민하다가 문득 '두목'이라고 번역해버릴까 생각했던 적이 있습니다. 두체라는 것이 이탈리아어로 '이끄는 사람'이라는 뜻이니 지도자라는 역어가 합당할 터인데, 당신한테는 '두목'이라는 칭호가 더 어울린다는 엉뚱한 생각을 좀체 떨치기 어렵더군요.

다 같은 스타급 독재자라고 해도 히틀러나 스탈린, 마오쩌둥에게는 안 어울릴 법한 칭호지요. 스탈린이나 마오쩌둥은 실제로 산적두목의 경력이 있지만, 당신만큼 두목이라는 역어가 잘 어울리는 것 같지는 않아요. 왜 그럴까요? 제1차 세계대전 당시만 해도 〈전진!(Avanti!)〉이라는 사회주의 잡지의 편집인이자 이탈리아 사회주의의 이론가였던 당신은 경력으로만 보면 다른 어느 독재자들보다 지식인의 이미지가 강하지, 산적 두목의 이미지와는 거리가 멀잖아요? 그런데도 왜 자꾸 스탈린이나 마오쩌둥보다 당신한테 두목이라는 단어가 더 당기는지요?

그건 아마도 두목이라는 한국어가 단지 폭력성뿐만 아니라 어떤 귀염성을 담고 있기 때문이겠지요. 개그 프로그램을 통해 희화화된 탓도 있지만, 왠지 두목 그러면 가부장적이고 전근대적인 폭력의 이미지가 연상되기에 20세기의 다른 어떤 독재자들보다도 당신과 잘 어울린다는 생각을 떨치기 힘드네요. 또 어떻게 보면 이탈리아 파시즘의 체제적 성격보다는 당신 개인의 성격 탓인지도 모르겠습니다. 엄격한 채식주의자였던 히틀러나 인민복인지 군복인지 모를 듯한 촌스러운 옷차림으로 항상 새벽까지 당 업무나 접대에 충실했던 스탈린에 비하면, 당신은 참으로 세속적인 욕망을 추구하는 데 거침이 없었지요. 당신의 전기 작가들에게 마르지 않는 샘물처럼 풍부한 이야깃거리를 제공하는 할리우드의 플레이보이들을 무색케 할 정도의 그 인상적인 여성 편력에서부터 최고급 스포츠카에 대한 집착, 고급 포도주와 음식에 대한 이탈리아인 평균 이상의 열정 등은 '너무나 인간적인' 독재자 이미지를 연상시킵니다.

모든 면에서 세속적 욕망을 추구하는 데 거침이 없었던 당신은 이 점에서 히틀러나 포르투갈의 안토니우 살라자르(António de Oliveira Salazar)처럼 금욕주의자이거나 혹은 금욕주의자연했던 20세기의 독재자들과 분명히 달랐지요. 냉혹한 독재자라기보다는 좀 엉성한 동네 건달 같은 분위기가 당신한테는 느껴집니다. 그래서 자꾸 두목이라는 역어에 마음이 기우는지도 모르겠습니다. 눈에 확 띠는 백구두와 흰색 정장에 하얀 스포츠카를 몰고 세계 최초의 고속도로인 아우토스트라다를 달리고 비행기를 조종하는 모더니스트로서의 당신의 이미지와 장화 차림에 웃통을 벗고 농민들과 같이 추수를 하는 농민의 아들 이미지도 두목이라는 이미지로 한데 통합되면 무척이나 스스럼없이 잘 어울리는 이미지가 되더군요.

'너무나 인간적인' 독재자 이미지야말로 당신이 대중에게 비추어지고자 했던 모습이 아니었나 하는 데 생각이 미치면, 내가 당신한테 갖는 이런 느낌 자체가 그만큼 당신의 프로파간다가 성공적이라는 걸 보여주는 것일 수도 있겠네요. 에밀 루트비히(Emil Ludwig)라는 독일 언론인과 인터뷰하면서, 당신은 자신이 경원의 대상이 아니라 대중에게 사랑받는 지도자가 될 수 있다고 확신했지요. 사랑받는 지도자가 되고 싶다는 당신의 욕망은 당신이 '너무나 인간적인' 독재자라는 뜻일까요? 냉혹하고 잔인한 카리스마를 가진 다른 독재자들에 비해 엉성한 동네 건달 같은 당신은 따뜻하고 시끌벅적한 이탈리아적인 독재자였나요? 일부 순진파 연구자들이 이야기하듯이 당신의 파시즘 체제는 그러니까 '순진한 파시즘'이었나요?

대단히 미안하지만, 나는 당신이 그렇게 단순하거나 순진한 사람이었다고 믿을 만큼 순진하지는 않습니다. 당신에게 진정으로 중요한 것은 대중이 당신을 사랑하는가의 여부는 아니었던 것 같아요. 당신이 대중의 사랑을 갈구한 것은 당신에 대한 그들의 지지나 동의가 얼마나 허약한 기반 위에 있는가를 잘 알고 있기 때문이었지요. 아까 이야기한 루트비히와의 인터뷰에서 당신은 열광적인 것처럼 보이는 파시즘에 대한 대중의 동의와 지지가 바닷가의 모래성만큼이나 허약하다는 깨달음을 단도직입적으로 이야기함으로써 리얼리스트로서의 면모를 드러내더군요.

그러니까 대중에 대한 당신의 구애는 더 이상 사랑의 문제가 아니라 취약한 지지기반을 공고히 하기 위한 정치적 문제였던 게지요. 무솔리니는 아무도 죽이지 않았으며, 단지 정치범들을 국내의 망명지로 휴가를 보냈을 뿐이라는 이탈리아의 수상 실비오 베를루스코니(Silvio Berlusconi)의 주장은 그야말로 망언일 뿐이지요. 당신이 유고슬라비아의 슬라브족 빨치산과 유대인들을 수용하기 위해 라브 섬에 세운 작은 아우슈비츠나 독가스까지 동원하여 아프리카에서 자행한 인종

학살을 보면, 당신은 나치즘에 비해 '약한 파시즘'이지 '순진한 파시즘'은 아닌 거지요.

사실상 당신은 '진정한 징집, 모든 이탈리아인의 진정한 시민적 경제 동원', 즉 생산의 주체이자 수단으로서의 모든 이탈리아인을 경제건설에 동원하는 것이 파시즘의 목표라는 점을 분명히 했지요. 대중이 경원하는 지도자가 아니라 사랑하는 '두목/두체'가 되고자 했던 것도 바로 이처럼 이탈리아 시민의 자발적인 동원에 그것이 더 효과적이라는 판단 때문이었다고 나는 생각합니다. 한 꺼풀 더 벗기면 그것은 다시 사랑의 문제가 아니라 대중의 일상적 욕망을 어떻게 충족시키는가의 문제이지요. 특히 1929년의 대공황 이래 만성적 실업과 실질임금의 하락으로 고통 받는 대중의 불만을 달래고 그들의 일상적 욕망을 충족시키지 못했다면, 사랑은커녕 최소한의 형식적인 지지조차 불가능했겠지요. 물론 사람의 욕망이라는 것이 늘 변덕스럽고 욕망 충족 곡선도 항상 기대 욕망과의 관련 속에서만 측정될 수 있는 것이기 때문에, 딱히 어떠했다고 이야기할 수 있는 객관적인 근거를 구하기는 어렵습니다. 서로 다른 이야기들을 전하는 상충되고 모순되는 다양한 자료들이 있을 뿐입니다.

두체 당신이나 동료 이탈리아인들은 모르겠지만, 당시 파시스트 이탈리아를 방문한 식민지 조선의 마르크스주의 경제학자 이순탁의 여행기는 이 점에서 매우 흥미롭습니다. 마르크스주의자이기 때문에 파시즘에 대해 특별한 호감은커녕 오히려 비판적이었을 이 식민지 지식인의 희귀한 기록은 그 자체로도 값지지만, 식민지 조선과 같은 주변부의 당대 지식인들이 파시즘을 어떻게 받아들였는지에 대해서도 많은 걸 이야기해줍니다. 당신도 궁금할 것 같기에 간단히 정리해드리지요.

중국과 인도, 스리랑카, 아랍과 이집트를 거쳐 유럽에 도착한 식민지 조선의 이 지식인에게도 이탈리아는 막연하지만 유럽의 선진국이라는 이미지는 없었던 듯합니다. 그런데 '신의 없는 나라, 도적 많은 나라, 걸인의 나라'라는 이탈리아에 대한 이순탁의 선입견은 1933년 6월 24일 나폴리에서 시작하여 6일 동안 이탈리아의 남·중·북부를 여행하면서 눈 녹듯 사라집니다. 후세에 모범이 되는 사적이나 자연과 여성들의 아름다움, 미술과 음악 등의 높은 예술 수준에 반한 여행자에게 이탈리아인들은 '민활하고 친절하며' '많은 보살핌과 도움을 사양하지 않는' 사람들로 다가옵니다. 그의 놀라움은 이탈리아의 대도시 어디에서도 걸인 하나를 보지 못한 데서 더 배가됩니다.

이순탁에 따르면, "이것이 다 무솔리니의 군대와 순사가 부정을 보면 이를 극도로 탄압하기 때문에 사회의 정의와 공도가 의회정치 시대보다도 현저히 나타"났기 때문이라는 겁니다. 물론 이것은 식민지 마르크스주의자 이순탁만의 특별한 감회는 아닙니다. 당신이 더 잘 알겠지만, 파시스트들의 집권 이후 이탈리아를 방문한 많은 유럽의 좌파 지식인들도 이탈리아가 이제야 비로소 근대적인 국가 꼴을 갖추게 되었다며 파시즘을 나름 긍정적으로 평가하는 기록들을 남기고 있지요. 이들이 파시즘의 사상 탄압을 몰랐을 리는 없어요. 그런데도 이들에게는 사상 탄압보다는 '사회의 정의와 공도'를 바로세운 파시즘의 업적이 더 크게 느껴지지 않았나 합니다.

이탈리아를 여행할수록 당신에 대한 식민지 마르크스주의자 이순탁의 관심과 호감은 점점 커져갑니다. 그래서 '개인적으로는 극히 온

후한 신사'라는 무솔리니를 '면회해볼 생각도 없지 않았지마는 날짜의 관계도 있고 해서 단념'합니다. 그래도 그는 개인적 궁금함을 참지 못하고 주세페 가리발디의 동상 아래에서 쉬고 있는 한 청년에게 웃으면서 다가가 무솔리니가 제2의 가리발디가 되겠냐고 묻습니다. 그러고는 "아니다, 무솔리니는 가리발디 이상이다."라는 답변을 듣습니다.

당연하다는 듯 흐뭇하게 웃는 당신 모습이 자꾸 떠올라서 기분 나쁘지만, 그래도 계속해야겠습니다. 아마도 둘이 만나 이야기를 나누었다면 여러모로 흥미로운 대화가 됐을 텐데……. 여하튼 당신과의 면담을 단념한 이순탁은 로마의 '국민 거리(Via Nationale)'에서 개최 중인 파시즘 치적 10주년을 기념하는 박람회를 구경합니다. 박람회 입장객에게 기차 삯을 70퍼센트나 할인해주는 정책 때문에 기차 삯 할인을 위해서도 이순탁은 두 차례나 박람회장을 찾습니다. 역사책에서 사진으로만 접했던 그 유명한 박람회 말입니다.

지금도 비토리오 에마누엘레 2세 기념관에 올라가면 피아자 델 포폴로까지 길이 뻥 뚫려 있는 걸 볼 수 있지요. 박람회가 개최된 '국민 거리'지요. 당신에게는 힘찬 근대화의 상징이었겠지만, 근대화를 가로막는 거치적거리는 모든 것들을 힘으로 깨끗하게 청소해버린 파시즘적 근대의 전형적인 하드웨어지요. 아프리카 원정에 실패한 후 당신이 당신 똘마니들을 데리고 가 그 앞에서 무릎 꿇고 사죄했던 무명용사의 기념비가 바로 이 파시즘적 근대의 하드웨어 한복판에 있는 것도 여러모로 상징적입니다.

아무튼 이 식민지 마르크스주의자는 당신이 내건 파시즘의 '조합경제'에 깊은 감명을 받습니다. 생산통제, 임금통제, 물가통제, 금융/재정정책, 실업정책, 농업정책, 인구정책 등 파시즘의 경제적 성과에 대해 이순탁은 사뭇 긍정적입니다. 하긴 저도 철없던 어린 시절의 일이기는 하지만, 파시즘의 조합경제에 대한 구상을 어렴풋이 접하고 노동자가 중심이 되는 사회주의 체제와 유사한 이 파시즘 체제를 왜 나쁘다고 하는지 한동안 이해하지 못했던 적이 있지요. 사실은 아직까지도 구상 자체만 따진다면 조합경제에 대한 아이디어는 추상 차원에서는 그리 나쁜 것은 아니라고 생각합니다. 나치나 파시즘의 그로테스크한 국가폭력이 만천하에 드러나기 전이니, 식민지 마르크스주의자인 이순탁은 아마도 파시즘의 경제체제에 대해 더 큰 호감을 가졌을 겁니다. 호감을 넘어서 찬탄하는 느낌까지 들어요. 사회의 정의와 공도를 바로세운 당신의 파시즘은 바로 건전한 경제체제에서 비롯되는 것 같은 인상을 받았던 모양입니다.

노동자들이 생산에서 발생하는 이익을 균점한다는 조합경제의 기본원칙에 대한 설명이나 인플레 억제, 대외신용과 개인적·사회적 신용의 회복, 건실한 재정, 사회적 인프라의 구축, '소맥투쟁'과 '대개간계획'으로 대변되는 농업정책 등 파시즘의 경제적 성과에 대해 실제로 이순탁은 긍정적 시선을 감추지 않습니다. 특히 외채 정리에 성공하여 세계경제회의에서 미국에 대항하는 '골드 블록'의 회원국으로까지 성장한 파시스트들의 금융/재정정책이나 식량의 자급자족을 지향한 농업정책 등에 대한 이순탁의 설명을 보면, 선진국에 대항하는 파시즘의 자주적인 경제발전이 이 식민지 마르크스주의자에게 깊은 인상을 주었나 봅니다. 후진국 이탈리아를 '강성대국'으로 만든 파시즘에 대한 경탄 덕분에 제국주의적 팽창정책의 일환으로 해외 식민을 도모하는 파시스트들의 식민정책마저도 그에게는 큰 문제가 아니었던 듯합니다.

약육강식의 국제체제에서 국가의 힘이 약했기 때문에 조선이 식민지로 전락했다고 믿는 이 식민지 마르크스주의자는, 국가의 힘을 키우기 위한 인구정책이라면 제국주의적 식민정책도 용인될 수 있다고 믿었는지도 모르겠네요. 물론 그는 "과연 무솔리니의 대이태리의 팽창 정책, 제2 로마제국의 꿈이 뜻대로 계속 발전할는지, 그렇지 아니하면 일종의 마기(魔氣)를 띤 변태(變態)적 상태를 보이는 것인지"의 여부는 아직 지켜보아야 한다며 궁극적인 판단은 유보하고 있습니다. 1935년 이탈리아의 에티오피아 침공이 아직 가시화되지 않았다는 것도 한 이유겠지만, 이순탁에게 '제2의 로마제국', '강성대국'을 향한 파시즘의 욕망은 결코 부정적이지 않았습니다. 이순탁에게는 '도적 많은 걸인의 나라', 유럽의 만년 후진국 이탈리아가 근대화에 성공해서 제국주의적인 국가로까지 성장한 게 경이로웠던 게 아닌가 합니다. 제국주의에 대한 발본적 문제제기보다는 제국이 되지 못하고 식민지로 전락한 조선의 슬픈 운명에 대한 아쉬움과 회한이 더 컸던 게지요.

 실제로 이순탁은 귀국 후 조선중앙일보를 인사차 방문한 자리에서 자신이 방문한 국가들 중에 "가장 내게 인상되는 바는 이태리의 변혁이라 할 것입니다."라고 소감을 피력하고 있습니다. 〈조선 민족의 장래의 희망을 확실히 보고 돌아왔다〉는 기사 제목처럼 이순탁이 파시즘에서 조선 민족의 장래 희망을 구상했다고 해도 크게 틀린 해석은 아닐 겁니다. 그 많은 국가들 중에서 특히 파시스트 이탈리아가 이순탁의 마음을 사로잡은 것은 왜일까요?

 그런데 나는 식민지 마르크스주의와 당신네 파시즘의 이 역사적 해후가, 그들의 이념적 친화력이 우연이라고는 생각하지 않습니다. 이탈리아에 대해서 말하는 동아시아의 지식인 대신 동아시아에 대해서 말하는 이탈리아의 지식인으로 화자를 바꾸어보니까 이 역사적 해후의 성격이 더 잘 드러나더군요. 식민지 마르크스주의자 이순탁과 당신이 만나는 역사적 좌표는 후진국 근대화론의 해법을 공유한 그 지점이 아닐까 하는 생각이 번개처럼 스쳤습니다.

당신은 아니라고 부정할지 모르겠지만, 왜 파시즘의 선구적 이데올로그이자 당신에게 사상적으로 영향을 미친 엔리코 코라디니(Enrico Corradini) 있잖아요? 이 사람은 아마도 러일전쟁 당시 일본에서 '정치종교'의 전범을 발견한 최초의 인물이 아니었던가 싶어요. 정치종교란 오늘날 야스쿠니 신사에까지 이어지는 전사자 숭배의례처럼 국가와 민족이라는 세속적 실재에 신성성을 부여하고 전통종교에 대한 충성을 국가에 대한 충성으로 뒤바꾸는 아주 근대적인 정치공학입니다. 각국마다 무명용사의 탑과 국립묘지, 현충일이 있어 조국을 위해 숨겨간 이들을 민족적 성인으로 기리고, 주기도문 대신에 국기에 대한 맹세를 외우고, 찬송가 대신에 애국가를 부르는 국민의례가 바로 정치종교의 예배 방식이지요. 정치종교는 국가적 프로젝트에 대한 밑으로부터의 지지를 얻는 가장 중요한 정치공학의 하나예요. 코라디니는 작은 섬나라 일본이 대국인 러시아를 쓰러뜨린 저력을 정치종교에서 찾은 것 같아요. 실제로 유럽에서는 제1차 세계대전 이후에나 국가 주도로 정식화되는 전사자들에 대한 의례나 유가족에 대한 물적 보상 등이 러일전쟁 직후 일본에서 실시되는 것을 보면 놀랍지요.

코라디니의 눈은 그러니 굉장히 날카로운 것이었습니다. 이탈리아는 정치종교를 통해 국민의 지지와 충성을 확보하고 국가적 힘을 배가시킬 수 있는 통치의 메커니즘을 일본에서 배워야 한다고 역설했잖아요. 아프리카 군대에게 패배한 최초의 유럽 제국주의 국가라는 창피한 딱지를 이마에 붙이고, 무명용사 기념비 앞에서 무릎 꿇고 조국을 위해 먼저 간 영령들에게 사죄하는 당신의 행동도 사실은 정치종교의 중요성을 그만큼 잘 알았다는 이야기겠지요. 이탈리아 사람들의 일상에 깊이 뿌리 내린 가톨릭의 종교적 관습 덕분에 정치종교의 형식은 다른 어디보다 이탈리아에서 그만큼 더 효과적이었는지도 모르겠습니다.

조국을 위해 전사한 자들의 기념비가 아니라 탈영병들을 위한 기념비를 세우자고 했던 이탈리아의 한 무명 반-파쇼 빨치산의 제안은 그야말로 반-정치종교의 선언이지요. 코라디니와는 정반대의 입장에서 정치종교의 영향력을 간파한 것이 아닌가 합니다. 양심적 병역 거부조차 경원시되는 남한 사회야말로 탈영병을 위한 기념비가 절실한 사회인지도 모르지요. 아마 당신이 지금 살아서 이순탁처럼 남한을 방문한다면 정말 부러워할 겁니다. 아, 북한이 있군요. 정치종교라는 맥락에서는 아무래도 북이 더 모범적이겠지요.

정치종교를 떠나서도 이순탁과 무솔리니 당신의 역사적 해후를 가능케 한 사상사적 고리는 있습니다. 열쇠는 다시 코라디니에게 있지요. 코라디니는 이미 1910년에 "이탈리아는 물질적으로나 도덕적으로 프롤레타리아 민족이다."라고 선언했습니다. 이탈리아 국민의 생활양식이 서구 유럽의 다른 선진국에 종속되어 있다는 것이지요. 앞서 있는 부르주아 민족과 효과적으로 경쟁하려면, 이탈리아는 '국가적 규율'과 '이탈리아 민족을 구성하는 모든 계급의 가족적 단결을 위한 (사회적) 협약'을 빨리 만들고, 물질적으로는 부와 문명을 생산할 수 있는 '경제성 있는 사회'를 건설해야 한다고도 주장했습니다. 이탈리아가 부유하고 금권정치가 지배하는 부르주아 민족과의 경쟁에서 불리한 위치에 놓여 있는 프롤레타리아 민족이라는 무솔리니 당신의 선언은 사실상 코라디니의 견해를 반복한 것뿐이지요.

부르주아 민족과의 이 불리한 경쟁에서 프롤레타리아 민족이 이기려면 아무래도 특단의 조치가 필요할 수밖에 없지요. 이탈리아의 경우 그 특단의 조치가 파시즘이었고요. 이순탁식으로 말한다면, 프롤레타리아 민족인 이탈리아인들은 '총체적 무산자'인 겁니다. 그러니 가장 시급한 과제는 조국의 근대화와 생산의 급속한 산업화지요. 가능한 한 빨리 이 역사적 과제들을 성공적으로 추진해서 부르주아 민족과의 경쟁에서 승리해야 하니까요. 당신이 사용하는 마르크스주의의 메타포는 결국 후진국 근대화론을 정당화하는 맥락에서만 작동합니다. 당신은 결국 '생산주의적 사회주의'라는 그럴 듯한 슬로건 아래 파시스트 국가의 자본 축적을 정당화하는 논리로 부르주아 민족 대 프롤레타리아 민족이라는 이분법을 이용한 게 아닌가요?

어디서 많이 들어본 논리 같지 않나요? 물론 당신이 죽고 난 후의 일이지만, 1970년대 전 세계 주변부의 좌파 지식인들 사이에서 풍미한 '종속이론'의 세계 인식이 놀라울 정도로 코라디니나 당신의 논리와 비슷합니다. '근대'의 세계사적 전개 과정에서 식민지 조선과 파시스트 이탈리아가 놓여 있는 위치를 주목하면, 식민지 조선의 마르크스주의자 이순탁의 '총체적 무산자'론과 이탈리아 파시즘의 '프롤레타리아 민족'론의 친연성은 의외로 그 실마리가 쉽게 풀립니다.

자신들이 프롤레타리아 민족이라는 당신과 파시스트 똘마니들의 자각은 근대 자본주의 세계체제에서 '반주변부', '중심 속의 주변' 혹은 '서양 속의 동양'이라는 이탈리아의 세계사적 위치를 반영한 것이 아닌가요? 주변부와 반주변부, 식민지와 독립국이라는 차이는 있지만, 전 지구적 근대성의 담론체계에서 식민지 조선과 이탈리아는 모두 후진적이고 전근대적인 동양으로 재현되는 거지요. 이러한 담론적 구도 속에서 '총체적 유산자'이자 '부르주아 민족'인 '서양'과 대비되는 '총체적 무산자'론과 '프롤레타리아 민족'론은 모두 '동양'이라는 자기 인식의 표현이 아닌가요? 파시스트 이탈리아에 대한 이순탁의 유보적이지만 따듯한 시선은 식민지 조선이라는 '동양'이 이탈리아라는 또 다른 '동양'에 보내는 연대의 시선이라는 느낌을 지우기 힘듭니다. 독일이 "불란서에 비하면 후진국"이고 베를린이 "파리에 비하면 촌 도읍"일진대, 이탈리아의 경우는 더 말할 것도 없지요.

어렸을 때 이야기지만, 솔직히 가축들과 주거공간을 공유하는 1950년대 후반 이탈리아 남부 농촌 사진을 처음 보았을 때 느낀 충격은 여전히 선명합니다. 당시만 해도 이탈리아 하면 서양의 선진국이라고만 생각하고 있었는데, 오히려 한국의 농촌만도 못하다는 생각이 든 거지요. 이제는 이해가 되지만, 당시에는 좀체 그 사진을 믿을 수 없었습니다. 서양 문명의 핵심인 로마제국의 후예를 모독한다고요? 두체, 좀 상투적인 생각에서 벗어나시지요. 이순탁과 당신의 역사적 해후는 '동양과 서양의 만남'과 같은 상투성에서 벗어날 때 비로소 당신과 스탈린식 국가사회주의, 그리고 우파 개발독재의 역사적 동거가 제대로 보이는 거지요.

차오(Ciao)! 그러나 곧 다른 이름으로 다시 만나게 될 겁니다.

추신

얼마 전에 시에나 대학의 폴 코너(Paul Corner) 교수와 학회 관련으로 메일을 주고받을 일이 있었습니다. 그는 2007년 비교역사문화연구소에서 개최한 '대중독재와 근대성' 학술대회에 참가하기 위해 서울에도 온 적이 있지요. 무슨 이야기 끝에 실비오 베를루스코니(Silvio Berlusconi)의 여러 기행을 적으면서 그가 무솔리니보다 더 끔찍하다고 썼더군요. 축하합니다. 그래도 당신이 최고 악당 자리는 면했잖아요. 그런데 더 축하할 일이 있더군요. 2009년 초에 당신의 여러 달력들을 모은 달력을 누군가가 찍어내서 불티나게 팔렸다더군요. 예컨대 '앞치마를 두르고 요리하는 무솔리니', '웃통을 벗고 농민들과 추수하는 무솔리니', '비행기를 몰고 가는 무솔리니', '연설하는 무솔리니' 등 매달 다른 당신의 달력이 실렸다더군요. 보기에도 끔찍한 이 달력이 불티나게 팔려나가는 모습을 바라보아야 했던 코너 교수의 좌절이 영국식의 냉소적 유머 속에 절절히 묻어 있는 그 이메일을 읽으면서 당신의 사후적 승리에 나도 착잡했습니다.

'사랑받는 지도자'가 되고 싶다던 당신 꿈이 사후에야 실현된 거군요. 역사가로서 '왜'라고 묻지 않을 수 없습니다. 파시즘이 괄호 속에 묶인 이탈리아 역사의 순간적 일탈이라면, 당신 달력은 누군가 찍지도 않았어야 하고, 또 설혹 찍었다 해도 막대한 손해를 봐서 다음부터는 찍을 생각을 안 해야 되는 거 아닌가요? 제2차 세계대전 직후 '누보 시네마'에서처럼 모든 이탈리아인들이 다 파시즘의 선량한 피해자라면, 당신 달력을 사는 이탈리아인들은 '신인류'인가요? 물론 장난으로, 심심풀이로, 아무 생각 없이, 사진이 좋아서, 디자인이 예뻐서, 혹은 역사적 자료로 보관하려고 사는 사람들도 있었겠지요. 그건 마치 박정희 대통령이 복제하고 싶은 역사적 인물 1위라고 투표한 사람들이 '장난'으로 그랬다고 분석하는 것과 마찬가지가 아닐까요? 이탈리아에서 벌어지고 있는 이 '달력의 정치학'이 한국에서 벌어지고 있는 '기억의 정치학'과 어떻게 유비될 수 있는지는 더 많이 고민해봐야겠습니다.

6

노동 해방에서
인민 동원으로

― 이오시프 스탈린에게

이오시프 스탈린
1879~1953

그루지야 태생으로, 신학생 출신의 교조주의 이론가. 강철의 혁명가라기보다는 철 밥통의 관료적 행정기구의 창시자. 1903년 러시아 사회민주당이 멘셰비키파와 볼셰비키파로 나뉘게 되자 볼셰비키파에 가담하고 블라디미르 레닌의 제자가 되었다. 전업혁명가로서 당의 혁명자금을 모으기 위해 은행 강도, 반대파 요인 암살, 테러 같은 비합법적인 혁명 활동을 하기도 했다. 1912년 당 중앙위원이 되었고, 〈프라우다(Pravda)〉에서 '스탈린(강철)'이라는 가명을 사용하기 시작했다. 1922년 당 서기장이 되어 죽을 때까지 그 자리를 유지하면서 독재권력을 행사했다. 자본주의 선진국들의 부와 권력을 따라잡기 위해 노동자와 농민을 동원하고 착취함으로써 이들을 사회주의 국가 건설의 소모품으로, 노동조합을 당의 명령을 전달하는 컨베이어 벨트로 전락시킨 장본인이다. 공업화를 우선하고 농업을 강제로 집단화함으로써 소련을 주요 강대국으로 바꾸었으며, 강력한 군산복합체를 이룩해 핵시대로 이끌며 냉전의 중심인물이 되었지만, 무자비한 경찰 테러로 그때까지 남아 있던 개인의 자유를 완전히 말살하고 생활수준을 궁핍하게 만들었다. 현실사회주의의 모든 잘못을 혼자서 뒤집어쓴 억울한 측면도 있다. 마르크스와 레닌을 살리려는 일각의 노력은 스탈린에게 현실사회주의의 모든 역사적 죄를 돌리는 경향과 같이 간다.

Иосиф Сталин

코바.

오랜만에 듣는 이름이라 움찔하는군요. 왜, 벌써 잊었나요? '인류의 찬란한 천재', '공산주의의 위대한 건축가', '인간 행복을 가꾸는 정원사', '제민족의 아버지' 등등 입에 발린 찬사에 익숙하다 보니 '코바'라는 촌스러운 옛 이름은 지우고 싶었나요? 하긴 언젠가 강원도 산속의 펜션에 갔다가 그곳의 식당 이름이 '코바(Koba)'라서 깜짝 놀란 적이 있어요. 최근에 당신에 대한 전기를 쓴 영국의 케빈 맥더모트(Kevin McDermott)도 마침 그곳에서 열린 대중독재 학술대회에 참석하고 있었는데, 설마 스탈린주의자인가 해서 주인한테 이름의 유래에 대해서 물어봤지요. 그랬더니 주인 왈, 'Korean Barbecue'의 준말이라고 해서 한참 박장대소를 한 적이 있어요. 카프카스 산맥 아래 그루지야에서는 로빈 후드나 임꺽정처럼 의적의 대명사인 코바가 시베리아를 건너 한국의 강원도 산골에 들어오니 바비큐가 되어버린 거잖아요.

꼭 '코리안 바비큐'의 준말이라서가 아니라, 나는 이오시프 스탈린이라는 당신의 가명/필명보다는 코바라는 별명이 더 마음에 들어요. 스탈린의 '강철'이라는 뜻도 마음에 안 들지만, 코바라는 어감이 그냥 더 정겹게 느껴집니다. 사실 이 별명은 그루지야의 신학교를 그만두고 볼셰비키당에 입당하면서 당신 스스로 쓰기 시작한 이름이잖아요?

당의 혁명자금을 마련하기 위해 카프카스 산맥과 바쿠의 유전지대를 넘나들면서 은행 강도, 인질 납치, 은행권 위조 등으로 이름을 날렸던 당신의 행적은 카프카스 민중에게 구전되어온 위대한 의적 코바의 족적과 많이 닮기도 했어요. 나중에 트로츠키주의자들을 비롯해서 당신의 정적들은 이를 두고 군사적 모험주의니 프롤레타리아의 고결한 혁명적 행위와는 아무런 관련이 없는 룸펜 프롤레타리아적 약탈 행위라고 비난했지만, 당신이 당의 명령이나 묵인 아래 혁명자금을 마련하기 위해 의적 행위를 시작한 건 누구도 부인하기 힘들 겁니다.

사실상 많은 혁명 무장조직들은 기득권의 입장에서 보면 '악랄한' 범죄조직이나 다를 바 없는 거겠지요. 그러니까 혁명자금을 마련하기 위한 당신의 약탈 행위는 군자금을 마련하기 위한 만주 독립군의 무장 행동과 비견될 수 있겠지요. 일본 측 자료에서 이들 무장 독립군을 마적 집단이라고 지칭한다고 해서 그들을 마적이라고 욕하는 한국인은 없지 않나요? 고상한 혁명적 행위라고 강변하기는 힘들겠지만, 조직을 유지하기 위한 물적 인프라가 거의 없는 상태에서 그런 정도의 약탈 행위는 어느 정도 불가피하지 않았나 하는 생각도 듭니다.

내가 궁금한 것은 그것이 혁명자금 마련을 위한 정당한 군사 행동이었느냐, 아니면 룸펜 프롤레타리아적 약탈 행위였느냐의 문제는 아닙니다. 정작 궁금한 것은 그와 같은 군사 행동이나 약탈 행위가 혁명가로서의 혹은 정치가로서의 스탈린을 만드는 데 어떠한 영향을 미쳤는가, 그래서 결국 '사회주의 모국'인 소련의 역사적 형성에 어떤 영향을 미쳤는가 하는 점입니다. 솔직히 말해서 나는 카프카스에서의 의적 행위가 당신한테 어떤 영향을 미쳤는지 알 길이 없습니다. 당신을 오래 연구한 전문가 집단도 자신할 수는 없는 문제지요. 당신은 '나 자신만이 알고 있다'고 큰소리치겠지만, 워낙 오랫동안 자기기만에 익숙해졌기 때문에 아마 당신 자신도 모를 겁니다.

오래전 일인데, 당신에 대한 직접적인 자료는 아니지만 혁명적 군사 행동 혹은 약탈 행위의 메커니즘과 그것이 운동에 미치는 여파에 대한 아주 흥미로운 자료들을 접한 적이 있습니다. 1905년 혁명 당시 러시아 지배 아래 있던 폴란드왕국의 사회주의자 무장조직에 대한 자료지요. 혁명의 긴박한 상황에서 당의 재정적 요청에 의해 결성된 폴란드 사회당(PPS)의 전투 무장조직인 이들은 카프카스 산자락의 당신처럼 은행 강도, 열차 강도, 부르주아지 저택 강탈 등의 방법으로 혁명자금을 조달했어요. 그런데 별로 큰 성과도 거두지 못한 채 혁명이 흐지부지되자, 적지 않은 당원들이 말 그대로 단순한 범죄자 집단으로 타락하게 된 과정에 대한 자료였지요. 돈을 놓고 서로 총질을 하고, 돈을 갖고 잠적하거나 불필요하게 사람을 죽이는 등 '혁명을 위한 폭력'이 그야말로 '폭력을 위한 폭력'이 되어버리더군요.

아파르트헤이트의 폭력으로 오래 시달린 남아공의 예를 봐도, 사람이 폭력에 오래 노출되면 자기도 모르게 폭력적이 되는 경향이 있는 것 같아요. '혁명을 위한 폭력'에서 '폭력을 위한 폭력'으로의 이러한 전환을 빼놓고 훗날 당신이나 소련의 역사에서 나타나는 그 압도적인 폭력성을 설명할 길은 없어 보입니다만……. 카를 마르크스나 로자 룩셈부르크(Rosa Luxemburg)가 그 혁명적 실천력을 충분히 인정하면서도 블랑키주의(Blanquism)*에 대해서 그토록 단호하게 반대했던 데

■ **블랑키주의**

프랑스의 사회주의 혁명가 루이 블랑키(Louis-Auguste Blanqui)에게서 나온 용어이다. 그는 동지들을 모아 조직을 만들고, 사회 혁명에 대한 조직원의 열정을 높이는 능력이 매우 뛰어났다. 소수의 훈련받은 혁명가들이 폭력 혁명과 프롤레타리아 독재를 이룩해야 한다고 주장한 블랑키의 생각에 동조하는 '극단적 폭력주의'를 '블랑키주의'라고 일컫는다. 블랑키는 끊임없는 행동주의로 말미암아 가장 오래 수감생활을 한 혁명가 중 하나이다.

에도 이런 우려가 있었던 것은 아닌지요?

그래도 사진으로 보면 코바라는 의적처럼 행세할 때의 모습이 단정한 가르마에 목까지 올라오는 옷깃을 채운 답답한 신학생 시절의 당신보다는 낫더군요. 신학이나 종교학의 학문적 축적이나 그 깊이를 폄하할 생각은 추호도 없습니다만, 19세기 말 그루지야의 고답적인 러시아정교 신학교가 제공했던 교육의 질에 대해서는 어느 정도 예상할 수 있습니다. 러시아정교회 최고 권위의 성서 주해를 교과서적으로 외우는 그루지야 신학교의 도그마티즘을 이해할 때, 훗날 당신이 쓴 《마르크스-레닌주의의 철학적 기초(Philosophic Foundation of Marxism-Leninism)》나 당신이 관여한 역사, 철학, 경제학 등에 대한 소련의 각종 공식 교과서들, 공인된 예술이론인 사회주의 리얼리즘, 생물학의 리센코이즘 등을 지배한 교조주의가 이해되지요. 성서의 주요 구절에 밑줄을 치고 그에 대한 주석서를 읽고 해설을 펼치는 당시 러시아정교회 신학교의 세미나는 당신의 지적 성장을 돕기도 했겠지만, 미리 정해진 답답한 틀 속에 사유를 가두어놓는 덫이 아니었을까요? 당신만 가두어둔 게 아니라, 결국에는 현실사회주의를 통째로 가두어버렸습니다만······.

마르크스주의의 창조적 사유방식을 모두 없애버리고 그 복잡한 사상을 몇 개의 도표와 공식으로 간단히 환원시켜버린 당신의 '천재적' 교조주의는 정말 놀랍습니다. 변증법을 법칙화해서 고등학교 참고서 수준의 형식논리학으로 만들어버릴 정도로 모든 것을 단순논리로 환원시켜버리는 당신의 교조주의는 정말 마르크스주의의 베스트셀러 참고서가 될 만하지요. 그러니 일본어로 번역된 스탈린주의 교과서들을 통해 마르크스주의를 받아들인 사람들의 마르크스주의 이해는 어떻겠어요.

불행히도 1980년대 남한의 마르크스주의가 그랬습니다. 어느 하나의 극단을 선택하도록 강요하는 그야말로 '극단의 시대'였던 냉전시기에 냉전의 가장 첨예한 전쟁터였던 남한의 지식인들에게 주어진 선택은 당신이냐 전두환이냐 하는 것이었지요. 비극은 이미 예정된 거지요. 5·18광주민주화운동을 막 겪고, 또 자본주의의 폭력적·본원적 축적 과정을 직접 본 남한의 지식인들에게 별다른 선택의 여지는 없었습니다. 당시 남한만큼 스탈린주의자가 많았던 곳도 아마 이 지구상에는 없을 겁니다. 남한의 이 세대는 모든 것을 간단한 도표로 정식화시키는 전과나 참고서의 사고방식에 어려서부터 익숙해진 탓이었을까요?

A부터 Z까지 마르크스-레닌주의의 모든 내용을 일일이 해석하고 정답을 제시하는 혁명사상의 권위라는 당신의 이미지는 도대체 어떻게 만들어진 걸까요? 러시아 사회민주당 당 대회의 회의록이나 혁명이 성공한 이후 정치국 중앙위원회의 회의록을 보니까, 회의에 임하는 당신 태도는 굉장히 일관적이더군요. 사회주의 운동의 지도자들이나 당내의 이론가들 사이에 예컨대 신경제정책이나 사회주의의 본원적 축적, 농업 집산화처럼 중차대한 문제들에 대한 견해들이 대립하고 날카로운 논쟁이 벌어질 때, 당신은 대체로 말을 아끼더군요. 그러다가 논쟁이 진행되면서 명백히 두 개의 서로 다른 의견이 팽팽하게 대립하게 되면, 그래서 어느 한쪽이 주도권을 잡고 결론을 내릴 수 있는 형편이 안 되면, 당신의 그 도저한 절충론이 고개를 내밀기 시작하더군요. 해결사 스탈린이 등장하는 거지요. 그런데 당신의 해결책은 그야말로 정치적이고 실용적이고 상투적이에요. 당신의 사상을 이해

하려면 사상의 흐름을 좇는 사상사가 아니라, 그때그때의 정치 상황과 권력을 둘러싼 당내의 역학관계를 이해하는 정치사적 접근방식이 더 중요하더군요.

당신은 예컨대 이런 식이지요. 예브게니 프레오브라젠스키(Yevgeni Preobrazhensky) 동지도 옳고 니콜라이 부하린(Nikolay Bukharin)■■ 동지도 옳지만, 둘 다 틀리기도 하기 때문에 어느 한 동지의 의견대로 당의 정책을 결정해서는 안 되고, 두 동지의 견해를 절충해서 당은 그 중간적인 정책을 취해야 한다는 식이지요. 그러다가 어느 한쪽의 의견이 더 큰 설득력을 가지면서 그 의견을 낸 동지를 중심으로 정치적 구심점이 형성되기 시작하면, 소수파를 규합해서 그 다수파를 공격하는 거예요. 농업 집산화 문제를 놓고 처음에는 부하린을 지지하면서 프레오브라젠스키를 좌익 모험주의라고 비판하다가, 부하린의 세력이 커지니까 다시 부하린을 우익 반대파로 공격하면서 폭력적인 농업 집산화를 실시하는 것 등이 그 전형적인 수법이지요. 스탈린 시대 소련에 대한 사회경제적 분석이나 스탈린에 대한 정치사적 분석은 풍성하지만, 정작 스탈린주의에 대한 사상사적 분석을 찾아보기 힘든 것

■■ **예브게니 프레오브라젠스키와 니콜라이 부하린**
둘 다 러시아의 혁명가이자 이론가이다. 프레오브라젠스키는 사회주의의 발전을 위해 농업 부문을 수탈해서 자본을 축적하고, 그 자본을 바탕으로 중공업을 발전시키는 전략을 추구했다. 그에 반해 부하린은 농촌의 부농을 육성시킴으로써 농업의 생산을 증진시키고, 그것을 바탕으로 경공업과 중공업을 차근차근 발전시키는 전략을 추구했다. 스탈린은 처음에는 부하린을 지지하여 프레오브라젠스키를 숙청하고, 그 후에는 다시 프레오브라젠스키의 입장에 서서 부하린을 비판, 숙청했다.

도 그 때문이지요. 사상은 당신의 정치적 결정의 밑바닥에 있는 인식론적 틀이 아니라, 그때그때 정치적 역학관계에 따라 당신이 내린 결정을 수식하는 장식이었을 뿐이에요.

실제로 혁명운동 과정에서든 사회주의 체제의 구축 과정에서든, 당신이 한 번이라도 독창적인 생각이나 해석을 제시한 적이 있나요? 글쎄요, 굳이 들라면 '일국사회주의'론 정도일 텐데, 그건 자본주의에 포위된 러시아라는 당대의 정치적 현상에 대한 표현일 뿐, 사상은 아니지요. 레닌 동지가 당신을 서기장의 직책에 앉힌 것도 당신의 이런 지적인 얄팍함 혹은 지적이기보다는 관료적인 사고방식을 잘 파악했기 때문일 거예요. 트로츠키나 부하린, 혹은 프레오브라젠스키처럼 이론이나 전략 면에서 독창적이고 반짝거리는 발상을 기대하기는 힘드니까 회의 기록을 꼼꼼하게 정리하고 매일매일 반복되는 행정 업무를 관장하는 서기장의 역할을 맡긴 거지요. 바로 이 행정 관료의 정점인 서기장이 실질적인 최고 권력자의 역할을 자임했을 때 현실사회주의의 비극은 이미 시작된 겁니다. 행정 업무와 인사권을 장악한 당신이 슬금슬금 요직에 당신 사람들을 심으면서, 지적으로 명석하고 반짝거리는 당신의 동료들이 메타포의 세계, 말의 세계를 장악하고 있을 때 당신은 군말 없이 현실 세계에 다가가 권력을 장악한 거지요.

사실 사회주의 운동의 전통은 논쟁에서 승리한 사람, 말의 세계를 장악한 사람이 운동의 헤게모니를 장악하는 게 대세였어요. 그러나 정치국의 회의 기록을 정리하고 그 결정사항이 잘 집행되는가를 지켜보는 책임을 지닌 서기장의 위치에 선 당신이 권력을 장악함으로써 이미 사회주의는 지적으로나 사상적으로 생기를 잃어버리게 된 거지요. 행정이 사상을, 관료가 혁명가들을 지배하게 된 거지요. 트로츠키도 부하린도 그리고리 지노비예프(Grigory Y. Zinovyev)도, 고참 볼셰비키 그 누구도 상상도 못한 서기장이 권력을 장악하는 상황이 벌어진 거예요. 서기장인 당신과 당신이 이끄는 서기국이 권력을 장악했을 때, 현실사회주의는 이미 노멘클라투라(nomenklatura)•••가 지배하는 관료제 국가를 향한 돌이킬 수 없는 걸음을 성큼 내디딘 거지요.

대학 졸업 후 당의 서기국에서 일하라는 초청을 받고 당 관료의 길을 걸으려 했던 내 친구 한 명이 이런 말을 하더군요. 제출하라는 서류가 거의 50개에 달했는데, 그 서류들을 작성하다가 지쳐서 평생 이 짓을 하고 살 수는 없다고 생각되어 학문의 길을 걸었다고요. 단언컨대, 비서나 서기가 권력을 장악하는 조직은 망할 수밖에 없습니다. 한국 대학들 꼴이 나는 거지요.

지금 생각하면 우습기 짝이 없지만, 나는 한때 당신뿐 아니라 니키타 흐루쇼프나 레오니트 브레즈네프, 미하일 고르바초프 등 소련의 서기장들이 연설을 한번 시작했다 하면 서너 시간씩 말을 쏟아내는 걸 보고 위축된 적이 있어요. 저 사람들은 얼마나 이론적 바탕이 단단하고 논리가 체계적이면 저렇게 정열적으로 몇 시간씩이나 연설을 계

■■■ **노멘클라투라**
혁명이 아닌 현상 유지, 즉 권력의 유지와 입신출세를 지향하는 보수적 성격을 가진 엘리트 관료계층을 말한다. 스탈린이 권력을 장악하고 프레오브라젠스키나 부하린 같은 공산당의 직업 혁명가 집단이 대규모로 숙청당한 이후 소련의 명실상부한 지배계층이 되어 스탈린 체제를 유지하는 데 주요한 역할을 한다. 노멘클라투라가 되기 위해서는 당 간부의 추천을 받고 당 간부회의에 의한 임명 절차를 거쳐야 하는데, 한때 그 수가 70만 명이 넘었고, 그 가족까지 합하면 300만 명에 이르렀다고 한다.

속할 수 있는가 하고 경탄했던 거지요. 나중에 그 연설들의 내용을 보고 나서는 속았다는 생각을 지울 길이 없었어요. 하기야 스스로 속은 면이 더 많기는 하지만……. 어쨌든 시시하기가 이를 데 없더군요. 철학적이고 이론적인 내용은 그저 시늉만 하고 지나가고, 나머지는 인센티브의 지급, 도로의 건설, 농업경작의 혁신, 공업의 생산성 제고 등 그야말로 행정서기들의 관심사를 반영하는 내용들이었습니다. 아주 세세한 부분까지 일일이 다 지시하는 연설이었지요. 전봇대를 세워라 뽑아라 하는 이야기까지는 못 본 것 같습니다만…….

구체적인 정책 하나하나에 대해서까지 그리 상세하게 떠들어댄 것은, 밑에서 해석할 수 있는 여지를 없애기 위해서가 아닌가 싶습니다. 해석의 여지가 많으면 곤란하다는 그 생각이야말로 관료적인 정서를 잘 대변하는 게 아닌가요? 위쪽의 명령을 전달하는 컨베이어 벨트가 필요한 거지, 이견을 남발하는 다양한 해석은 받아들일 수 없었던 거지요. 당신도 부정하기 힘들걸요? 연설이 얼마나 재미없고 따분했던지 이런 농담들이 있었지요. 공산당 당 대회에 잠입한 제국주의 스파이를 적발한 열렬당원에 대한 훈장 수여식에서였습니다. 브레즈네프가 어떻게 제국주의 스파이를 잘 식별할 수 있었냐고 묻자, 그 당원이 이렇게 대답했다는 겁니다. "예, 레닌 동지 말씀이 제국주의 스파이는 밤낮으로 잠도 자지 않고 사회주의 모국인 소비에트 연방을 염탐한다고 말씀하셨습니다. 그런데 서기장 동지께서 연설하실 때, 그 작자만이 유일하게 졸지 않고 열심히 연설을 메모하고 있었으므로 한눈에 제국주의 스파이인 줄 알아봤습니다." 이 농담은 오히려 약과지요. 문서보관서의 자료를 기초로 하되 작가적 상상력으로 그 자료의 공백을 메우는 식으로 독특한 역사 이야기를 쓴 옛 유고슬라비아의 소설가 다닐로 키슈(Danilo Kiš)의 《보리스 다비도비치의 무덤(Grobnica za Borisa Davidoviča)》에 묘사된 현실사회주의는 정말 엽기입니다.

서기장 동지.

내 이야기가 너무 지나치다고요? 민족문제에 관한 한 당신이 가장 뛰어난 마르크스주의 이론가였다고요? 글쎄요, 마르크스주의와 민족문제에 대해서는 가장 권위자라 할 수 있는 오토 바우어(Otto Bauer) 등 오스트리아 마르크스주의자들이 있으니까 당신이 가장 뛰어났다고 하기는 힘들지만, 어쨌거나 민족문제에 대한 당신의 글은 마르크스주의 진영에서는 보기 힘든 민족문제에 대한 논의입니다.

아마 누구도 감히 당신에게 말은 못했겠지만, 그에 대해서는 폴란드의 베테랑 사회주의 운동가들 사이에 오랫동안 전해 내려오는 일화가 있지요. 오늘날 폴란드와 체코, 슬로바키아의 국경에 걸쳐 있는 타트라스 산맥의 폴란드령인 비아위 두나예츠에 레닌이 부인 나데주다 크룹스카야와 은신하고 있을 때, 당신이 그곳을 방문한 적이 있지요. 그 방은 '레닌이 묵었던 방'이라며 현재 관광객들에게 비싼 값에 임대되고 있는데, 어쨌거나 그때 당신은 크라쿠프 역에서 아주 색다른 경험을 했다고 하더군요. 역의 카페에서 음식을 시켰는데 한참이 지나도 가져다주지를 않아 결국 굶은 채로 기차를 탔다고요. 나중에 레닌한테 그 이야기를 하니까 레닌이 어느 나라 말로 주문했냐고 물었고, 당신은 당연히 러시아어로 주문했다고 답했다지요. 그러자 레닌이 껄껄 웃으며 "자기 나라를 강점하고 있는 러시아에 대한 반감이 강한 폴란드 사람들에게 러시아어로 주문을 하니 당연히 안 갖다 주지."라고 했다는 겁니다. 그러면서 그 경험을 살려 당신한테 민족문제에 대한 글을 쓰라고 했다는 거지요.

솔직히 내 의견을 말하라면, 다른 글보다는 낫다고 하지만 민족문제에 대한 당신 글도 여전히 도식적입니다. 공통의 영토, 언어, 심리, 경제생활이라는 네 가지 요소가 민족을 구성한다는 그 정의 말이에요. 하긴 민족문제에 관한 한 마르크스주의의 이론적 무능은 당신보다도 마르크스와 엥겔스에게 더 큰 책임이 있기는 하지요. 그런데 내가 민족문제에 대한 당신의 글을 불신하는 이유는 논리의 도식성도 그렇지만, 당신의 실제 태도 때문이에요.

러시아혁명이 일어나고 레닌의 민족자결권 덕분에 아제르바이잔과 중앙아시아의 이슬람 민족자결권과 사회주의 혁명을 접목시키려고 한 술탄 갈리예프(Mirsäyet Soltangäliev)를 비롯해 '(소수)민족의 감옥'이었던 옛 러시아제국 곳곳에서 민족운동이 일어나잖아요. 카프카스에서도 민족자결권의 움직임이 일고 그루지야의 자율권을 강조하는 지역의 볼셰비키 반대파와 모스크바 당 중앙의 갈등이 심화되던 상황을 기억하지요? 그때 그루지야 출신인 당신과 그리고리 오르조니키제(Grigory K. Ordzhonikidze)는 강제적 소비에트화에 반대하던 그루지야의 반대파들과 날카롭게 대립했지요. 그때 왜 당신의 심복인 오르조니키제가 대리석 문진과 칼로 그루지야 반대파를 위협하고 논쟁 끝에 결국 아카키 카바히제(Akaki Kabakhidze)에게 폭력을 휘둘러서 레닌이 대노하고 펠릭스 제르진스키(Feliks Dzierżyński) 등을 내려보내 진상조사를 명했지만, 결국 흐지부지된 사건도 기억하지요?

레닌이 민족자결권을 주장한 것은 맞지만, '억압하는 민족의 프롤레타리아트는 분리의 자유를, 피억압 민족의 프롤레타리아트는 통합의 자유를'이라는 강령에서 보다시피 그 내심에서는 소수민족의 프롤레타리아트들이 독립 대신에 소비에트 연방을 자발적으로 지지하기를 바랐던 거지요. 그래서 더더욱 소수민족의 민족감정을 건드리지 않으려고 조심했는데, 오르조니키제가 카바히제를 때림으로써 결국 중앙의 폭력성을 드러낸 거지요. 같은 당원에게 폭력을 휘둘렀다는 것도 큰 문제지만, 더 중요한 것은 민족문제 전문가라던 당신이 대러시아 민족주의의 입장을 견지했다는 겁니다. 레닌이 그렇게 비판했는데도……. 글쎄요, 아마도 러시아 중심이 아니라 그루지야 변방 출신이라는 점이 오히려 더 러시아 국수주의로 기울게 만들었는지도 모르지요. 조지 부시 정권 때 이라크 전쟁이 벌어지자 주류인 WASP(White-Anglo-Saxon-Protestant)보다 유색인 소수인종이나 이민자들이 더 적극적으로 미국 민족주의에 헌신한 것도 비슷한 경우겠지요.

유고의 베테랑 국제사회주의자 밀로반 질라스(Milovan Djilas)의 회고록에서 제2차 세계대전 직후 모스크바를 방문한 유고 대표단에게 당신이 한 행동을 보니까 전혀 바뀌지 않았더군요. 하지만 요시프 티토(Josip Broz Tito)는 그루지야 공산당원들과 달랐지요. 소련과의 일전을 마다하지 않으면서까지 독자적인 사회주의를 주장하며 유고는 결국 떨어져 나갔어요. 그러나 유고가 되기에 그루지야는 모스크바에 너무 가까웠습니다. 당신의 난폭함은 그루지야인이기 때문에 그루지야인들의 민족감정을 더 소중히 다룰 것이라는 레닌이나 다른 사람들의 기대를 저버린 거지요.

왜 그랬나요? 글쎄, 아주 이해가 안 되는 바는 아닙니다. 비주류 출신의 야심가들일수록 주류에 편입되기 위해서 더 기를 쓰는 경우가 많지요. 완고한 반유대주의자들 가운데 유대계가 적지 않은 것도 같은 현상일 거예요. 그루지야 출신의 이오세프 주가슈빌리(Ioseb

Dzhugashvili)가 스탈린이라는 별명으로 대러시아 민족주의의 수호자처럼 행동한 것도 이런 맥락에서 이해할 수는 있을 것 같아요. 당신의 고향에서는 아직까지도 당신을 그루지야가 낳은 세계사적 인물이자 민족적 영웅으로 떠받들고 있는 역사의 아이러니 앞에서는 그저 아연할밖에요.

그렇지만 당신이 분권적 국가구조를 지향한 '국가연합'의 구상을 무시하면서까지 '연방'이라는 틀 속에서 중앙집권적 국가구조를 고집한 데는, 사회주의 모국인 소련을 취약한 반주변부 국가에서 선진국과 경쟁할 수 있는 강대국으로 빨리 변신시켜야 한다는 나름대로의 고민도 있었던 것 같아요. 세계 혁명의 전망을 버리고 일국사회주의 체제를 내세웠을 때, 후진국 러시아를 선진국으로 만들어야겠다는 그 절박함은 더 컸던 게지요. 우선 국가가 강해야 살 수 있다는 논리지요. 소련의 인민들에게는 내핍을 강조하고 세계의 사회주의자들에게는 사회주의 모국 소련을 강성대국으로 만들기 위해서라면 모든 것을 무릅써야 한다는 거지요. 대아를 위해서 소아를 희생하라는 건데, 글쎄 당신의 독창적인 생각 같지는 않고, 어디서 많이 들어본 논리 같아요.

당신 딸인 스베틀라나의 회고록을 보니까 이런 이야기가 나오더군요. 베를린에서 누가 예쁜 고급 원피스를 보내주었는데, 사치스럽다고 혼날까 봐 당신이 안 보는 데서만 살살 입었다지요. 그러다 어느 날 그 원피스를 입고 있다가 당신과 딱 마주쳤답니다. 당신은 그 옷이 '국산이냐'고 물었고, 스베틀라나는 재빨리 그렇다고 대답해 위기를 넘겼다고요. 당신에게는 국산이냐 아니냐가 중요할 뿐, 부르주아적이냐 프롤레타리아적이냐는 부수적이었던 게지요. 사실 내게 더 놀라운 건 딸이 입는 옷에 당신이 관심을 가졌다는 그 점이지만—나는 딸애들한테 만날 면박을 당하거든요. 매일 보는 옷인데도 모르냐며—'국산이냐'는 그 한 마디 물음은 경제사의 그 무수한 통계자료들보다 더 많은 걸 이야기해주는 것 같아요. 자급자족적 경제체제에 대한 강박관념이 그대로 드러나잖아요. 과거 마오쩌둥 시대의 중국이나 북한 등에서도 잘 보이는 이 자급자족 경제체제에 대한 강박은 사실 사회주의 경제와는 아무 상관이 없는 거지요. 내 말은 요컨대 국산품 애용과 사회주의가 무슨 관계가 있냐는 거예요.

마르크스는 〈공산당 선언〉에서 자본주의가 만들어낸 세계시장과 세계문학을 언급하면서, 그것이 사회주의로의 이행을 준비한다고 말했습니다. 또 인민의지당의 주장처럼 옛 러시아에서 사회주의로 직접적인 이행이 가능한지를 묻는 베라 자술리치(Vera Ivanovna Zasulich)에게 쓴 장문의 편지 초고에서는 러시아가 선진 자본주의 국가들의 발달된 생산력 수준을 받아들인다면 불가능한 것은 아니라고 썼지요. 서유럽 국가에서 예컨대 방적기를 만드는 데 50년이 걸렸다고 러시아도 50년 걸려서 그 기계를 만들 필요는 없다고 했지요. 들여오면 되니까요. 러시아혁명은 그러니까 서유럽 선진 자본주의 국가들의 생산력을 이용하는 세계 혁명의 틀에서만 가능하다는 것이었습니다.

물론 자본주의 국가들로부터 왕따 당한 국제적 고립의 상황에서 마르크스의 예언대로 사회주의가 건설되기는 힘들었지요. 단적으로 말해서 선진 자본주의 국가들의 생산력을 받아들이고 이용할 수 있었던 것은 북한이 아니라 남한이었던 거예요. 여하튼 일국사회주의는 그러한 국제적 고립의 산물이기도 하지만, 국제연맹에도 가입하고 서구 열강과 외교관계를 회복한 1930년대에도 '국산'을 중시하는 기조는 바뀌지 않더군요.

　1931년 2월, 급속한 공업화에 반대하는 세력을 공격했던 당신의 연설이 기억나요? 속도를 늦추는 것은 뒤처지는 것을 의미한다며, 소련은 선진국보다 50년 내지 100년 정도 뒤처져 있는 격차를 10년 내에 따라잡아야 한다고 했던 연설 말이에요. 그러지 않으면 러시아는 주변의 강대국들에게 다시 짓밟힐 거라며, 선진국의 경제를 따라잡고 추월하는 것이 계획의 주된 목표라고 당신은 역설했지요. 세계 혁명을 포기하고 일국사회주의를 건설해야만 했던 '포위된 요새' 소련에게 남겨진 유일한 선택은 경제적 자급자족 체제밖에 없었지요.

　대외 원조와 차관이 불가능한 상황에서 산업화에 필요한 재원은 노동자와 농민에 대한 국가의 착취를 통해 마련할 수밖에 없었겠지요. 노동자와 농민을 위한 사회주의를 건설하기 위해서 노동자와 농민을 착취할 수밖에 없는 현실사회주의의 역설을 당신만큼 잘 구현한 인물도 없어요. 그래서 노동조합은 노동자들의 이해를 버리고 당의 명령을 생산현장에 전달하는 명령의 컨베이어 벨트로 전락했고, 사회주의는 노동자와 농민의 희생을 무릅쓰고라도 자본주의 선진국들의 부와 권력을 따라잡는 것으로 우선회했지요.

　에릭 홉스봄(Eric J. Hobsbawm)의 표현을 빌리면, 이렇게 해서 볼셰비즘은 자본주의 발전의 조건이 존재하지 않는 나라들에서 급속한 경제발전을 이루기 위한 이데올로기로 바뀐 거지요. 내 식대로 표현한다면 노동을 해방하는 이데올로기가 노동을 동원하는 이데올로기로 전락한 것이고요. 그런데도 당신은 눈 한번 깜빡하지 않았던 것 같아요. 당과 국가를 거대한 발전 기계로 간주한 당신은 농민과 노동자들을 서슴없이, 그리고 자주 '톱니바퀴'라고 불렀어요. 노동자와 농민은 소비에트 연방이라는 거대한 기계가 굴러가게 하는 부속품으로서만 존재가치를 인정받은 거지요. 그들을 톱니바퀴라고 부르는 순간 이미 도네츠 탄광지대에서 일어난 광부 파업을 탱크까지 동원해서 잔인하게 진압할 마음의 준비가 되어 있었던 거지요. 어차피 그들은 정치공학의 대상이고, 또 사회주의 건설을 위한 소모품이니까요. 노동자 천국을 만들어주겠다는데 톱니바퀴들이 감히 반란을 일으키다니요.

당신이 이탈리아의 두체 무솔리니와 만나는 역사적 지점도 바로 여기가 아닌가 싶어요. 선진국을 따라잡기 위해서 속도전과 총력전에 매진하는 후발 발전국가, 혹은 부르주아 민족과의 경쟁에서 뒤처지지 않기 위해 국민총생산을 극대화하려는 프롤레타리아 민족……. 이탈리아의 좌파 파시스트인 베르토 리치(Berto Ricci)와 우고 스피리토(Ugo Spirito)가 당신의 일국사회주의 테제에 보낸 지지는 잘 기억하지요? 영국의 식민지가 되느니 차라리 소비에트의 한 공화국으로 편입되는 것이 낫겠다는 무솔리니의 언급도 기억하나요? 그래요. 사회주의는 반파시즘 투쟁의 선봉이라는 세계사 시험의 모범답안은 자꾸 현실과는 거리가 멀게 느껴져요. 무솔리니와 당신은 정치적 메타포를 달리했지만, 대중이 열과 성을 다해 선진국을 따라잡기 위한 국가 프로젝트에 참여하게 하는 자발적 동원체제를 만들려고 노력했다는 점에서는 무척이나 비슷한 것 같아요.

그런데도 당신들은 아직 지옥에서 싸우고 있나요? 이승에서도 당신들의 싸움은 아직 끝나지 않았어요. 장소와 시간을 달리하면서 당신의 대리인들이 싸우고 있지요. 잘 지켜보세요. 그런데 부탁이 하나 있습니다. 그냥 지켜보기만 하고 다시 무대 위로 올라오지는 마세요. 제발…….

노동 해방에서 인민 동원으로 127

역사의 '주체'는 당신인가, 민중인가?

— 김일성에게

김일성

1912~1994

스탈린처럼 신학생 출신은 아니지만, 독실한 기독교 전통의 집안에서 태어나 자랐다. 본명은 김성주(金成柱)로, 만주에서 어린 시절을 보냈다. 1930년대에 항일무장투쟁을 했으며, 그중 1937년의 보천보 전투가 유명하다. 1945년 소련군과 함께 귀국한 후 1948년 조선민주주의인민공화국이 수립되면서 내각수상 자리에 올랐다. 스탈린의 개인숭배와 일제의 천황제적 유제를 결합시켜 독창적 개인숭배 문화를 만들었다. 탈스탈린주의 당시 북한의 개혁을 요구하는 개혁세력을 사대주의이자 '민족허무주의'라고 비판하고 민족주의적 정서에 의존해 자신의 정치적 세력 기반을 확보했다. 이후 마르크스주의에 대한 주의주의적 해석을 극단으로 밀고 나아가 '사람이 세상의 주인'이라는, 철학이기보다 정서적인 성격의 주체사상을 국가이념으로 정착시키며 유일지도체계를 강화했다. '민족의 태양이자 불멸하는 영혼, 민족의 지도자'로 불리며 개인숭배적 독재체제를 만들었으며, 정치종교의 사제 자리를 아들 김정일에게 물려주었다. 지배의 정서적 보조장치인 '정치종교'를 세계 역사상 유례없는 수준으로 발전시켜, 루마니아와 투르크메니스탄, 그리고 최근에는 세네갈에까지 수출한 이데올로기 수출의 역군이기도 하다.

金 日 成

김일성 장군.

일본 제국주의의 식민지 시절, 동네 어른들이 잔뜩 긴장한 얼굴로, 그러면서도 자랑스러움을 감추지 못한 목소리로 김 장군, 김 장군 하며 수런대던 그때가 생각나 당신을 그냥 장군이라 부르기로 했습니다. 당신이 가짜라고 주장하는 남한의 반공주의 이데올로그들은 여전히 펄펄 뛰겠지만, 동북항일연군의 '사장'으로 한반도 북부를 넘나들며 만주를 누비고 다녔던 1930년대 후반의 이 시기, 훗날 일본군을 벌벌 떨게 만들었다는 김일성 장군의 신화가 생긴 이때가 인간적으로나 역사적으로 당신의 가장 아름다운 시기였다는 생각에는 변함이 없습니다. 재미학자 서대숙에 따르면, 일본군이 당신 목에 건 현상금은 동북항일연군 정치위원장인 중국인 공산주의자 웨이증민(魏拯民)의 목에 걸린 3,000엔의 세 배가 넘는 1만 엔이었다고 하더군요. 일본군한테 그만큼 큰 악당이었다는 이 에피소드가 당신의 역사적 위치를 잘 말해주는 게 아닌가 싶습니다.

상상하기조차 힘든 극한상황 속에서 압도적인 적에 맞서 무모해 보이기만 하는 빨치산 투쟁을 전개한 그 용기와 기개는 어느 누구도 쉽게 부정하지 못할 겁니다. 당시 조선 사람으로서는 꽤 큰 키에 허우대 좋은 당신 모습은 자주 신체적 극한으로까지 몰고 가는 빨치산 투쟁에 적격이라는 생각도 들더군요. 반드시 그런 것만은 아니지만, 사회주의운동사를 보면 확실히 산야에서 무장투쟁을 했던 빨치산 출신들이 음모적 지하운동과 비선조직, 비합법투쟁에 종사했던 도시형 혁명가들보다 더 건강하게 오래 사는 경향이 있는 것 같아요. 50대 중반에 뇌졸중으로 쓰러진 레닌에 비하면 티토가 그랬고 마오쩌둥이 그랬고 당신도 장수한 편이지요. 시원시원하고 호방한 당신의 스타일은 도시에서 비밀조직을 움직인 음모적 혁명가가 아니라 빨치산 출신이라는 경력과도 관계가 있겠지요. 평생을 주석궁의 음모론 분위기에서 자란 당신 아들과 당신의 차이도 바로 이런 빨치산 경험이 있고 없고의 차이가 아닌가 합니다.

한 사람의 역사가로서 나는 만주에서 당신이 펼친 빨치산 투쟁의 역사를 폄하하는 데는 반대합니다. 그렇다고 해서 1926년 당신이 열네 살에 만들었다는 타도제국주의동맹이 민족해방 투쟁의 한 획을 그은 사건이라든지, 다섯 명의 경찰이 상주하는 경찰 주재소를 습격해서 몇 자루의 총을 빼앗고 일시적으로 국경마을을 해방시킨 1937년의 보천보전투가 역사에 길이 남을 빛나는 승리라고 감동할 만큼 단순하지는 않습니다. 일본군의 끈질긴 추격에 쫓겨 소련령 하바로프스크로 도주한 것은 비난받아야 할 일이 아니라 합리적인 결정이었다고 판단하지만, 그렇다고 당신의 항일 빨치산 투쟁이 식민지 조선을 일본 제국주의의 지배로부터 해방시키는 원동력이었다는 강변에 동조하고 싶은 생각은 추호도 없어요. 당신을 존경하고 흠모했던 남한의 '애국청년학생들' 일부가 그랬던 것처럼, 당신이 축지법을 썼다거나 나뭇잎을 타고 압록강을 건넜다고 믿을 생각은 더더욱 없습니다.

빨치산 동지들이 당신의 업적을 깊은 산속 나무에 새겼다는 '구호나무' 이야기도 그렇지요. 일본군한테 행적을 알릴 필요가 있나요? 더구나 무슨 기묘사화에 관한 야사처럼 백두산 밀영 근처의 나무에 당신인지 아니면 당신 아들 김정일의 이름인지가 자연의 조화로 새겨졌다는 '전설 따라 삼천리' 같은 이야기 앞에서는 그저 아연할 뿐입니다. 해도 해도 너무했지요. 당신들은 사회주의 혁명사를 아예 봉건시대의 야사 기록처럼 만들어버렸습니다. 그렇게 민족적 형식을 강조하더니 사회주의 왕국의 건국신화조차도 조선시대의 야사를 닮아버린 건지요?

사실 이건 별로 놀랄 이야기도 아니지요. 스탈린이 공포왕 이반 4세와 표트르 대제를 복권시켰던 그 정서와 크게 다를 바 없어요. 진시황을 끊임없이 재평가했던 마오쩌둥은 또 어떻고요? 정도의 차이는 있지만, 현실사회주의의 공식적인 역사 서술이 크고 작은 거짓말로 가득 차 있다는 것은 이미 누구나 다 아는 일이잖아요. 역사와 사회주의의 거창한 진보를 위해서라면, 이미 일어난 과거 사실에 대해 그까짓 거짓말 좀 한다고 해서 어떠랴 하는 자기 정당화 심리를 모르는 바는 아닙니다.

내가 정작 놀라는 것은 그 거짓말 자체가 아닙니다. 고등교육을 받고 대학까지 다니는 젊은 지성인, 아니 지성인은 아니라 쳐도, 사물의 이치를 따져 묻고 사고하는 훈련을 10년 이상 받고, 더 고도의 사유 훈련을 받기 위해 대학에 들어온 젊은 학생들까지 어떻게 그런 거짓말을 믿느냐는 거지요. 루쉰의 우화처럼 햇빛이 안 들어오는 방에서 태어나고 자라서, 세상을 그저 컴컴하다고 믿는 북한 인민들이라면 모를까요?

어쨌거나 축하합니다! '애국'이라는 이름으로 남한의 젊은 학생들에게 헤게모니를 행사하고자 한 당신의 정치적 의도가 어느 정도 먹힌 증거니까요. 하지만 어떻게 그런 일이 일어날 수 있는지 나는 아직까지도 어안이 벙벙합니다. 비록 한때라고는 하지만, 당신의 그 유치하기 짝이 없는 신화가 남한의 멀쩡한 젊은 대학생들에게 먹힌 이유는 그럴수록 반드시 짚고 넘어가야 하겠습니다. 하긴 반드시 남한 대학생들만의 문제는 아니지요.

몇 년 전 대중독재 국제학술대회에서 훔볼트 대학의 미하엘 빌트(Michael Wildt) 교수가 히틀러의 최측근 친위 조직에서 활동한 열렬한 나치인 청년 장교들의 집단 전기를 분석한 글을 발표한 적이 있어요. 나치당의 안보와 치안 임무를 맡은 통합기관인 제국치안본부의 지도부에 있던 221명의 신상명세서를 분석한 글인데, 흔히 생각하는 것처럼 이들은 주변으로 몰린 무지한 불한당들이 아니었습니다. 새로운 세계를 건설하겠다는 신념에 불타는 지식인 그룹이었던 거지요.

실제로 이들 221명 대부분은 대학에서 법학, 정치학, 역사학, 신학, 언어학 등을 전공한 주류 엘리트더군요. 대개는 중하층 중산계급 출신이지만, 이들 중 3분의 2가 대학 교육을 받았고, 또 대학 교육을 받은 이들 중 반수는 박사학위 소지자였다는 사실에 정말 놀라움을 금치 못했습니다. 제2차 세계대전 이전 독일의 대학 교육이 대중 교육이 아닌 극히 제한된 사람들을 위한 엘리트 교육이었다는 점을 감안한다면, 이 수치는 참으로 놀라운 것이지요.

이미 개업한 병원을 때려치우고 입당해 SS 요원이 된 의사들이나, 사법적 원칙과 법체계를 무시하면서까지 나치 이데올로기에 따라 행동한 법학 박사들, 동유럽에서 나치의 대량학살과 홀로코스트를 정당화한 그 많은 신학 박사와 역사학 박사들을 생각하면, 남한의 주사파 애국청년학생들은 사실 새 발의 피지요. 뉘른베르크 재판 당시 미국 측 검사였던 텔퍼드 테일러(Telford Taylor)는 55년이 지난 지금까지도 소련에서 9만 명의 무고한 인명을 학살한 죄목으로 기소된 오토 올렌

도르프(Otto Ohlendorf)를 부드러운 말투와 정확한 묘사, 괄목할 만한 지성을 고루 갖춘 인물로 뚜렷이 기억할 정도니까요.

당신을 신처럼 떠받든 남한의 애국청년학생들과 히틀러를 신봉한 이들 젊은 나치 지식인들은 많이 다르기도 하지만 어떤 공통점이 느껴져요. 그 공통점은 특히 이데올로기에서 잘 나타나는데, 한 가지 자신 있게 말할 수 있는 것은 이들이 모두 민족공동체를 사유와 행동을 결정하는 최고의 가치로 설정했다는 겁니다. 민족근본주의라고나 할까요, 민족에 대해 일종의 원리주의적 태도를 견지한 거지요. 그래서 민족공동체의 의지는 그 자체로 국가와 사회를 초월하고 법적인 한계도 넘어서는 무소불위의 초법적인 권력이 되어버린 거지요. 법을 제정하는 최고 권력인 주권이 민족공동체에 있기 때문에 민족은 자신이 제정한 법을 무시할 권리도 갖는다는 논리가 가능한 겁니다.

이처럼 민족의 의지와 논리에 따라 법체계가 유린되면 법치가 무너지고, '민족의 의지'를 해석하고 장악한 지도자나 정치집단의 자의적 지배가 법치를 대신하는 거지요. 신체적 결점이 있는 자국 시민들에 대한 나치의 안락사 계획이나 독일 시민권을 가진 유대계 주민들에 대한 초법적 억압과 결국 홀로코스트로 이어지는 대량학살 등이 정당화된 것도 이런 이유에서겠지요. 생물학적인 아리안 민족의 발전과 생존이 가장 귀중한 가치이고, 그 가치에 다른 모든 것들이 종속된다면 그 민족 밖의 타자들에 대한 대량학살도 얼마든지 가능한 거지요.

비단 나치가 된 독일 젊은이들만의 이야기일까요? 나치가 '민족사회주의'의 약자라는 건 당신도 알고 있지요? 독일의 민족사회주의는 제1차 세계대전의 패배 이후 서구로부터 도편추방을 당했다는 소외

감과 분노로 뭉친 반서구적 민족감정과 사회주의적 지향이 기묘하게 결합되어 등장한 것이었습니다. 반전반핵 환경운동에 열심이다가도 북한의 핵무기는 자위용이기 때문에 정당하다는 강변이나, 남한의 국가보안법에는 핏대를 올리다가도 북의 사상 탄압은 미 제국주의로부터 민족과 사회주의를 지키기 위한 것이라고 궤변을 늘어놓는, 그래서 결국은 당신에게 1차적인 책임이 있는 북한 주민들의 굶주림과 강제수용소를 정당화하고 있는 당신의 그 애국청년학생들은 어떤가요? 환경도, 사상의 자유도, 인권도, 노동해방도 모두 미 제국주의로부터 민족을 지키는 일에 종속되어야 하는 건가요?

개인의 성적 취향일 수밖에 없는 동성애까지도 민족의 재생산을 음해하는 서양적 퇴폐주의로 격하되고, 성적인 불평등의 위계관계 속에서 여성은 남편과 자식에게 헌신하는 민족적 미덕을 지키는 사회도 민족의 이름으로 정당화되는 건가요? 그럼 사상적 억압과 인권의 침해와 노동의 착취만 있는, 그래서 굶어죽을 자유만 있는 민족을 지킨다는 건 무슨 의미가 있나요? 제국주의에 포위된 사회주의 모국 소련을 지키는 것이 가장 시급한 실천과제라는 소련의 '포위된 요새' 신드롬이 스탈린주의를 정당화했듯이, 미 제국주의에 포위된 북한의 우리식 사회주의를 수호하자는 당신의 수사 역시 '포위된 요새' 신드롬의 전형을 보여줍니다. 요새는 살려냈지만 결국 그 안에 살던 사람들은 전부 죽어버린 죽은 요새라면 어떡하지요?

반서구주의와 사회주의의 이 기묘한 결합은 제2차 세계대전 후 탈식민 국가들의 사회주의적 발전전략에서도 여과 없이 드러나더군요. 무엇보다도 강령들이 다 비슷해요. 자와할랄 네루(Jawaharlal Nehru)

는 서구 자본주의 국가들이 취했던 것과 똑같은 방법 및 속도로 진보를 이룩할 만한 충분한 시간이 없기 때문에 인도가 자본주의를 수용할 수 없다고 했지요. 영국, 프랑스, 혹은 미국의 길을 그대로 따른다면, 인도는 그들에게 영원히 뒤처질 수밖에 없다는 거지요. 아프리카의 농업사회주의를 주창한 탄자니아의 줄리어스 니에레레(Julius Nyerere)도 "그들이 걷는 동안 우리는 뛰어야만 한다."고 인민들을 독려했지요.

마오쩌둥이나 당신도 마찬가지였어요. "15년 안에 영국을 추월하고 미국을 따라잡자."는 것이 대약진운동의 구호였다면, 당신은 한술 더 떠서 "다른 사회주의 국가들이 세 번의 5개년 계획 기간 동안 이룩한 것을 두 번의 5개년 계획으로 완성하자."고 역설했지요. 어디서 많이 들어본 것 같지 않아요? 프롤레타리아 민족인 이탈리아가 부르주아 민족과의 경쟁에서 승리해야 한다는 명분으로 파시즘을 정당화한 무솔리니나 영국이나 미국 같은 선진국보다 50년, 100년 뒤떨어져 있는 격차를 10년 안에 따라잡기 위해 인민들이 허리띠를 졸라매야 한다는 스탈린의 연설이 생각나지 않아요?

해방 직후 북한의 대중연설에서 당신이 애용했던 단골 메뉴가 뭔지 기억나나요? 나라 없는 민족의 서러움을 다시 겪지 않기 위해서는 먼저 국가의 힘을 키워야 한다며 민족적 열정을 독립과 발전으로 이끌어내자는 거였지요. 그러면서 당신은 직접 대중적 애국운동의 내용을 설명했어요. 그것은 곧 "국가 재산을 애호하고 자신의 책임량을 초과 완수하는 것"이라고……. 곰곰이 생각하면 참 무서운 이야기지요. '강성대국'이라는 민족적 목표를 위해서는 인민들이 빈곤과 고된 노동을 참고 견디어야 한다는 거잖아요. 예브게니 프레오브라젠스키의

'사회주의 본원적 축적론'이나 소비재 산업보다 생산재 산업에 우선권을 둔 사회주의 경제계획 등도 실은 다 같은 맥락이에요.

1950년대 현실사회주의 국가들의 자본 축적률이 자본주의 국가들의 2배에 달했다는 통계 역시 사회주의 체제에서 인민들의 삶이 어땠을까를 알려주는 좋은 지표지요. 당신의 소박한 약속인 '쌀밥에 고깃국'은 아직도 까마득하니, 나라 없는 백성으로 멸시와 천대 받던 과거에서 벗어나기 위해 인민계획경제에 온몸을 바쳤지만 잡곡밥조차 못 먹고 굶어죽는 인민들은 도대체 얼마나 더 기다려야 되나요? '천리마운동' 따위의 수사가 인민들을 얼마나 오래 달리게 할 수 있을지 모르겠어요. 이데올로기적 헌신이 춥고 배고픈 현실을 막는 데는 아무래도 한계가 있을 수밖에 없을 거예요. 그렇지 않다면 체제 경쟁에서 당신네가 벌써 이겼겠지요.

왜 잠비아의 급진적 민족주의자인 케네스 카운다(Kenneth Kaunda)가 민족평의회에서 한 연설 기억하세요? 이제 독립이 되어 정부도 인민의 것이고 산업도 인민의 것이며 경제 전체가 인민 여러분의 것이니 인민들이 자기 재산을 파괴하는 파업행위를 해서는 안 된다는 연설 말이에요. 그러고는 바로 그 인민들을 위해 임금을 동결하고 일체의 파업을 금지했지요. 기니의 급진적 민족주의자 세쿠 투레(Sékou Touré) 역시 식민주의에 저항하는 파업은 정당하지만 아프리카인의 정부에 대한 파업은 역사적으로 생각할 수 없는 것이라며 노조 지도자들을 질타하고 투옥한 것 기억하시지요? 반둥 회의의 지도자급 인사 가운데 한 사람이었던 당신이 기억 못할 리 없겠지요?

하지만 인민들의 입장에서 보면 어떨까요? 식민지 시기에는 제국주의에 저항하는 민족적 투쟁이라고 격려와 지지를 받던 노동자 파업이 독립이 되니까 갑자기 반민족 행위가 된다? 파업이나 쟁의라는 게 노동자의 입장에서 보면 더 인간적인 삶을 위한 생존투쟁의 일환일 뿐인데, 독립 여부에 따라 민족해방 투쟁과 반민족 행위라는 극과 극을 오가게 되잖아요? 더 중요한 것은 노동자들의 삶은 별반 달라지지 않았다는 거죠. 권력담론으로서의 제3세계 민족주의와 사회주의를 통렬히 비판하고 해체한 서발턴 연구자들의 문제의식이 돋보이는 것도 바로 이런 대목에서이지요.

20세기 세계사의 큰 흐름에서 보면, 당신의 주체사상이라는 것도 실은 얼마나 '데자 뷰'인지요. 민족운동사 혹은 사회주의운동사 수업에서 학부생들에게 나는 반드시 1963년 공포된 버마사회주의당 강령을 부분 부분 발췌 번역해서 읽어줍니다.

> 인류 사회는 인간들 스스로가 자신의 행동법칙에 따라 조직한 인간들의 기관에 불과하다. …… 인간의 성격과 인간의 발전법칙이 이해된다면 사회의 성격과 법칙 또한 이해될 수 있다. …… 인간은 역사의 지배자이자 지도자이다.

어때요? 많이 들어본 소리 같다고요? 당신 저작집을 뒤적일 필요는 없습니다. 버마사회당의 문건이니까요. 그런데 당신이 놀라는 것처럼, 학생들에게 이 발췌문이 어디에서 나온 것이냐고 물어보면 거의 모두가 주체사상의 한 구절이라고 답합니다. 아마 찾아보면 있을 수도 있겠지요. 설혹 똑같은 구절이 나온다 해도, 나는 당신이 혹은 당신의 이데올로그들이 버마사회당의 문건을 표절했다는 등의 비난을 퍼부을 생각은 없습니다. "사람이 모든 것의 주인이며 모든 것을 결정한다."는 주체사상이나 버마사회당의 당 강령이나 모두 마르크스주의에 대한 주의주의적 해석의 극단적인 버전일 뿐이니까요. 인간의 노동력만이 사회주의 건설과 산업화를 위해 이용할 수 있는 유일한 자원인 상황에서 마르크스주의를 대중 동원의 이데올로기로 전화하기 위해서는 주의주의적 해석 이외의 대안은 없는 거지요.

1960년대 말 미국의 경제학 잡지인 〈월간 평론〉에 실린 덴마크 사회주의자의 북한 방문기에서 읽은 이야기입니다. 북에서는 엥겔스의 《반뒤링론(Anti-Dühring)》과 《자연변증법(Dialectics of Nature)》이 금서라는 이야기를 들었다며 그 이유를 모르겠다고 썼더군요. 글쎄요, 주의주의에 반하는 경제주의적 해석이 강한 고전이기 때문이 아니었을까요? 주체사상의 철학적 기반을 부정하는 논리가 되기 십상이었을 테니까요. 주의주의는 사실 레닌 이래 제3세계 사회주의의 뚜렷한 사상사적 특징이었으며, '마르크스–레닌주의의 창조적 적용'이란 실은 노동해방의 이데올로기인 마르크스주의가 후진국 산업화를 위한 노동 동원의 이데올로기로 타락했음을 알리는 완곡어법이 아니었던가요? 지금은 아예 마르크스와 엥겔스는 물론 레닌의 저작들도 거의 찾아보기 힘들다고 하니까, 이데올로기적으로는 더 경직됐다고 봐야겠지요.

그런데 솔직히 당신의 주체사상은 철학적이거나 이론적이기보다는 정서적인 것 같아요. 당신 아들 김평일 씨가 폴란드 대사로 부임했을 때의 에피소드가 상징적이에요. 그때 북한은 당신의 유언에 따른 '유훈통치'를 한다며 이미 고인이 된 당신의 서명이 담긴 외교문서를 폴란드 정부에 전했답니다. 그러니까 폴란드 정부는 어떻게 죽은 사람이 서명을 하냐며, 그 문서를 인정하지 않았다더군요. 그래도 북한에서는 고집을 부리는 바람에 당신 아들이 오랫동안 외교적 승인절차를 거치지 못해 바르샤바의 외교가에서 스캔들이 된 적이 있습니다. 좋게 말해서 유아독존이지, 사실은 안하무인이지요. 상대가 없는 유아독존이 되면, 이미 주체는 의미가 없지요.

주체사상이 아직 남한의 대학가에서 기승을 떨치던 1990년대 초의 일이니까 벌써 오래전의 일이네요. 애국청년학생들 몇이 내 대학원 세미나에 참가한 적이 있습니다. 그야말로 심성도 곧고, 예의바르고, 열정적이고, 고민이 많은 청년들이었지요. 시야가 너무 한반도에만 고정되어 있고, 세계사의 흐름에 대한 이해가 너무 약하다는 게 하나 흠이었습니다. 나는 한 학기 내내 당신이나 북한 이야기는 한 마디도 뻥긋하지 않고, 탄자니아 등의 아프리카 사회주의, 터키, 이란, 미얀마, 아프가니스탄의 사회주의 운동 등 제3세계 사회주의에 대해서만 책을 읽고 강의를 진행했습니다. 진지하고 영리한 친구들이어서 학기가 끝날 즈음에는 주체사상이 그렇게까지 주체적이거나 세계사적으로 독창적인 사상이 아니라는 걸 알아차렸습니다. 제3세계의 사회주의 운동에서 널리 발견되는 현상일 뿐이니까요.

학기 말의 술자리에서는 자신들의 생각에 대해 되돌아보고 심각하게 고민하는 그들과 솔직한 이야기를 나눌 수 있었습니다. 왜 자네들처럼 똑똑한 사람들이 당신의 엉터리 사상에 빠졌는지 이해할 수가 없다고 하자, 그 젊은이들은 자신들의 경험을 털어놓더군요. 갓 올라온 서울에서 접한 자본주의적 서구 문화의 충격, 도시와 농촌의 비대칭적 발전과 소외감, 그리고 무엇보다 구수하고 익숙한 메타포로 쉽게 이해되는 당신의 연설문 등등……. 그러니까 이론이나 철학이 아니라 정서적으로 당신의 메타포들이 먹혀든 거지요.

　논리적으로 따지고 들면 '사람이 세상의 주인'이라는 당신의 주체사상은 얼마나 엉터리인지요. 너희가 세상의 주인이니까 사회주의 건설의 성공 여부는 너희 손에 달려 있다는 식의 동원 논리 외에 다른 어느 것도 나는 찾지 못하겠어요. 사람이 세상의 주체라고 떠벌리는 사회에서 어떻게 그리 유치한 개인숭배가 가능한가요? 옥수수를 어떻게 심는가 하는 문제부터 어린이 교육, 제철소의 건설과 중화학공업의 건설에 이르기까지 모르는 것이 없는 천재인 당신을 빼면, 거기 주체적인 사람이 누가 있나요? 끔찍한 관료주의에 질식된 대중노선은 얼마나 허울뿐인지요?

　언젠가 강화도에 놀러갔다가 당신들이 보낸 선전 삐라를 본 적이 있습니다. 김일성화와 노래 등 당신에 대한 유치한 찬양으로 조잡하기 짝이 없는 그 삐라를 보더니, 같이 간 광고장이가 그러더군요. 이 삐라는 남한의 인민들을 설득하기 위해서 만든 게 아니라, 선전선동부의 결제 라인을 통과하기 위해서 북한 고위층의 입맛에 맞게 만들어진 거라고요. 주체사상과 대중노선의 수사 아래 웅크리고 있는 음흉한 관료주의의 실상을 보는 것 같아 영 뒷맛이 좋지 않았습니다.

　과문한 탓이지만, 히틀러나 스탈린도 자기 이름을 딴 꽃을 가졌다는 이야기는 못 들었습니다. 당신이 세계적으로 돋보이는 부분이 있다면, 그건 바로 이런 정치종교의 측면이 아닌가 싶어요. 대중독재 프로젝트에도 참가한 바 있는 이탈리아의 세계적인 정치종교 연구자인 에밀리오 젠틸레(Emilio Gentile) 교수가 언젠가 로마의 식당에서 그러더군요. 틀림없이 김일성의 북한이 정치종교에 관한 한 현존하는 최고의 모범인 것처럼 보이는데, 당신 저작집의 이탈리아 번역판을 읽어보다가 지적으로 너무 따분하고 재미가 없어서 책장을 덮어버렸다고요.

그건 젠틸레 교수 잘못이지요. 정치(세속)종교가 국가와 민족, 혹은 계급과 같은 세속적인 실재를 종교적 숭배의 대상으로 삼는 정치현상을 가리킨다면, 저작집보다는 인민 대중을 민족 숭배의 의례와 축제, 신화와 상징에 적극적으로 참여하게 만드는 다양한 문화적 기제들을 분석하는 게 빠른 길이겠지요. 나치즘의 정치종교와 정치의 미학화에 대한 선구적 연구를 남긴 조지 모스(George Mosse)의 연구처럼 말이지요. 매스게임, 집단체조, 집체극, 김일성 광장의 군무 등의 의례와 여러 가지 상징정치 등에서 당신이 만든 천년왕국의 정치종교적 성격은 잘 드러납니다.

아니, 어쩌면 그 이전에 당신의 성장 배경이나 개인적 취향을 먼저 분석하는 게 필요할지도 모르겠군요. 기독교 장로 집안인 외가와 독실한 기독교 신자인 어머니의 영향이 먼저이지 않을까요? 기독교와 사회주의의 결합이 이상하다고요? 이상할 것은 하나도 없습니다. 19세기 말 20세기 초 유럽의 사회주의자들이 메이데이 행진을 비롯한 사회주의 의례를 처음 만들 때 기독교 종교의례에서 많은 영감을 받고 모티프를 따온 것은 잘 알려진 사실이지요. 심지어는 사회주의 지도자들의 전기조차 가톨릭 성인전의 구도와 서술방식을 본뜬 경우들도 있잖아요? 기독교 전통이 강한 외가에서 어린 시절을 보낸 당신이 정치종교적 지배장치들을 만들어냈다고 해서 그게 특별한 것은 아니지요.

그래도 당신한테는 유별난 측면이 있는 것 같아요. 나와 가까운 미국의 북한 연구자가 빌리 그레이엄 목사의 조카와 함께 북한을 방문해서 환대받았던 이야기는 그냥 우스개로 흘려듣기 어렵지요. 그는 평양의 순안공항에 도착하면서부터 북한 당국의 극진한 환대를 받았는데, 그 이유는 바로 빌리 그레이엄의 조카 때문이었다는 거죠. 안내자들이 전한 바에 따르면, 당신이 빌리 그레이엄 목사를 매우 좋아하기 때문에 그 조카 일행을 극진히 대접하라고 분부를 내렸다는 겁니다. 실제로 빌리 그레이엄 목사는 여러 번 방북을 했다지요? 도대체 무슨 이야기를 나누었나요? 당신들을 그렇게 의기투합하게 만든 공통점은 무엇인가요? 그러고 보니 '반공'을 내세우는 문선명 씨도 몇 차례나 북한을 방문해서 당신과 단독회담을 가졌잖아요? 도대체 무엇이 이들 종교 지도자들과 당신을 그렇게 통하게 했나요? 당신들이 공유하고 있던, 아마도 메시아적인 그 무엇이 아니었을까요?

그러나 유럽의 사회주의자들이나 파시스트 독재자들과 비교했을 때, 당신의 정치종교는 한층 더 풍부하고 한 수 위입니다. 그건 당신이 단지 기독교뿐만 아니라 일본제국의 경험에서도 정치종교의 기법을 배우고 차용했기 때문이 아닐까요? '일본인의 신은 국가'라는 전전의 마르크스주의자 가와카미 하지메(河上肇)의 말처럼 신사에서 국가 제사를 지내는 일본의 정치종교는 상당히 독특한 것이 아니었나 싶어요. 이탈리아 파시즘의 이론가인 엔리코 코라디니가 국가를 절대적 숭배의 대상으로 받드는 일본의 정치종교에 감명을 받아서, 동료 파시스트들에게 일본의 정치종교를 본받으라고 촉구한 것은 앞에서 이야기한 적도 있지요. 그런데 식민지 조선의 민족주의자들 역시 일본의 경험에서 국가를 신성시하고 숭배하는 정치종교의 중요성을 배우지 않았나 싶어요.

새로 국가를 만들어야 하는 절박한 입장에서 보면, 숭배와 제의의 대상이 일본제국이 아니라 신생 대한민국이나 조선민주주의인민공화국이라면 정치종교는 결코 부정할 필요가 없는 거였지요. 마치 유대 민족주의가 독일 민족주의의 민족적 제의를 모방한 것과 마찬가지지요. 민족의 태양이자 불멸하는 영혼, 민족의 지도자인 당신에 대한 개인숭배와 북한의 가족국가적 이상 역시 제국 일본의 천황 숭배를 빼놓고는 이해하기 어렵지 않은가요? 천황제의 한 특징인 지도자 숭배를 통한 민족적 제의 형식은 전후 일본이 아니라 당신의 천국에서 재현된 거지요.

일제 잔재의 '철저한' 역사적 청산을 통해 민족적 정통을 움켜쥔 당신께 축하드립니다. 이제 신이 된 당신은 더 이상 인간 세계에 안 내려왔으면 좋겠습니다. 일제의 천황제와 스탈린의 개인숭배를 이상하게 뒤섞은 것은 당신의 개성이라 쳐도, 그 말도 안 되는 정치종교의 유치하고 끔찍한 위계질서가 마치 지켜야 할 민족적 전통인 양, 바람직한 정치적·도덕적 코드인 양 애국청년학생들을 부추긴 것은 정말 용서할 수 없습니다. 유신독재 시대보다 더 지독한 선후배 사이의 위계질서, 동급생인 과대표에게도 꼬박꼬박 '학생장님'이라는 존칭을 붙이게 만들고, 학생장의 말씀이라면 무조건 복종하게 만든 당신네 수령관 등이 한국의 민주주의를 얼마나 후퇴시켰는가를 생각하면, 당신의 항일 빨치산 경력이라는 것도 새 발의 피지요.

"한 번 해병은 영원한 해병이다." 따위의 경구는 역사에서 통하지 않습니다. 일본 제국주의와 싸웠다는 그 사실이 당신의 독재와 정치종교에 역사적 알리바이를 줄 거라고 기대하지는 마세요. 세계 최초의 '포스트모던 독재자'라는 김정일에게—엔터테인먼트 독재자라는 말이 더 맞는다고 생각합니다만—정치종교의 사제직을 물려준 당신과 자기 아들에게 담임목사직을 전수해준 강남 대형 교회의 카리스마적 목사들은 어떻게 다른가요?

추신

뜻밖에 서부아프리카 세네갈의 수도 다카르에서 당신 소식을 들었습니다. 2010년 4월 3일 다카르에서 공개된 세네갈 독립 50주년 기념상은 압둘라예 와데(Abdoulaye Wade) 세네갈 대통령이 북한에 제작을 의뢰해 만든 것이라더군요. 미국 '자유의 여신상'보다 4미터 정도 더 높은 '아프리카 르네상스'라는 50미터 높이의 이 초대형 동상은 사진으로만 봐도 정말 압도적입니다. 건장한 남성이 왼쪽 어깨에 아이를 올려놓은 채 오른팔로 여성을 안은 형상의 이 동상 제막식 날 세네갈의 야당 지도자와 국민은 식장 주변에서 시위를 벌였다더군요. 2,000만 달러를 들여 만든 이런 동상은 그 발상이 시대착오적일 뿐 아니라, 와데 대통령이 동상은 자신의 아이디어로 만들어진 것이기에 관광 수입의 3분의 1은 자기 몫이라고 주장해 반발이 더 커졌답니다. 그러나 세네갈 야당의 반발이나 웃통을 벗고 헐벗은 여성을 안은 남성의 모습이 이슬람 교리에 어긋나고 우상숭배에 해당한다는 이슬람 지도자들의 비판이 내 주된 관심사는 아닙니다.

정작 내가 궁금한 것은 이 기념비 문화와 정치종교의 상관관계입니다. 그것이 개인숭배이든 민족과 조국의 영광을 찬미하는 것이든, 혹은 특정한 인종 자체를 신성시하는 것이든 간에, 이런 기념비 문화가

세네갈 정부의 요청에 따라 북한 기술진이 제작한 '아프리카 르네상스' 동상 제막식 모습(2010. 4. 6.)
기념비 문화의 특징은 모든 사람을 압도하듯 웅장하지만, 정작 누구도 거들떠보지 않는다는 데 있다.

정치종교를 얼마나 강화할 수 있는가 하는 점입니다. 기념비 문화가 가장 발전했던 현실사회주의가 무너진 이후에 누군가는 그러더군요. 사회주의 체제 기념비의 특징은 지나가는 모든 사람을 압도하는 것처럼 보이지만, 실은 누구도 거들떠보지 않는다는 거지요. 세네갈에 앞서 이미 투르크메니스탄에서도 1990년대 석유 수출로 벌어들인 돈으로 도금한 거대한 지도자 동상이 세워지기도 했지요. 당시 투르크메니스탄 특집을 다룬 폴란드 신문은 투르크메니스탄의 새로운 개인숭배적 독재체제가 기념비 문화와 더불어 북한에서 수입된 것이라고 하더군요. 이런 식의 이미지 조작을 통해 정치종교가 사람들에게 갖는 호소력은 어디까지인지, 당신의 도금한 동상 앞에서 눈물짓고 슬퍼하는 북한 인민들의 속마음이 어떤지 정말 나노과학의 힘을 빌려서라도 그들의 머릿속에 들어가고 싶은 마음뿐입니다.

8

'한강의 기적', 대중의 욕망과 독재 사이

― 박정희에게

박정희

1917~1979

대구사범학교를 졸업하고 3년간 초등학교 교사로 근무했다. 이런 경험은 해방 이후 도덕이나 국민윤리 같은 이데올로기 교육에서부터 음악과 미술 교육에 이르기까지 다방면에 걸쳐 조국 근대화에 복무하는 국민을 찍어내는 국민화 교육의 귀중한 밑거름이 됐다. 1944년 일본 육군사관학교를 졸업하고 8·15해방 이전까지 일본군 장교로 복무했으며, 해방 이후에는 육군본부 정보국 작전과장으로 근무했다. 1961년 제2군 부사령관에 재직하던 중 5·16군사정변을 주도해서 2년 7개월 동안 군정을 실시했다. 1963년 제5대 대통령에 당선된 후 수출 주도의 고도성장 및 경제개발 5개년 계획 등을 추진해 조국 근대화와 가시적인 경제성장을 이룸으로써 국민의 지지를 받기도 했다. 1930년대 후반 만주국에서 관료를 역임했던 경험 또한 경제성장과 근대화를 추진하는 데 큰 밑거름이 되었다. 1967년 재선된 후 3선 개헌, 국회와 정당 해산, 계엄령, 긴급조치 등을 통해 영구 집권을 꿈꾸었다. 유신 초기에는 '잘살아보세'라는 슬로건을 내걸며 대중의 물질적 욕망을 만들어내고, 한국적 민주주의라는 민족주의적 슬로건으로 유신독재를 정당화했다. 또한 새마을운동 등을 통해 노동자, 농민, 여성, 학생 등 주요 사회세력들을 '조국 근대화' 프로젝트에 효과적으로 동원했다. 그러나 이후 상대적 빈부 격차와 장기집권에 따른 정치적 부작용이 날로 심화됨에 따라 국민의 민주화 요구가 거세졌으며, 결국에는 1979년 10월 중앙정보부장 김재규의 저격으로 사망했다.

朴 正 熙

박정희 대통령 각하.

'각하'라는 호칭 외에 당신을 부를 다른 어떤 호칭도 생각나지 않습니다. 5·16군사정변이 일어났을 때 세 살이었고, 당신이 김재규의 총에 맞아 죽었을 때는 이미 성인이었으니, 나는 당신 이름 세 글자 '박정희'가 고유명사가 아니라 대통령을 뜻하는 일반명사라고 착각하고 살아온 세대입니다. 각하가 곧 당신이고, 당신이 곧 각하였지요.

당신이 몰고 온 조국 근대화의 열풍 속에서 내가 성장했던 1960년대와 1970년대의 당신은 범신론의 신처럼 어디에도 존재하는 인물이었습니다. 비단 정치와 이데올로기, 산업과 경제발전의 영역뿐만 아니라, 한국에서 발매되는 모든 레코드와 카세트테이프에 건전가요의 이름으로 녹음되었거나 텔레비전을 켜면 늘 흘러나오는 국민가요의 작사자이자 작곡가로도 당신은 늘 우리 곁에 존재했습니다. 풍금을 치면서 노래를 만드는 당신의 모습이나 캔버스 앞에 서서 그림을 그리는 당신 사진들은 아직도 뇌리에 뚜렷합니다. 아마도 모든 교과목에 만능이어야 하는 초등학교 교사 교육을 받고, 또 실제 교사로 재직했던 당신이기에 가능한 것이었겠지요.

물론 당신의 그림 실력에 대해서는 알려진 바가 없고, 또 당신이 작곡한 당대의 히트곡 〈나의 조국〉 등이 일본제국의 군가를 표절한 것이라는 이야기들이 슬슬 흘러나오기는 했지요. 싸우면서 일하라고 '산업전사'들을 독려하기 위해 당신이 만든 이 노래를 내 친구 하나는 술집에서 유신독재를 비방하는 가사로 바꾸어 불렀다가 긴급조치 9호 위반으로 감옥에 가기도 했지요.

그래도 김일성 장군의 〈혁명가〉보다는 낫다는 사람도 있어요. 김 장군 작곡이라고 북한에서 널리 선전되고 있는 그 〈혁명가〉도 실제로는 제국 일본의 해군 군가를 그대로 따서 가사만 고친 거잖아요. 당신의 표절을 페티시즘이라고 강변할 수도 있지만, 그대로 베낀 김 장군의 경우는 그런 변명도 불가능하지요. 그런 경우가 많기는 하더군요. 애국가를 〈석별(Auld Lang Syne)〉의 음조에 맞추어 불렀던 경우는 조금 다르지만, 제국의 노래가 식민지의 노래로 둔갑한 경우는 외국의 경우에도 많더라고요. 하긴 뭐 초등학생을 가르쳐야 했던 당신의 음악적 소양이 김 장군보다 나은 게 당연한 측면도 있겠네요. 축하합니다. 우선 음악 부문에서는 당신이 이겼네요.

뭐라고요? 비교하지 말라고요? 일본 군가를 완전히 베껴서 자기 것처럼 선전한 김 장군보다는 부분만 표절한 당신이 더 양심적이지 않느냐고요? 이걸 가지고 자꾸 탈식민주의 시선이 어쩌고저쩌고하면서 식민주의 지배의 연장선이라는 등 트집 잡지 말라고요? 하긴 뭐 군인들이 죽음을 두려워하지 말고 국가를 위해 열심히 싸우게 만드는 게 군가의 존재 이유니까, 창작곡이든 표절이든 개사곡이든 어떠냐고 따지고 들면 뭐 어떡하겠습니까?

그렇게 따지면 사실 '국기에 대한 맹세'도 마찬가지지요. 유신체제가 막 출범할 무렵 도입된 국기에 대한 맹세는 사실 일본 제국주의 시대 '황국신민서사'의 술어체계를 거의 그대로 답습하고 있잖아요. 외국에 나가면 국기를 올리거나 내릴 때 모든 사람이 가던 길을 멈추고, 혹은 하던 일을 멈추고 국기에 대해 예를 갖추는데, 우리나라 국민은 애국심이 너무 없다고 외국에 한 번도 못 나가본 국민을 야단쳤지요. 당신이 말한 그 외국이 혹시 북한은 아니었는지 의심스럽습니다만,

갑자기 모든 학생에게 새로 만든 국기에 대한 맹세를 밤사이에 외워 오라고 했던 기억이 새롭습니다. 그나마 국민교육헌장만큼 길지는 않아서 안도했던 것 같아요.

사실 해방이 되었다고는 하지만, 각하나 김 장군이나 식민지 시기 일본의 국가 숭배 제의나 지도자 숭배, 국체 이데올로기 등 제국적 국민 통합정책을 각각 남북한의 국가적 목적에 맞게 전유한 것은 부정할 수 없잖아요. 단지 의례의 주체가 황국 신민에서 대한민국 국민이나 공화국 인민으로, 또 충성의 대상이 일본 천황과 제국에서 각하와 김 장군, 그리고 대한민국과 조선민주주의인민공화국으로 바뀌었을 뿐이죠. 1930년대 후반 만주국에서 시범적으로 실시했던 주민등록증 제도는 또 어떻고요. 그러니까 사실 만주국과 일본의 육사를 나와 관동군의 장교였기 때문에 당신이 친일파라는 주장은 너무 피상적이지요. 이런 주장의 이면에는 김 장군은 만주에서 항일 빨치산 투쟁을 했기 때문에 반식민적 민족주의자였다는 또 다른 피상적 논리가 작동하고 있는 겁니다.

너무 좋아하지는 마세요. 그렇다고 당신이 친일파가 아니었다거나 당신의 라이벌 김 장군도 친일파였다는 이야기는 아니니까요. 각하나 김 장군이나 모두 국가를 운영하고 국민을 동원해 근대화라는 국가적 사업을 밀고 나가는 방식들은 총력전 체제 당시 일본제국의 흔적을 지울 수 없습니다. 친일이나 반일은 모두 부국강병을 욕망하는 민족주의의 목표를 공유했지만, 어느 길이 부국강병을 위해 더 가까운 길이냐에 대한 생각이 갈린 것이 아닌가 합니다. '소련 제국주의=김일성=매국노'라는 남의 등식과 '미 제국주의=박정희=매국노'라는 북의 등식은 정치적으로는 팽팽하게 대치하고 있지만, 그 밑에 있는 민족주의적 인식체계는 사실상 같은 게 아니었냐는 겁니다. 서로 자신의 정치노선이 혹은 자신이 지향하는 문명적 코드가 민족을 위하는 길이라는 대립인 거지요. 남과 북이 1·21사태나 울진삼척의 무장공비 남파와 같은 노골적인 폭력적 대결에도 금방 7·4남북공동성명을 발표할 수 있었던 것도 이처럼 민족주의적 인식체계를 공유했기 때문에 가능했던 게 아니었나 싶네요.

또 한편으로는 바로 그렇기 때문에 당신과 김 장군은 누가 민족주의의 정통성과 주도권을 가질 것인가를 놓고 더 심하게 경쟁한 게 아닌가요? 솔직히 말해보세요. 항일 빨치산 경력을 가진 김 장군에 비해 일본군 장교의 전력을 가진 당신이 이 경쟁에서 불리하다고 생각한 적은 없나요? 그리고 조국 근대화를 향한 당신의 그 미친 듯한 민족주의적 추진력은 바로 김 장군에 대한 친일 콤플렉스 때문은 아니었나요? 당신 개인적으로는 친일 콤플렉스를 극복하는 그 일이 체제 경쟁의 관점에서는 남이 북을 넘어서는 작업이기도 했지요. 그렇지만 역사는 움직이는 거지요. 식민지 말기 만주의 김 장군이 민족주의적 정통성을 가졌다고 해서 해방 이후에도 당신에 비해 그가 자동적으로 민족주의적 정통성을 담보한다고 믿을 이유는 없지요. 똑같은 강물에 발을 담글 수 없듯이 역사는 끊임없이 흐르는 거니까요.

영국에 본부를 둔 '이달의 독재자(Dictator of the Month)'라는 웹사이트에서 언젠가 우연히 아주 흥미로운 자료를 본 적이 있어요. 각각의 독재자에 대해 50점 만점의 평점을 매기는 점수 표가 있는데, 마침 당신과 김 장군이 민족 대표처럼 등재되어 두 사람의 평점을 비교할 수 있습니다. 궁금하면 한번 들어가 보세요. 먼저 축하부터 드립니다.

지도자의 카리스마와 국제적 인지도 항목에서만 당신이 근소한 차이로 뒤졌을 뿐, 경제발전과 진보라는 측면에서는 압도적인 차이로 당신이 김 장군을 앞섰더군요. 각 항목이 모두 5점 만점인데, 당신은 경제발전에서 4점 대 1.13점으로 앞섰을 뿐 아니라 진보성이라는 측면에서도 3.67점 대 1.25점으로 앞섰더군요. 김 장군은 더 위협적인 경제정책, 억압의 정도, 국내의 희생자 수, 극단주의, 악명 등 주로 부정적인 항목에서 당신을 앞섰을 뿐입니다. 특히 흥미로운 부분은 진보성이라는 측면에서도 당신이 김 장군보다 세 배에 가까운 점수를 얻었다는 겁니다.

사회주의가 진보라는 세계사의 일반적 통설에 비추어보거나 항상 더 민족적인 것이 더 진보적이라는 한반도의 독특한 통설에 비추어보아도 의외의 결과지요. 그래요. 역사는 흐르는 겁니다. 19세기 말 유럽사의 맥락에서 사회주의가 아무리 진보적이었다고 해도, 나는 결코 1980년대 레오니트 브레즈네프의 소련이나 동유럽 국가들, 마오쩌둥의 중국이나 주체사상의 북한이 진보적이라고 생각할 수 없습니다. 그래도 우파 독재가 좌파 독재보다 더 효율적이라고 평가한다면 모를까, 진보적이라고 평가하는 것은 좀 이상하지 않은가 하는 반론이 있을 수도 있습니다. 그러나 북한은 사회주의의 남루한 메타포만 겨우 걸치고 있는 극우 독재에 가깝다는 게 내 생각이에요.

여전히 진보적이라는 수사가 걸리기는 하지만, 그래도 당신의 독재가 김 장군의 독재보다 훨씬 진보적이었다는 평가가 반드시 틀린 것만은 아닙니다. 극히 제한된 엘리트 계층의 겹사돈이 하나의 사회적 현상으로 눈에 띠는 북한에 비하면 유신 시대 남한의 사회적 이동성은 비교할 수 없을 정도로 크고 유연하지요. 남과 북의 상호 역관계를 근본적으로 뒤집어놓은 일인당 국민총생산의 역전을 비롯해 오늘날 남한 경제가 세계 10위권으로 성장할 수 있는 기반을 닦은 경제성장은 더 말할 것도 없겠지요. 하긴 '쌀밥에 고깃국'을 염원하는 북의 경제와 비교한다는 것 자체가 우습지요.

각종 통계가 보여주는 남녀평등에 있어서도 북의 문화적 결이 성차별적이라는 건 부정하기 힘들지요. 남한에서까지 유행한 〈여성은 꽃이라네〉라는 노래도 그렇지만, 북의 텔레비전을 보면 성차별주의를 감추려는 노력조차 하지 않더군요. 남과 북 중에서 어느 사회가 사실상 더 평등한 사회였는지는 잘 따져봐야겠습니다. 사상과 예술 표현의 자유가 침해되었다고 해도 남한의 사상과 예술이 북의 세계적 수준의 서커스보다는 자유롭고 진보적입니다. 공중그네 타기나 곰의 재주 부리기, 현란한 몸짓의 마술이 발전했다고 해서 북의 예술이 발전했다는 생각은 해본 적이 없습니다.

아무리 세계 최고 수준이라고 해도 예술을 통한 정치적 풍자나 사회적 함의가 애초부터 불가능한 서커스보다는, 제한적이나마 검열체제의 그물망을 피해 발전해온 남한의 예술에 나는 더 높은 점수를 주고 싶습니다. 당신이 싫어했던 그 퇴폐적 예술까지 포함해서 말이에요. 실제로 현실사회주의의 뚜렷한 문화적 특징 가운데 하나는 소련과 동유럽, 몽골과 북한을 가리지 않고 너나없이 모두 훌륭한 서커스 전용극장을 건설하는 등 국가가 서커스를 키웠다는 거지요. 사회주의가 무너진 후인 1990년대 중반 내가 살던 크라쿠프 변두리의 동유럽연합 서커스 천막극장은 아직도 짠합니다. 들어가고 싶은 마음이 전혀 안 들 정도로 낡은 그 천막극장에 한 번도 안 들어갔던 게 아직도 마음에 걸립니다.

당신을 정치 무대에 등장시킨 5·16군사정변도 가만히 보면 잘 짜인 체계적인 군사작전이라고 하기에는 엉성하기 짝이 없어요. 오히려 돋보이는 것은 이집트의 가말 나세르와 자유장교단을 연상시키는 '민족적 민주주의'라는 구호와 당신의 인민주의적 태도예요. 이씨 왕가의 후손이라고 떠벌렸던 이승만 씨에 비해 당신은 빈농의 아들이라고 당당하게 선언했지요. 출신성분으로 따지면야 중농 출신인 북의 김 장군보다 당신이 훨씬 더 기본계급 출신이지요. 당신은 5·16이 기호지방의 토착 재벌과 대지주 등 반봉건적인 옛 지배계급을 뒤집어엎고 서민을 위한 민주주의와 근대화를 지향한다고 선언했어요. 한민당으로 대변되는 기존의 지배세력과 분명히 선을 그은 거지요. 또 일상의 차원에서도 5·16은 당시까지 여전히 지배적이었던 반상문화를 완전히 뒤집어엎는 효과가 있었던 것 같아요. 그 점에서 5·16은 나치즘이 혁명적인 만큼이나 혁명적이었지요.

오스트리아의 하사관 출신인 히틀러가 귀족 출신인 독일 정규군의 장군들을 지휘하고 호통 치는 모습에서 카타르시스를 느낀 독일의 대중에게 나치즘은 '사회 혁명'이었습니다. 민주주의 정치제도라고는 하나 구지배계급이 헤게모니를 장악하고 있는 독일에서 '민족동지'라는 이름 아래 모든 아리안 민족의 획일적 평등을 내건 히틀러의 나치즘이 평균적인 독일 대중에게 갖는 호소력은 나치즘이 밑으로부터 지지를 받아 대중독재로 설 수 있도록 만든 자산이었지요.

그래요, 당신에게도 분명 이런 측면이 있었던 것 같아요. 불평등을 전근대적 지배계급의 특권의식 때문이라고 보고, 농민들과 모내기를 마치고 러닝셔츠 바람에 논둑에서 막걸리를 마시는 당신 모습은 이전의 '나라님' 모습과는 분명 다른 것이었지요. 5·16군사정변 이후 이른바 혁명세력이 주도한 농촌의 고리채 탕감운동에 호응하여 적지 않은 명문대생들이 브나로드운동의 러시아 인텔리겐치아처럼 시골로 내려가 고리채를 조사하는 작업에 동참한 것도 그런 사회 혁명의 성격이 없었다면 불가능했을 겁니다.

프랑스 시집을 읽는 가녀린 소녀의 하얀 손이 싫다는 당신의 시에서는 스탈린 시대 사회주의 리얼리즘을 풍미했던 반지성주의의 냄새도 짙게 나더군요. 사람들은 그런 반지성주의를 염려하기보다는 오히려 그 다른 면인 인민주의적 태도를 더 좋아했던 것 같아요. 1960년대 내내 군사독재에 대한 가장 비판적인 잡지로 알려진 장준하 씨의 〈사상계〉가 당초에는 5·16군사정변과 당신을 지지한 것도 놀랍기는 하지만, 당신의 민족적 민주주의라는 구호와 인민주의적 태도가 지닌 호소력이 그만큼 컸던 거지요. 서울대학교 문리대의 민족주의비교연구회가 주동이 되어 김지하 시인이 기초한 민족적 민주주의의 장례식도 사실은 그들이 애초 당신에 대해 가졌던 기대감의 반영이라는 생각을 지울 길이 없어요. 기대가 컸기 때문에 배반감도 그만큼 컸던 거지요. 나중에 이들 '민비연' 멤버들의 상당수는 다시 당신의 부름에 응해 조국 근대화의 기수가 되기도 하는데, 그 역시 이들이 돈과 권력에 몸을 팔았다는 단순 도식으로 설명하면 곤란할 것 같아요. 무엇이 민족을 위한 길인가에 대한 판단은 역사적 조건의 변화에 따라 달라질 수 있는 거지요. 그들의 조국과 민족에 대한 사랑을 의심할 생각은 없습니다. 의심해봤자 무엇이 달라지겠습니까마는.

해방 직후 당신의 남로당 경험이 당신의 우파 독재에 이런 인민주의의 흔적을 남긴 게 아닌가 생각하지만, 이 문제는 아마도 더 파고들 필요가 있겠지요. 이와 관련해서는 5·16군사정변 당시 6관구 참모장으로 육사 5기의 대표적 주동 인물이자 삼분폭리사건 직후 김종필의 뒤를 이어 중앙정보부장을 지낸 김재춘 씨한테 들은 이야기가 있어요. 이 양반이 당신한테 육영수 여사도 소개시켜주고 개인적으로도 가까이 지낸 걸로 알고 있습니다만……. 혹시 한국전쟁 직후 당신이 대구에서 군수사령관을 지낼 때, 김재춘 씨가 모시고 가 밤새 통음했던 임원근 씨를 기억하나요? 왜 박헌영, 김단야와 같이 조선공산당을 만든 화요계 삼총사이자 나중에 북에서 활동한 허정숙의 첫 남편 말이에요. 해방 후에는 조봉암 씨와 노선을 같이하면서 남로당과는 거리를 두었지요. 집안에 떠도는 이야기에 의하면 나중에 조봉암 씨의 사형이 집행되었을 때, 그 시신을 수습해서 나올 정도로 막역한 사이였다고 해요. 그런데 이 양반이 해방 직후 혼란기에 시골에 있는 사촌동생 김재춘을 서울로 불러들여 그의 동갑내기이자 자신과 허정숙 사이에 난 아들 임표를 같이 공부시켰다고 하지요. 왕년의 이 거물 빨갱이와 2대 중앙정보부장 김재춘 씨는 이렇게 얽힌 사이인데, 무슨 마음에서인지 임원근 씨를 모시고 당신을 찾았다는 거지요.

김재춘 씨에 의하면 당신네 둘이 무슨 이야기를 나누었는지는 하나도 기억이 나지 않는데, 옆에서 보니까 그렇게 죽이 잘 맞더라는 거예요. 자기는 술도 잘 못해서 빨리 잤으면 하는데, 둘이는 밤새 술을 주거니 받거니 하면서 그렇게 이야기가 잘 통하더라는 거지요. 그래서 속으로 이 사람들이 둘 다 옛날에 좌익 활동을 한 사람들이라서 그렇게 이야기가 잘 통하는가 생각했다는 이야기를 하시더군요. 당신 둘이 무슨 이야기를 나누었는지 나로서야 더더욱 알 길이 없지요. 하지만 짐작되는 바는 있어요. 한국전쟁이 끝난 직후 군의 고위 장교가 과거의 거물 좌익 활동가와 계급투쟁이나 노동해방 등의 이야기는 안 나누었을 것 같아요. 그런 이야기가 조심스럽기도 했겠지만, 당신들의 주 관심사는 오히려 이 가난한 나라를, 전쟁의 참화로 더 비참해진 이 나라를 어떻게 빨리 부강한 나라로 만들 수 있겠는가…… 그런 것이 아니었을까요?

5·16 직후 시중에 떠돌던 당신의 사회주의에 대한 소문, 나세르식 민족 혁명으로 흐르는 것은 아닌가 하는 미국 정부의 우려, 당신과는 틀림없이 이야기가 통할 것이라 믿고 당신 형의 친구 황태성을 밀사로 내려 보낸 북한 당국의 기대…… 이 모든 것들이 한데 수렴되는 역사적 지점이 있는 것 같아요. 뭐냐고요? '후진국 근대화'론이지요. 당대 사상계의 대표적 지식담론을 빌리면, 근대화, 경제 성장, 기술입국, 국가 발전, 민족 번영이 화두였겠지요. 당대 남북한의 집권 엘리트나 지식인들에게 사회주의냐 자본주의냐, 계획경제나 시장경제냐의 문제는 형식적인 것이 아니었나 싶어요. 이데올로기적 양자택일을 강요하는 국제적 냉전체제의 논리에서 자유롭지 못했지만, 내심으로는 가난한 신생국인 남쪽의 대한민국이나 북쪽의 공화국을 빨리 부강한 나라로 만들 수만 있다면 무엇이든 괜찮다는 실용주의가 있지 않았나요? 당신이 만든 체제를 '시장 스탈린주의'라는 모순된 조합으로 설명하려는 곤혹스러운 시도도 이 점에서 이해가 갑니다.

5·16군사정변 직후 당신이 쓴 《우리 민족의 나아갈 길》이라는 책을 보면 아까 그 프랑스 시를 읽는 소녀 이야기도 나오지만, 당시 남한의 경제상황에 대한 메모가 나오더군요. 내가 놀란 것은 불과 두 페이지도 채 안 되는 분량으로 남한의 대표적인 대기업을 중심으로 남한의 전체 경제 현황을 파악할 수 있다는 거였습니다. 오늘날 기준으

로 보면 구멍가게 수준에 불과한 거였지요. 돌이켜보면 이 구멍가게 경제를 세계 10위권의 경제로 키우는 데는 냉전이라는 국제적 상황이 큰 도움이 되었던 것 같아요. 냉전이 분단과 한국전쟁을 가져온 것도 사실이지만, 자본주의 블록의 체제적 우월성을 입증하는 쇼윈도로서 한국에 대한 미국의 관심이 각별한 것도 부정할 수 없지요.

그러나 더 중요하게는 자본주의 세계 체제에서 반주변부의 역할을 했던 체코나 슬로베니아, 헝가리 등 동유럽의 국가들이 사회주의 블록에 묶여 있는 동안, 수출 중심 정책을 통해 세계경제 체제에 적극적으로 진입한 남한 경제가 그들의 빈자리를 메우면서 도약했던 게 아닌가 싶어요. 축적된 기술이나 인프라, 자본의 경영 방법 등 모든 면에서 한국과는 비교할 수 없을 정도로 발전했던 이 국가들이 제2차 세계대전 이후에도 계속 세계경제 체제에 편입되어 있었다면 남한이 비집고 들어갈 자리는 아마도 바늘구멍만큼이나 작았겠지요.

그러니까 남한은 냉전의 피해자이면서도 동시에 수혜자였던 겁니다. 물론 남한의 경제성장을 냉전이 가져다준 피 묻은 선물로 간단히 차치하려는 생각은 추호도 없습니다. 외부의 객관적 조건들을 전유하는 역사적 행위자들의 주체적 역량을 이야기하지 않으면 안 되겠지요. 내 어렸을 때, 1960년대 말까지만 해도 시골의 지선 열차들을 타면 객차 한가운데에 큰 조개탄 난로를 놓고 유리창을 뚫어 연통을 설치하고 난방을 했었습니다. 그런데 폴란드에서 기차를 타니까, 객차가 칸막이로 나누어져 있고 중앙난방에 뒤로 젖힐 수 있는 좌석이더군요. 유심히 객차의 사양을 보니 대개는 1960년대 후반에 만들어진 기차들이에요. 게다가 1970년대 초에는 '말루카'라 부르는 2기통 오토바이 엔진을 단 피아트 경차가 대거 보급되고, 주 5일제 근무가 도입되었지요. 폴란드 친구들한테 1960년대 후반의 난로를 단 한국 기차를 이야기하면 기절초풍합니다. 이 놀라운 산업의 역전현상을 믿을 수 없다는 거지요. 물론 여기에는 자원 낭비적인 외연적 공업화, 계획경제의 무계획성 등 여러 원인이 있겠지만, 전후 세계경제 체제에서 체코나 헝가리 등이 빠져나간 자리를 남한 경제가 별다른 경쟁 없이 차지할 수 있었던 냉전이라는 환경도 중요하다고 봅니다.

외자 도입과 저축률의 제고를 통해 자본 축적을 도모하고, 필요하다면 사채를 동결하는 8·3긴급금융조치 같은 반시장적 정책을 통해서라도 산업자본을 보호하고, 잇단 경제개발계획을 통해 국가가 거시경제 섹터들을 조율하고, 경제성장에 필요한 기술에 집중적으로 투자해서 과학기술을 고양하고, 강력한 수출 중심 정책을 실시하고, 수입대체 효과를 위해 국산화를 장려하는 등의 적절한 정책들이 낳은 효과들은 발전의 주요한 동력들이었습니다. 그러나 무엇보다도 중요한 요인은 노동자, 농민, 여성, 학생 등 주요 사회세력들을 '조국 근대화' 프로젝트에 효과적으로 동원할 수 있었다는 점입니다. 그것은 '잘살아보세'라며 대중의 물질적 욕망을 만들어내고, 또 그 욕망을 어느 정도 충족시킬 수 있었기 때문이겠지요. 사실상 대중의 자발적 참여와 지지 없이 억지로 동원되어 하는 일에서 높은 생산성을 기대하기 어렵다는 건 나보다 당신이 더 잘 알겠지요. 20세기의 독재체제가 강압적 지배에 더하여 대중의 동의에 입각한 자발적 동원체제와 헤게모니적 지배를 꿈꾸었다는 것은 대중독재 연구를 통해 잘 입증되었어요.

어떻게 보면 체제 경쟁에서 당신이 김 장군을 이길 수 있었던 것은 '잘살아보자'는 남한 대중의 욕망이 주체의 사회주의를 건설하겠다는 북한 대중의 욕망보다 더 크고 더 절실했기 때문인지도 모르겠습니다. 새마을운동이 천리마운동보다 성공적이었던 것도 같은 이치지요. 김 장군의 '영식' 김정일 씨가 당신의 '영애' 박근혜 씨를 만난 자리에서 천리마운동과 마찬가지로 새마을운동도 주민들의 근로 의욕을 부추겨 생산성을 향상시키려는 시도였는데, 새마을운동이 더 성공적이었다고 평가한 것은 아주 흥미롭습니다. 대약진운동의 쓰라린 실패 경험을 안고 있는 공산당 일당독재 자본주의인 중국에서 특히 정책 담당자들이 새마을운동에 대한 관심이 큰 것도 흥미롭습니다.

정치적으로 가장 수동적이라 할 수 있는 농민 대중, 그중에서도 '솥뚜껑 운전사'였던 농촌의 부녀자들까지도 동원할 수 있었던 새마을운동은 20세기의 여느 다른 대중독재 체제와 비교해서도 장점이지요. 태평양전쟁 총력전 당시 여성을 공적 영역으로 초대하는 '여성의 국민화' 계획을 적극적으로 받아들이고 환영한 일본의 전전 페미니스트들에게서 당신은 새마을운동 부녀 지도자들의 반응을 예측한 건가요? 일본의 만주국 지배나 총력전 체제를 나름대로 잘 알고 있었을 테니 충분히 가능한 이야기겠지요.

당신한테 '산업전사'로 호명된 노동자들 또한 부지런한 노동과 희생을 애국적인 행위로 당연히 받아들이고, 조국 근대화의 담론과 자신의 잘살고 싶다는 욕망을 일치시키는 경향이 강했더군요. 1972년부터 1981년까지 한국의 피고용자 1,000명당 노동쟁의로 인한 노동일 손실은 연평균 약 4,000일에 불과하더군요. 같은 시기 필리핀의 5만 6,000일은 물론이고, 싱가포르의 8,000일에 비해서도 압도적으로 낮은 이 수치는 단순히 노동통제 정책만으로 달성될 수는 없는 것이었겠지요.

실제로 당신은 1972년에 제정된 유신헌법에서 사회보장과 복지에 대한 국가의 책임과 의지를 명시하기도 했어요. 충분한 경제적 여력이 없어 시행을 미루기는 했지만……. 노동자들의 인격을 인정한다는 강령 아래 노사관계를 인간관계로 환원시키고, 생계를 보장하는 '생활급 체계'를 정착시켰던 일본의 전시동원 체제에서 나름대로 교훈을 얻었던 건가요? 일본 측 자료를 보니 산업보국회의 사회주의에 가까운 활동에 분노해 도대체 이 총력전 체제가 프롤레타리아 국가를 지향하자는 것이냐고 항의하던 자본가들이 많더군요.

그러나 당신은 주도면밀한 사람이지요. 잘살아보자는 욕망을 부추기고, 그래서 대중의 자발적 동원을 이끌어냈지만, 그들의 욕망을 결코 채워줄 수 없다는 걸 알고 불안했던 것 같아요. 한강의 기적을 만들어냈다고 하지만, 그 물적 역량이라는 것은 사실 미미하기 짝이 없는 것이었지요. 1960년대 말 당신이 때 이르게 마이카 시대를 열겠다며 '퍼블릭 카'라는 걸 만들게 했는데, 많은 문제점 때문에 곧 시장에서 자취를 감춘 그 자동차가 당시 당신이 줄 수 있는 물적 인센티브의 상한선이었다면, 대중의 욕망은 이미 독일의 국민차인 '폴크스바겐'까지 성큼 가 있었던 거지요. 결국 퍼블릭 카와 폴크스바겐 사이의 그 메울 수 없는 간격을 좁히는 작업은 이데올로기한테 맡길 수밖에요. 민족주의적 정통성을 놓고 북한과의 체제 경쟁에 나설 수밖에 없었던 당신에게 선택의 여지는 별로 없었지요. 공산주의를 반민족적 외래사상으로 배제하는 반공주의적 민족주의는 거의 유일한 선택사항이 아니었나요?

국민교육헌장과 국기에 대한 맹세를 도입하여 국민의례에서 국가와 민족에 대한 충성을 유난히 강조하고, 경주의 천마총이나 공주의

무령왕릉 등 고고학적 발굴을 지원하여 민족문화와 민족유산의 위대함을 선전하고, 검인정 교과서인 국사 교과서를 정부가 독점하는 국정 교과서로 바꾸고, 국립 서울대학교에 국사학과를 신설하고, 민족문화를 창달하는 정신문화연구원을 설립하고, 최만리만 애꿎게 매국노처럼 몰리면서 한글 전용이 공식적인 정책으로 추진되고, 개인주의적 서구식 민주주의에 대해 공동체적이라는 한국적 민주주의를 내세우는 등 민족주의는 헤게모니의 고지를 향해 가파르게 올라갔지요.

역사 교육의 목표가 비판정신을 지닌 건강한 시민을 양성하는 데서 민족적 주체성을 함양하는 것으로 바뀌고, 국민윤리가 독립적인 교과목으로 신설되어 학교 교육이 노골적인 국민 만들기의 도구로 전락한 것도 이즈음의 일이었어요. 판소리와 전통악기 연주 등 국악이 새삼 각광을 받고, 탈춤이 권력과의 아슬아슬한 긴장 속에서 민중연희 혹은 민속극으로 정극의 위치를 차지하고, 국사와 국문학뿐 아니라 한국화, 한의학, 민속학 등 학문과 문화의 전 분야에 걸쳐 민족적인 것이 강조되었지요.

유신 시대에 이르러, 전에는 그저 국산품애용운동의 차원에 머물거나 소수의 문화적 엘리트들의 독점물이었던 민족문화가 민중의 일상으로까지 내려오면서 민족주의의 저변이 넓어진 것이지요. 5공 초기 전두환 정권이 민족문화의 창달을 기치로 내세우며 여의도 광장에서 만든 관제 축제 '국풍'은 그러한 흐름의 희화적인 절정이었어요. 통행금지까지 일시적으로 풀고 닷새 동안 판을 벌인 이 장터를 지휘한 허문도 씨는 1970년대부터 민족-민중문화를 주도해온 지식인들까지도 영입하려고 했다지요. 물론 그 정권의 적나라한 폭력성 때문에 이들의 영입에는 실패했지만, 민족문화가 가진 이데올로기적 이중성을 잘 드러내는 것이 아닌가 합니다.

  일본 우파의 《새역사교과서》 못지않게 조악한 국정 국사 교과서만 유일한 텍스트로 삼아 민족의 영광과 발전이라는 목적론적 역사관의 국사를 배우고, '국산'의 경제학을 신성한 경제적 행위라 믿고, 한글 전용의 텍스트로 민족문화의 위대함을 전수받은 이 세대가 바로 1980년대에 대학에 들어와서는 애국청년학생 집단을 구축합니다. 바야흐로 아들이 애비를 죽이는 한국판 '패밀리 로망스'가 벌어지는 거지요. 당신은 꿈에도 예상하지 못했던 일이지요. 민족을 기준으로 모든 것을 판단하도록 배운 이 젊은이들이 대학에 들어와서 당신은 일본 육사를 나와 일본군 장교였고, 김 장군은 만주에서 항일 빨치산 투쟁을 했다는 사실을 알게 됐을 때, 그들이 느껴야 했던 그 충격과 당혹감을 당신은 미처 계산하지 못했던 거예요.

  1970년대 의무교육을 통해 원리주의적 민족주의의 세례를 받은 이들이 주체사상의 추종자가 된 것은 하나도 이상할 게 없습니다. 당신의 유산 아래 이들이 교육받은 민족근본주의는 결코 식민지 시기 당신의 과거를 용서할 수 없는 것이었습니다. 1980년대 주체사상에 경도된 애국청년학생들을 키운 건 8할이 당신의 유산입니다. 더 정확히 말하면, 이 시대착오적인 김 장군의 추종자들은 당신의 사상적 사생아들입니다. 당신은 자식에게 배신당한 아버지일 뿐이고요. 다 당신의 업보지요. 그러나 어쩌겠습니까? 김 장군의 사회주의적 근대화가 역사적으로 실패한 것이 분명해진 지금, 그래서 민족주의적 정통성과 명분을 잃어버리게 되자 이들 애국청년학생들의 일부가 다시 당신에게로 돌아오는 것 또한 당신의 업보인 것을⋯⋯.

불순한 마르크스주의를 위하여

― 로자 룩셈부르크에게 1

로자 룩셈부르크
1870?~1919

폴란드 출신의 사회주의자로 마르크스주의의 역사에서 뚜렷한 족적을 남겼으나 정작 폴란드에서는 유대인이라는 이유로 제대로 평가를 받지 못했다. 폴란드가 현실사회주의 체제였던 시절에도 룩셈부르크의 생가는 박물관이나 기념관도 없이 중소도시의 영세 구둣방으로 영업 중이었으며, 그의 이름을 딴 거리조차 하나 없이 바르샤바 외곽에 '로자 룩셈부르크 전구 공장'만이 달랑 하나 있었다. 태어난 해가 레닌과 동일한 1870년이라는 폴란드 학파와 1871년생이라는 구동독 학파의 생년 논쟁은 평생을 논쟁으로 보낸 룩셈부르크의 운명을 상징하는 것 같아 착잡하다. 고교 시절부터 폴란드 노동운동에 참여했으며, 취리히에서 애인 레오 요기헤스(Leo Jogiches)와 함께 폴란드왕국 사회민주당을 창당해 폴란드의 독립을 지지하는 폴란드 사회당에 대항했다. 민족주의나 민족의 독립이란 부르주아지를 용인하는 것이라 보고 대신 프롤레타리아 국제사회주의를 옹호했는데, 이는 레닌의 민족자결주의 이론과 배치되는 것이었다. 특히 비민주적이고 중앙집권적으로 당 조직을 운영한 레닌과 볼셰비키에 대한 비판의 칼날을 높이 세웠는데, 이와 관련해서 남아 있는 문서들은 1960년대 이후 서구 좌파들이 민주적 사회주의라는 제3의 길을 찾는 데 근거가 되었다.

ROSA LUXEMBURG

로자.

 당신의 애인도 아니고, 그렇다고 가까운 친구도 아니고, 사회주의 운동의 오랜 동료도 아니며, 형제자매나 일가친척은 더더욱 아닌 생면부지의 내가 은근히 다정한 척 이름을 부르는 걸 용서하십시오. 좀 이상하게 들릴지 모르지만, 당신에 대한 존경의 표시라고 접수해주면 고맙겠습니다. 카를 카우츠키(Karl Kautsky)와 에두아르트 베른슈타인(Eduard Bernstein) 같은 독일 사민당 영감들의 고답적 권위주의와 나이 많은 남자들의 후견인인 체하는 태도를 참으로 못견뎌했던 당신을 생각하고는, 정중한 호칭보다는 왠지 이름을 부르는 것이 당신의 뜻에 더 가깝겠다는 생각이 들었습니다. '동무'라고 불러야 하나 잠깐 생각도 했지만, 아무리 원래 뜻이 좋다고는 해도 현실사회주의를 겪으면서 워낙 오염된 탓에 영 망설여지더군요.

 혁명 이후 동료 시민들을 부르는 '동무'라는 호칭이 수직적 위계질서를 뒤집어엎고 수평적 평등관계를 건설하겠다는 상징이라는 데 누구도 이견이 없을 겁니다. 평등한 공화국과 혁명의 이상을 일상생활에까지 확대하려는 노력이었지요. 그래서 혁명 직후에는 창녀들이 동료 시민들을 유혹할 때, '형제애를 나누자'며 동무라고 불렀다지요. 1950년대에 나온 폴란드 중고 책들에서 '아무개 동무에게'라는 저자 사인을 보는 것도 아주 흔한 일이었지요. 그런데 중고 책방에서 그런 저자 사인을 본 폴란드 친구들은 하나같이 킥킥거리더군요. 너무도 낡아서 골동품이 된 그 무엇이 갑자기 당대의 현실로 들어왔을 때 그 시간의 격리감이 주는 공허한 웃음 같은 거지요. 동무를 뜻하는 '타바리시(товарищ)'라는 호칭이 스탈린 시대의 비민주적 유산으로 오히려 경원시되는 이 역사의 역설 앞에서 나는 차라리 사회적 지위나 계급, 신분과 성에 상관없이 모두 이름을 부르고자 했던 68세대들의 예를 따르기로 했습니다. 사회주의의 규칙보다는 부르주아 사회의 실험을 따르는 것이 더 당신의 정신에 맞을까 하는 생각에 잠시 멈칫거렸지만, 그것이 역사의 역설이라면 감내할 수밖에요.

돌이켜보면 내가 폴란드 근현대사에 관심을 갖게 된 데는 당신이 있었고, 폴란드 사회의 한 모퉁이에서 현실사회주의의 잔재와 부딪치고 좌절하고 분노한 것도 당신 때문이며, 마르크스주의의 틈을 비집고 나와 포스트마르크스주의적 시각을 갖게 된 것도 당신 덕분입니다. 1990년대 내내 폴란드 역사와 참 힘들게 씨름했어요. 어쨌거나 당신의 족적을 좇다가 폴란드 연구를 시작했고, 또 현실사회주의의 그 음험한 잔재와 대결하는 과정에서 당신에 대해서도 비판적인 시선을 갖게 됐으니, 이것도 참 아이러니지요. 지금 당신에게 쓰는 이 편지도 바로 그 역설의 산물이 아닌지요? 역사는 항상 그렇게 꼬여 있지요.

2008년 가을이었던가요? 맨체스터의 학술모임에 가는 길이었는데, 부러 바르샤바를 통해 에둘러 가는 비행 편을 택했어요. 오랜만의 방문인 데다 짧은 체류였지만, 잠시 틈을 내 바르샤바 대학 앞의 책방에 들렀는데, 러시아혁명에 대한 당신의 비판이 다시 간행된 것을 보고 깜짝 놀랐지요. 스탈린주의자들에게 쫓겨 서구로 망명한 폴란드 사회당의 이론가이자 베테랑 활동가였던 아담 치우코시(Adam Ciołkosz)가 파리에서 그 논문들을 간행한 게 1960년의 일이니 거의 50년 만에 그 글들이 다시 폴란드어로 빛을 본 거지요. 정작 사회주의 모국에서는 거들떠도 안 보는데, '사회애국주의'라며 당신이 자주 경멸했던,

그것도 부르주아 프랑스로 망명한 폴란드 사회당에서 그 글을 간행한 이 아이러니는 또 어떻게 설명해야 할까요?

레닌과 볼셰비키에 대한 당신의 비판은 농업문제와 민족문제를 비롯해 다양하고 거의 전방위적이지요. 하지만 그중에서도 압권은 민주집중제˙와 중앙집권적 당 조직, 사상과 언론의 자유 등을 통제하는 볼셰비키의 비민주적 정책들이 사회주의를 왜곡하고 있다는 비판이라고 봅니다. 1960년대 이후 서구의 좌파들이 당신에게서 현실사회주의도 아닌, 그렇다고 서구의 사회민주주의도 아닌 민주적 사회주의라는 제3의 길을 찾을 수 있었던 근거가 된 문건들이기도 하고요. 현실사회주의에 비판적이었던 동독의 개혁 좌파들이 "자유는 다르게 생각하는 사람들의 자유이다."라는 당신 글을 인용한 플래카드를 들고 행진하던 기억도 새롭네요. 그러니까 당신은 베를린 장벽의 이쪽이나 저쪽에서 다 골치 아픈 존재였지요.

현실사회주의를 직접 경험하지 못한, 베를린 장벽을 역사책으로만 접한 21세기 폴란드의 신세대들이 당신의 그 글들을 어떻게 읽을지 궁금하기 짝이 없습니다. 현실사회주의가 붕괴된 직후인 1990년대 초

■ **민주집중제**
레닌에 의해서 발전된 공산당의 운영원리로, 그 내용은 다음과 같다. '당의 모든 영도기관은 상향식 선거에 의해 이루어지고, 당의 하부기관은 상부기관에 정기적으로 보고하며, 소수는 다수에 복종하고, 하부조직은 상부조직에 복종해야 한다.' '민주' 집중제라는 표현을 썼지만, 정치적 민주주의가 없던 차르 러시아에서 지하조직 활동을 한 레닌의 경험을 반영한 이러한 당 원칙은 프롤레타리아 민주주의를 질식시켰으며, 당은 결국 상부의 명령을 하부에 전달하는 컨베이어 벨트로 전락했다.

폴란드에서 당신 책을 들고 다니거나 카페에서 읽다가 정신 나간 놈 취급을 받거나 젊은 친구들의 비웃음을 산 게 엊그제 같은데……. 어쨌거나 21세기와 어깨를 나란히 하며 바르샤바 대학 앞 책방에 전시된 당신의 그 책은 이제 당신이 현실정치의 포박에서 벗어나 냉정하게 역사가 되고 있다는 뜻을 전하는 것 같아 반갑기도 하고, 새삼 세월의 흐름을 느끼기도 했습니다.

그 책에 해설을 쓴 펠릭스 티흐(Feliks Tych)와 사스키 공원의 카페에서 반갑게 그 이야기를 나누다 보니, 문득 폴란드를 처음 방문했던 1990년의 그 을씨년스러운 겨울이 생각나더군요. 내가 바르샤바에 막 도착한 그때는 일당독재에서 다당제로, 계획경제에서 시장경제로, 강제된 행복에서 행복하지 않을 자유로 넘어가던 이행기의 온갖 혼란이 레흐 바웬사를 대통령으로 당선시킨 전후의 첫 민주선거와 겹쳐 잔뜩 흥분된 시기였습니다. 지금도 그렇지만, 폴란드 신문을 읽다가 영국이나 독일 신문을 읽으면 너무 단조롭고 지루해서 싫증이 날 정도였지요. 그때 나는 동베를린에서 나온 당신 전집을 읽다가 당신도 깊이 개입한 폴란드 사회주의자들의 민족문제 논쟁에 마음을 빼앗겨서 당시 서울에 막 문을 연 폴란드 대사관의 협조를 구해 막무가내로 바르샤바로 날아간 참이었지요. 그 겨울 바르샤바는 아직 잿빛의 무채색으로만 기억되고 있습니다. 겨울바람을 막기 위해 높은 출입문에 걸린, 색이 너무 바래 회색처럼 보이던 붉은색 두꺼운 벨벳 커튼과 난방용 갈탄 타는 냄새가 구수하게 느껴지던 바르샤바 대학 중앙도서관이 문득 그립네요.

낯선 냄새, 낯선 환경, 낯선 언어와 씨름하며 폴란드 사회주의운동사에 관한 연구목록을 작성하던 나는 영 이상한 느낌을 떨쳐낼 수 없었습니다. 애국주의 노선의 '폴란드 사회당(PPS)'에 대한 풍부한 연구 업적에 비해 당신이 이끈 '폴란드왕국 및 리투아니아 사회민주당(SDKPiL)'에 대한 연구는 너무 빈약했던 거지요. 솔직히 폴란드 출신의 사회주의자로 당신만큼 마르크스주의의 역사에서 큰 족적을 남기고 국제적으로 잘 알려진 사람도 없는데, 정작 당신은 폴란드의 마르크스주의 운동사 서술에서 찬밥 신세라는 느낌을 떨칠 길이 없었습니다. 참 이상했지요.

궁금증은 금방 풀렸습니다. 폴란드 사회당의 사회애국주의 노선과 각을 세우면서 폴란드의 독립에 반대하고 러시아혁명에 전력투구할 것을 강조한 당신의 프롤레타리아 국제주의가 불편했던 거지요. 1930년대 스탈린주의자들이 이미 당신을 '민족허무주의'라고 낙인찍고, 레닌주의와 러시아혁명에 대한 당신의 비판들을 '룩셈부르크주의'라고 이단의 딱지를 붙여놓았기에 당신을 적극적으로 평가하기보다는 비판하는 것이 정치적으로 안전하기도 했겠지요.

물론 동유럽의 현실사회주의 국가들에 대한 소련의 헤게모니적 지배를 정당화하기 위해서는 프롤레타리아 국제주의가 여전히 유효한 메타포였기 때문에 당신을 사회주의의 제단에서 완전히 내칠 수는 없었고, 그래서 그나마 당신이 그들의 제사 밥을 얻어먹은 거지요. 당신의 출생년도를 둘러싼 코미디 같은 논란도 같은 맥락이고요. 당신을 가장 잘 알고 있는 현존하는 역사가로 꼽히는 펠릭스 티흐를 비롯한 폴란드 역사가들이 1870년 3월 5일을 주장하는 반면, 구소련과 동독의 당 역사가들은 1871년을 주장했지요. 아직까지도 이들의 팽팽한 이견은 해소되지 않고 있습니다만……. 당신이야 뭐 "그까짓 1년 차이 아무려면 어때, 한 살 어리면 더 좋지." 하고 반응할지 모르겠지만, 또 사실 그게 큰 문제는 아닐 수도 있겠지만, 레닌이 1870년생이라는 걸 주목하는 순간 당신의 출생년도 문제는 정치적 문제가 되어버리는 거죠.

티호가 내게 들려준 이야기는 이런 거였습니다. 동독의 마르크스-레닌주의 연구소에서는 1960년대 후반부터 레닌 탄생 100주년 기념행사를 성대하게 치른다는 계획으로 준비해왔답니다. 당연히 그랬겠지요. 그런데 또 다른 한편으로는 당신 탄생 100주년 행사도 준비하지 않을 수 없었지요. 운동의 역사적 정통을 주장하는 동독 입장에서는 개량주의적 사회민주주의를 비판하고 혁명적 스파르타쿠스 분파를 만들어 독일 공산당의 실질적 창시자라 할 수 있는 당신의 이미지가 절실하게 필요했던 거지요.

레닌과 당신의 100주년 기념행사를 같이 준비하는 데 처음에는 아무 문제가 없었습니다. 그런데 준비가 진행되면서 동독의 마르크스-레닌주의 연구소는 참으로 곤란한 문제에 부딪치게 된 거지요. 당내 민주주의나 민족문제, 농업문제 등에서 레닌을 신랄하게 비판한 당신을 같이 기념하게 되면, 레닌의 100주년 기념 취지가 훼손될까 걱정이 됐던 거예요. 마르크스나 레닌의 공식 전기는 기독교 성인전의 구성을 따르는 게 정치적으로 옳다고 굳게 믿을 때니, 항상 옳은 성자 레닌에 대한 당신의 비판은 영 불편하기 짝이 없었던 거죠.

이들의 고민을 해결해준 것은 뜻밖에도 당신이었습니다. 취리히 대학에 입학할 때 제출한 신상명세서에 스스로 당신 생일을 1871년 3월 5일이라고 썼더군요. 당신 가족이나 어린 시절 친구들의 증언, 그리고 폴란드의 자료들은 모두 1870년이 당신의 생년임을 분명히 말해주고 있는데, 당신이 스위스에서는 왜 1871년이라고 썼는지 이유를 알 길이 없어요. 글쎄요, 한 살이라도 더 젊게 보이고 싶었나요? 어쨌거나 1871년을 가리키는 자료는 마르크스-레닌주의 연구소에 포진한 동독 이데올로그들의 고민을 단숨에 해결해준 셈이지요. 1년 간격을 두고 당신과 레닌의 100주년을 따로 기념한다면, 레닌에 대한 당신의 비판 때문에 축제 분위기에 찬물을 끼얹지 않고 행사를 성대하게 치를 수 있을 테니까요. 그때부터 1871년 설이 솔솔 새나오기 시작했다는 거지요.

  1960년대 말 동독 마르크스-레닌주의 연구소의 룩셈부르크 100주년 기념 준비 모임에 폴란드 대표로 참석했던 티흐는 이들의 의도를 바로 눈치 챘다고 하더군요. 유대계 연구자인 티흐는 20대 후반에 폴란드 당 역사연구소의 기관지 〈투쟁의 들녘에서(Z Pola Walki)〉의 초대 편집장으로 취임해 이 잡지를 동구권 최고의 사회주의운동사 잡지로 만들었고, 1960년대에 새로 발견된 당신의 초고들과 편지들은 모두 그의 손을 거쳤으며, 피터 네틀(Peter Nettl)이 쓴 당신의 전기를 비롯해 당신에 대한 중요한 연구서들은 최종 원고 단계에서 거의 모두 그의 비평을 거쳤다고 해도 과언이 아닐 정도로 당신에 대한 최고의 전문가지요. 전전에 폴란드왕국 및 리투아니아 사회민주당의 활동가였던 부모를 둔 가족사적 배경도 당신과 가깝지요. 1950년대 초반 폴란드 정보기관의 장을 지낸 장인의 덕인지 일찍이 20대 중반부터 정치의 중심에서 당의 역사정책과 이데올로기 조작을 지켜봤고, 모국어인 폴란드어뿐 아니라 독일어, 러시아어, 프랑스어, 영어를 자유자재로 구사하는 이 탁월한 연구자의 판단을 존중하는 것은 내가 보드카를 좋아해서만은 아닙니다.

구동독의 마르크스-레닌주의 연구소에서 당신의 연구를 주도한 중심인물이자 당신에 대해 여러 연구서와 두터운 전기를 펴낸 아넬리스 라시차(Annelies Laschitza)는 이런 이야기에 펄쩍 뛰지요. 10여 년 전에 베를린의 집으로 찾아가서 긴 인터뷰를 한 적이 있는데, 라시차는 티흐의 해석이 너무 음모론적이라고 하더군요. 학자로서 맹세컨대, 동독의 연구자들이 1871년을 주장한 것은 역사적 자료에 충실한 결과라는 것이지요. 언젠가 사적인 식사 자리에서 티흐와 라시차가 당신의 실종된 편지에 대한 이야기를 나누는 것을 옆에서 지켜본 적이 있는데, 몇 년 몇 월 며칠자로 당신이 아무개에게 보낸 편지를 거론하며 추적한 바에 따르면 틀림없이 모스크바에 있어야 하는데 소련에서 감춘 것 아니냐던 당신에 대한 그들의 박학한 서지 지식에는 그저 입을 다물지 못하고 있었습니다.

　아마도 지하의 당신은 결코 이해하지 못할 겁니다. 제2인터내셔널과 같은 국제운동에서는 거의 아무런 존재감도 없었고, 당신이 '타타르 마르크스주의'라고 우습게 봤던 레닌의 100주년 기념행사 때문에 당신의 100주년 기념행사가 1년 뒤로 밀릴 것이라고는 상상도 못했겠지요. 나는 붉은 오리엔탈리즘의 냄새가 풀풀 나는 '타타르 마르크스주의'라는 그 메타포는 영 마음에 안 들지만, 당신이 레닌이나 러시아의 동지들에게 가졌던 사상적 혹은 문화적 우월감을 잘 드러낸 표현이라고 생각합니다.
　그러니 레닌 때문에 당신의 출생년도가 바뀌어야 했다는 사실을 당신은 결코 용납 못할 겁니다. 그러나 어쩌겠어요. 그 빌미는 당신이 제공해준 것을. 사실 1870년이면 어떻고, 1871년이면 어떻습니까? 그런다고 당신의 사상이나 역사적 족적이 크게 바뀌는 것도 아니고, 또 두 가지 설을 입증해주는 자료들도 다 있으니 이제 어느 주장이 맞느냐 하는 문제는 영원히 역사의 미결사건으로 남을 수밖에 없지요. 아마도 당사자인 레닌이나 당신은 물론이고, 마르크스-레닌주의 연구소의 당신 후배들도 이렇게 생각했겠지요. "출생년도를 1년 늦추거나 당긴다고 해서 역사적 업적이 달라질 것은 아니므로, 자본주의 진영의 파렴치한 공세 앞에서 레닌과 로자 룩셈부르크의 균열을 드러내 사회주의 진영의 사상적 단결을 해치기보다는 사회주의의 진보를 위해서 1871년으로 주장하는 것이 정치적으로 옳지 않겠는가?" 그럼요. 인간 역사 5,000년 발전의 정점인 사회주의 건설을 바로 앞에 두고 쫀쫀하게 1년을 갖고 싸우다니요. 그런데 내가 문제 삼는 건 그 1년이 아니라 사소한 역사적 거짓말 정도는 정당화될 수 있다는 사고방식입니다. 마르크스주의의 역사발전론을 믿는 사람들에게 사회주의 혁명과 건설이라는 문제 외에는 다 사소할 뿐이니, 결국 모든 거짓말이 다 가능하다는 이야기잖아요.

잠깐, 화내지 마세요. 당신은 그런 식의 타협은 안 했다고요? 너무 젊었을 때 일이라 잠깐 까먹은 모양이군요. 당신이 20대 초반에 취리히에서 간행하던 폴란드왕국 사회민주당의 기관지 〈노동자 문제(Sprawa Robotnicza)〉는 기억하시죠? 기개는 넘치지만 여러모로 서툴기 짝이 없는 그 기관지에 폴란드 본국의 노동자들이 보냈다는 독자 투고는 어땠나요? 실은 다 당신이 쓴 거 아닌가요? 1890년대 초 본국의 노동운동과 사실상 단절된 젊은 망명 좌파 지식인 그룹이었을 뿐인 당신들은 항상 폴란드의 소식에 목말라했고, 그래서 폴란드에서 누군가가 왔다 하면 모두 몰려가서 게걸스럽게 최근의 폴란드 정세를 듣고는 했지요. 그런데 흥미로운 것은 본국에서 손님이 왔다 간 다음이면, 폴란드 본국에서 보냈다는 노동자 당원의 가명 투고가 〈노동자 문제〉에 실려 그 모임에서 있었던 이야기를 그대로 반복했다는 거지요. 글쎄, 일의 그 음성적 스타일로 보아서는 당신보다는 레오 요기헤스의 생각이었을 것 같은데, 사랑에 눈이 멀어서든 아니든 당신도 동의한 거지요.

잠깐, 증거가 있냐고요? 물증은 없어요. 심증만 있을 뿐이지요. 하지만 그것은 당신 주변의 누구나 다 알고 있는 공공연한 비밀이었잖아요. 완전히 없는 이야기를 지어낸 것도 아니고, 사회주의의 진보를 위해서 그 정도의 각색은 충분히 용서받을 수 있다고요? 물론이죠. 쫀쫀해서 미안합니다. 그러나 '진보'가 사람 잡는 거지요. 진보의 이름 아래서는 무엇이든 다 용서될 수 있다는 정서와 생각이 결국 현실사회주의를 그 모양 그 꼴로 만든 게 아닌가요? 권력의 온갖 추잡한 거짓말과 진실과 역사의 조작을 진보의 이름 아래 정당화한 그 메커니즘이 문제지요. 정의를 위한 거짓말은 선의의 거짓말보다 한 수 위잖아요.

요새 젊은 친구들 사이에 사진을 각색하는 포토숍 프로그램이 유행이라는데, 사실 그 원조는 스탈린이지요. 나는 스탈린이 포토숍 소프트웨어를 만드는 데 영감을 불러일으켰다고 믿어 의심치 않습니다. 연설하는 레닌의 연단 옆에 서 있는 트로츠키의 모습이 지워졌다든지, 대숙청 당시 제국주의의 스파이로 몰려 처형된 베테랑 당원들의 모습이 편집된 사진이라든지 그런 예들은 너무 많지요. 현실사회주의는 사진조차 믿을 수 없게 만드는 체제였지요. 예컨대 김일성 전집에 나오는 김 장군의 연설은 똑같은 연설이라도 판본마다 내용이 조금씩 달라 연구자들이 애를 먹는다는군요. 그래서 그 연설이 원래 수록된 잡지나 신문을 찾아보지 않을 수 없다고……. 오류를 범할 수 없는 비범한 지도자니, 옳은 노선이 바뀔 때마다 과거의 연설도 바뀌어야 하는 거지요. 그렇게 거짓말을 많이 하는 체제가 그만큼이나 버텼다는 게 나한테는 오히려 수수께끼입니다.

　더 무서운 것은 진보의 이름으로 사소한 거짓말 정도는 정당화하는 사고방식이 당신한테도 부메랑으로 돌아와 당신 전집까지도 당의 검열을 거치면서 생략과 번역의 왜곡에서 벗어날 수 없었다는 거예요. 역사의 복수인 게지요. 현실사회주의가 무너지고 나서야 그동안 금기시되었던 마르크스와 레닌 등의 일부 저작들에 대한 자유로운 접근이 가능해진 이 역설은 어떻게 설명할까요? 21세기에 들어서야 검열로 찢겨진 마르크스-레닌주의 연구소의 불완전한 전집 대신에 일본의 오차노미즈쇼텐에서 온전한 당신 전집이 새로 발간되는 이 역설을 보고 혹 느끼는 게 없나요?

　물론 당신이 현실사회주의의 기득권을 누렸다거나 체제의 옹호자였다고 주장할 생각은 추호도 없습니다. 폴란드 동부의 작은 도시 자모시치에 있는 당신의 생가에 처음 갔을 때 받은 충격은 아직도 생생합니다. 당신 생가는 르네상스 양식의 아담한 시청사와 르네상스식 아치형 창문들이 인상적인 2~3층 건물들이 둘러싸고 있는 이 작은 도시의 광장 한 모퉁이에 있더군요. '작은 파리'라는 별명이 붙었지만 도시라기보다는 마을에 가까운 이 작은 시골 도시는, 이탈리아인들이 보면 코웃음을 치겠지만, 그래도 폴란드에서는 대표적인 르네상스식 번화가이지요. 폴란드의 귀족 얀 자모이스키(Jan Zamoyski)가 자기 영지 내에서 상업을 촉진시키기 위해 아르메니아인들과 유대 상인들을 초청해서 만든 중세 나름의 국제도시였던 자모시치가 당신의 출생지라는 것은 나름대로 의미가 있어요. 지역 특산 햄이 유별나게 맛있던 광장 모퉁이의 작은 호텔, 화려하지도 초라하지도 않은 아르메니아인 구역의 은근한 매력, 위압적으로 높지도 않으면서 광장을 굽어볼 정도의 알맞은 높이로 서 있는 시청사의 종루, 중세 때 포장된 거리, 오가는 이 별로 없는 광장을 가로지르는 마차의 떨그럭거리던 소리 등은 여전히 향수를 자극합니다.

그러나 정작 당신의 생가에 대한 추억은 씁쓸하기만 합니다. 박물관이나 최소한 기념관 정도를 생각했던 나는 버젓이 영업을 하는 구둣방으로 바뀌어버린 당신의 생가 앞에서 경악했습니다. 구둣방 출입구에 걸린 "이곳에서 1870년 3월 5일 로자 룩셈부르크가 태어났다."라는 작은 명판이 없었다면, 그나마 그 구둣방이 당신 생가 자리라는 것도 알아채기 어려웠을 겁니다. 시청 직원이나 호텔 종업원, 동네 주민들도 모두 당신 생가는 금시초문이라는 표정들이어서 전기에 적힌 옛 주소를 갖고 겨우 찾아간 그 구둣방 앞에서 나는 망연자실했지요. 나중에 들으니 그나마 당신의 생가라는 그 명패도 연대노조 운동이 나름대로 힘을 행사하던 1981년에야 만들어졌다는 거예요. 그 전까지는 그저 구둣방으로만 기억되었을 뿐이고요.

돌이켜보니 현실사회주의 시절에도 폴란드에는 폴란드가 낳은 가장 탁월한 마르크스주의자인 당신의 이름을 딴 거리조차 없었습니다. 자본주의 국가 서독에만도 로자 룩셈부르크 거리가 몇 개나 있었는데 말이지요. 당신 이름을 딴 것이라고는 '로자 룩셈부르크 전구 공장'만이 바르샤바 외곽에 달랑 하나 있었을 뿐이지요. 지금은 폐허로 버려진 그 공장 터 건너편에 1944년 바르샤바 봉기 기념관이 우뚝 섰습니다. 여러모로 홀로코스트 기념관을 흉내 내서 나치 독일에 대한 폴란드의 우파 민족주의 봉기를 기념하는 이 기념관은 결국 사회주의에 대한 민족주의의 승리를 상징하는 것 같아 영 마음이 짠했습니다.

생각해보면 당신은 현실사회주의에서도 찬밥이었어요. 스탈린주의 시대에는 레닌주의를 반대한 '룩셈부르크주의'라는 딱지 때문에 고생했지요. 탈스탈린주의 시대에는 잠깐 빛을 보는가 싶더니, 1968년에 당이 주도한 '반시온주의(anti-Zionism)'■■ 운동에 다시 희생되었고요. 반시온주의 운동을 주도한 미에치스와프 모차르(Mieczysław Moczar) 장군과 민족공산주의 노선의 빨치산파가 볼 때 폴란드 독립에 반대한 프롤레타리아 국제주의자이자 유대인인 당신은 혈통적 공산주의에 맞지 않는 사람이었지요. 심지어 모차르의 수하이자 당 군사학교의 역사가이고 군 장성이었던 노르베르트 미흐타(Norbert Michta)는 당신이 폴란드왕국 및 리투아니아 사회민주당의 주류도 아니었을뿐더러 당원도 아니었다고 주장해서 나를 기겁하게 했지요. 그 파격적 주장의 근거는 당신이 당비를 냈다는 증거가 없다는 겁니다.

당신이 직접 지도했고 강령까지 작성한 그 당의 당원이 아니라면, 폴란드왕국 및 리투아니아 사회민주당은 도대체 누구의 당인가요? 정답은 당신이나 요기헤스 같은 유대인들이 아니라 율리안 마르흘레

■■ **반시온주의**
1968년 동구 공산당들이 자신들의 반유대주의(anti-Semitism)를 포장하기 위해 쓴 용어이다. 유대의 민족주의인 시온주의에는 반대하지만, 전쟁 이전의 유럽과 나치의 반유대주의와는 다르다는 뜻으로 사용했다. 그러나 실제 내용은 반유대주의였다.

프스키(Julian Marchlewski)나 체사리나 보이나로프스카(Ceźaryna Wojnarowska) 같은 순수 혈통의 폴란드인들이 주도한 당이었다는 거지요. 이쯤 되면 현실사회주의는 이미 인종주의의 수준으로 타락한 겁니다. 지그문트 바우만(Zygmunt Bauman)이나 아담 샤프(Adam Schaff) 같은 베테랑 마르크스주의자들을 유대인이라는 이유로 쫓아냈던 1968년의 반시온주의 운동이라면 당신도 무사하기 어려웠을 겁니다.

당신은 이처럼 현실사회주의에서도 경원의 대상이었지요. 당신에 대한 폴란드 학계의 연구가 상대적으로 빈곤한 것도 그 때문이었고요. 그 빈곤한 연구조차도 당신에 대한 역사적 재해석이나 사상의 현재적 재조명 등은 거의 없었어요. 새로 발견된 자료나 편지 등을 공간(公刊)하고 당신의 족적을 뒤쫓아 알려지지 않은 사실들을 밝혀내는, 그야말로 서지학적인 연구에 치우친 것도 당신에 대한 연구가 갖는 그 폭발성과 정치적 위험성 때문이지요. 현실사회주의에서 사상사는 가장 발전되지 못한 분야였습니다. 그건 당의 중앙위원회가 결정하는 거지, 한낱 역사가들이 할 수 있는 일이 아니었지요. 결국 당신에 대한 연구는 지하로 숨을 수밖에요.

1980년대 초 연대노조가 불법화되고 계엄 사태가 선포되자, 바르샤바 대학 경제학부의 얀 지에불스키(Jan Dziewulski) 교수가 쓴 당신의 민주사회주의에 대한 논문은 가명으로 지하 출판시장에서 나왔더군요. 자본주의의 필연적 몰락을 예견한 《자본축적론(Die Akkumulation des Kapitals)》 등 당신의 경제사상에 대한 그의 연구서가 당의 검열을 통과해 공식 부문에서 출간된 것과는 참 대조적이지요. 그러다가 현실사회주의가 무너지고 나니까 '붉은 학살자'라는, 당신에게는 정말 안 어울리는 별명과 함께 현실사회주의의 모든 잘못을 당신에게 뒤집어씌우더군요. 당신의 '민주사회주의'는 베를린 장벽의 이쪽저쪽 어디에도 발붙일 데가 없었던 거지요. 그러니 여기에서도 저기에서도 기득권과는 늘 거리가 먼 사람이었지요.

그렇다고 당신이 민주적이었다는 이야기는 아닙니다. 사상적으로는 당내 민주주의를 역설하고 레닌의 블랑키주의적 편향을 비판했지만, 정작 실천에서는 당신도 레닌 못지않은 음모가의 기질을 드러내더군요. 독일 사회민주당 내에서 항상 소수파를 옹호하는 민주주의의 수호자라는 당신의 이미지는 폴란드왕국 및 리투아니아 사회민주당의 당 중앙이었던 당신의 모습과는 얼마나 거리가 먼 것인지요. 당내의 이견을 용납하지 않았던 레닌을 그렇게 신랄하게 비판하면서도, 폴란드의 당내 반대파에 대한 당신의 처신은 무자비하다 못해 치사하기까지 했어요. 당신에게 반기를 든 소수파에 대해서는 '차르 경찰의 첩자'라는 무시무시한 비난을 아끼지 않았지요. 또 1911년 SDKPiL의 바르샤바 지부가 당신을 비롯한 당 중앙에 반란을 일으키자 폴란드 국내의 당신 지지자들에게 뭐라고 지시했는지 기억하나요? 너무 오래된 일이라 기억이 안 난다고요? 경찰 프락치가 당 조직에 침투해서 일으킨 분란이라고 규정하고 당 중앙위원회가 현재 조사 중이라며 아무런 근거도 없이 비난하라고 지시했잖아요. 그뿐만 아니라 이들 바르샤바 지부를 지지한 카를 라데크(Karl Radek)에 대해서는 어떻게 했나요? 당신이 그렇게 싫어했던 사민당 우파인 프리드리히 에베르트(Friedrich Ebert)의 손을 빌리면서까지 라데크를 쫓아내려고 하지 않았나요? 독일 사민당이 폴란드왕국에서 일어난 SDKPiL의 파업에 자금을 지원하려고 하자 영향력을 행사해서 막은 것도 당신이었지요.

레닌이 하면 불륜이고 당신이 하면 로망스인가요? 당신을 비난하자는 이야기가 아닙니다. 당신을 사회주의의 제단에 목숨을 바친 숭고한 성인으로만 그리는 많은 전기들이 불편해서 그렇습니다. 이런 식의 사회주의 성인전들이야말로 거짓말과 미화를 통해 당신을 두 번 죽인다는 생각 때문에 그렇습니다. 그것들이 조금 더 세련됐다고는 하지만, 결국 향리의 엄마 무덤 옆에 눕고 싶다던 레닌을 미라로 박제해서 유리관에 전시하는 따위의 집단심성과 맞닿아 있다는 생각 때문입니다. 당내 반대파를 혹독하게 대하고 이견을 용납하지 않았다고 해서, 그래서 당신이 결코 관용적인 사람이 아니었다고 해서, 볼셰비즘의 비민주적 조직원칙과 차이에 대한 레닌의 불관용을 비판한 당신의 사상적 유산이 퇴색하는 것은 아니라고 믿습니다. 당신뿐만 아니라 많은 선구자들에게서 나타나는 이념과 삶의 괴리를 어떻게 해석할 것인가는 또 다른 문제일 뿐이지요. 아직도 당신과 나누고 싶은 이야기가 많은데, 벌써 편지가 너무 길어졌습니다. 아무래도 내일 다시 써야겠습니다.

도브라 노치(Dobra Noc)!

일상과 도그마의 사이에서

— 로자 룩셈부르크에게 2

로자 룩셈부르크
1870?~1919

'**마**르크스 이래 최고의 두뇌', '피에 굶주린 로자', '혁명의 날카로운 검이요, 살아 있는 불꽃' 등 공적인 평가와 달리 본인은 '인간으로 남고 싶'어 했다. 작은 키에 매부리코, 불완전한 걸음걸이를 했으며, 고급 취향을 지니고 있어 항상 돈에 쪼들려 했다. 파트너인 레오 요기헤스와 헤어진 후 친구의 아들 콘스탄틴 제트킨과 연애를 하기도 했는데, 공적 이념의 프롤레타리아적 전투성과 사생활의 부르주아적 취향의 괴리가 커서 좌파적 도덕주의자의 입장에는 비판의 대상이기도 하다. 교조적 마르크스주의자들을 경멸했으나 그 자신 또한 본질주의적 사유방식에서 자유롭지 못해, 일상의 작은 욕망을 위해 혁명적 대의를 유보한 노동자를 부르주아의 하수인 또는 혁명의 배반자로 간주했다. 또한 노동해방이라는 대의명분 아래에서는 농민, 여성, 소수민족의 억압을 이야기하는 것이 투쟁의 초점을 흐리는 행위라고 비난했으며, 이 때문에 중심부/백인/남성 프롤레타리아트의 헤게모니를 추인했다는 비판에서 자유롭지 못하다. 레닌을 비판하고 노동자들의 창발성을 강조한 룩셈부르크의 장점을 강조해서 룩셈부르크주의를 재구성할 것인가, 아니면 역사화에 치중해서 그 한계를 더 끝까지 드러낼 것인가의 문제는 아직도 논란거리이다.

ROSA LUXEMBURG

로자.

잘 잤나요? 설마 오늘도 아침부터 보드카를 마신 건 아니겠지요. 교토에서 당신께 편지를 쓰다 보니, 일본의 작가이자 공산주의자였던 미야모토 유리코(宮本百合子)가 베를린에서 당신을 방문했던 일이 문득 생각났습니다. 아침에 집으로 찾아갔는데, 이미 보드카 냄새가 살짝 풍기더라며 약간 놀란 투로 썼더군요. 역시 범상한 사람 같지는 않다며……. 아침부터 술을 마신다고 비범한 사람이라면 나도 위인이 될 자격은 있습니다. 아마 폴란드 전 국민의 위인화가 가능하지 않을까요? 아직도 보드카 병을 식탁 위에 줄줄이 세워놓고 아침식사에 초대하는 게 예의라고 생각하는 폴란드의 분위기라면 그리 놀랄 일도 아니지요.

언젠가 피오트르코바라는 작은 도시의 사범대학에서 주최한 학회에 갔을 때, 새벽 일찍 크라쿠프를 떠나 9시 시간을 맞추어 도착하니 총장실 옆의 부속실로 안내하더군요. 폴란드 보드카, 그루지야 브랜디와 함께 한 상 떡 차려놓고 멀리서 오느라 아침도 못 먹었을 테니 우선 먹고 시작하자고 해서 얼큰한 상태로 세미나를 한 적도 있지요. 폴란드 사회당에 대한 세미나 내용은 전혀 기억이 안 나는데, 러시아 외상 세르게이 비테(Sergei Witte)의 외교정책을 전공한다던 부총장님 모습은 아직도 또렷합니다.

글쎄, 당신네 SDKPiL 당 대회나 중앙위원회 회의에서는 아침부터 마셨다는 기록은 못 봤는데, 너무 당연해서 안 쓴 건가요, 아니면 진짜 안 마신 건가요? 그러고 보면 당신 펜이 아무리 날카롭고, 또 당신

연설이 아무리 논리적으로 빛났다고 해도, 19세기 내내 폴란드를 풍미했던 그 도저한 낭만주의의 정서로부터 당신도 결코 자유롭지는 못했던 것 같아요. 죽음을 예감하면서도 살해의 위험이 시시각각 닥쳐오는 베를린을 떠나지 않고 결국 비극적인 최후를 맞은 당신의 마지막 결단 또한 합리적이라기보다는 극히 낭만적이잖아요. 죽기 직전 당신이 남긴 "나는 과거에도 있었고, 지금도 있고, 앞으로도 있을 것이다."라는 선언은 언제 읽어도 늘 감동적이지요. 그렇지만 또 생의 결정적인 순간에 당신을 지배한 것은 냉정하고 합리적인 판단이라기보다는 뜨겁고 낭만적인 열정이 아니었는가 하는 생각을 지울 길이 없어요. 글쎄, 나도 계몽사상의 세례를 못 받은 사람이라서 그런지, 당신의 이런 점이 내게는 더 매력적이에요.

150센티미터를 겨우 넘는 작은 키에 매부리코가 만들어내는 날카로운 얼굴 윤곽, 풍부한 감정을 담고 검게 빛나는 눈, 오른쪽 끝이 살짝 위로 치켜 올라가 냉소를 띤 입술 등 사진에서 드러나는 당신의 강한 개성은 스탈린주의자들처럼 포토숍의 결과는 아니겠지요. 어떤 독특한 매력이 있어요. 스무 살을 갓 넘긴 당신이 레오 요기헤스에게 쓴 연애편지들—밤늦은 시간, 바람이 남긴 작은 소리에도 요기헤스가 낡은 계단을 올라오는 삐걱거리는 소리인가 해서 문을 열고 나가보는 당신의 애틋한 마음 등을 담은 그 편지들을 읽노라면, 우리가 갖고 있는 당신 이미지는 얼마나 일방적인 것인지요.

사실 당신에 대한 공식적인 평가, 예컨대 '마르크스 이래 최고의 두뇌'라는 프란츠 메링(Franz Mehring)의 찬사나 우파들이 만든 '피에 굶주린 로자'라는 악마적 이미지는 당신을 아는 데 아무런 도움이 안 됩니다. '혁명의 날카로운 검이요, 살아 있는 불꽃'이었다는 클라라 체트킨(Clara Zetkin)의 조사조차도 메타포를 빼고 나면 별로 남는 게 없지요. '인간으로 남고 싶다'는 당신의 절절한 소망은 동지들한테도 무시되어 인간 로자는 사라지고 결국 정치적 이미지만 우리에게 전해지는 거지요. 좌우를 막론하고 이들은 이데올로기적 고정관념 속에 당신의 삶을 구겨 넣었던 공범자들이에요. 그러니 사적인 편지에서 잘 드러나는 당신의 풍부한 감성과 복잡한 내면이 이 사람들에게는 당혹스럽기 짝이 없었을 겁니다.

감방 화장실 창가에서 죽어가는 공작나비를 살리고는 어린애처럼 기뻐하고, 몸이 뒤집혀 개미떼에게 생살을 뜯어 먹히며 발버둥치는 쇠똥구리에 대한 연민을 감추지 못하는 당신 앞에서 보수파가 만든 악마적 이미지는 여지없이 무너져 버립니다. 온갖 신산을 다 겪었으면서도 자신의 감방을 찾는 굴뚝새와 개똥지빠귀에게 줄 해바라기 씨앗을 넣어주도록 부탁하는 당신은 그저 중년의 소녀일 뿐이지요. '자정이 가까운 시간 길거리에서 개구리 합창대회'를 열고, 첫사랑 요기헤스의 아이를 갖고 싶다는 간절한 모성 본능으로 괴로워하고, 아기의 울음소리만으로도 아기 엉덩이의 부드러움을 상상할 수 있는 당신이 붉은 악마라고요?

듣자 하니 당신이 처참하게 살해된 후 감옥에서 보낸 그 편지들이 공개되자, 당신을 그토록 싫어했던 보수적인 독일 대중조차 공범자라는 자책감에 시달렸다더군요. 삶에 대한 당신의 진정성이 어느 정도까지는 이념의 벽을 넘어 통했던 모양입니다. 당신이 일상에서 잃지 않았던 이런 소녀적 감성이야말로 당신 내면에서 목적이 수단을 정당화하는 현실사회주의적 타락을 막았던 게 아닌가요? 인민의 행복과 해방을 위해서라면 거침없이 그 인민들을 고통으로 몰고 가고, 심지어는 죽일 수도 있었던 도구적 합리주의 혁명가들과 당신의 이 차이는 하늘과 땅 차이지요.

불굴의 의지로 혁명의 외길을 걸은 외로운 혁명투사라는 당신의 이미지도 삶의 진솔함 앞에서 흔들리기는 마찬가지예요. 당신의 표현을 그대로 빌리면, '프랑스 귀족문화의 진수와 쇠락의 미가 살짝 더해져 고도의 세련미로 형상화된 그림'을 좋아하고 '모든 종류의 호사스러움 편'이라던 당신의 개인적 취향은 속류 마르크스주의가 만들어낸 프롤레트쿨트(Proletcult) 이론*과는 상극이지요. 괴테, 실러, 아나톨 프랑스, 로맹 롤랑, 모차르트, 베토벤, 티치아노, 렘브란트 등을 즐긴 당신의 예술 취향이 카프카스 산맥의 사이비 의적 스탈린이나 양산박을 흉내 낸 징강산의 산적 마오쩌둥의 예술관과 일치한다면, 오히려 그게 이상한 거 아니겠어요?

언젠가 동독을 대표하는 마르크스주의 역사가이자 노동사가였던

■ **프롤레트쿨트 이론**
알렉산드르 보그다노프(Aleksandr Bogdanov)의 이론적 지도 아래 1917년에 만들어진 노동자 문화운동 조직으로, 100만 명에 가까운 회원 가운데 약 44퍼센트는 노동자였다. 부르주아 문화유산과 관계를 끊고 순수한 프롤레타리아 문화를 만들어낼 것을 목적으로 한 조직으로, 부르주아 문화에 물들어 있는 지식인들을 배제하고 프롤레타리아트의 대중 문화조직을 통해 사회주의 문화를 창조하고자 했다. 1932년에 당의 명령에 의해 해산되었다. 문화의 계급성과 정치성을 강조한 이 운동은 결국 역사적으로 축적된 기존의 문화적 업적을 변증법적으로 '지양'하는 것이 아니라 파괴적으로 '부정'하고, 밑으로부터의 문화적 독창성을 상부의 명령에 종속시킴으로써 문화의 황폐화를 가져왔다.

위르겐 쿠친스키(Jürgen Kuczynski)의 회고록을 아주 재미있게 읽은 적이 있어요. 그의 박람강기(博覽强記)와 학문적 능력, 초인적인 에너지도 놀랍지만, 솔직히 말하면 가장 인상적인 대목은 입이 벌어질 정도로 화려한 그의 식도락이었습니다. 동독이라는 맥락 속에서 당조차 마음대로 할 수 없는 마르크스주의 대역사가였기에 가능한 것이었겠지만, 마르크스주의자가 이래도 되나 하는 생각은 좀체 지울 수 없었습니다. 그가 자신의 전속 운전기사와 식사를 같이 했는지는 모르겠습니다.

하긴 1990년대 초만 해도 바르샤바의 암바사도르라는 고급 식당에서 '주파 프로페소르스카(교수의 수프)'라는, 당시 바르샤바 대학 역사학부 학장인 당 역사가 예르지 갈리츠키(Jerzy Garlicki)의 조리법으로 만든 수프를 팔았던 기억이 납니다. 폴란드의 사회애국주의와 유제프 피우수드스키(Józef Piłsudski)를 연구할 수 있도록 당에서 공식적으로 허가받은 거의 유일한 역사가였던 그는 담배도 항상 프랑스 담배 '지탄'만 피웠지요. 그의 수프는 별로 기억에 안 남지만, 그가 권해준 지탄은 진짜 구수했어요. 이들 마르크스주의 역사가들에 비하면, 차라리 이곳 교토 대학 구내식당에서 팔던 오이케 가즈오(尾池和夫) 전 총장의 조리법으로 만든 '총장 카레'가 훨씬 서민적이지요.

내가 당신의 고급 취향을 이야기하는 것은 폴 존슨(Paul Johnson)이 그랬던 것처럼 마르크스가 자신의 사생아를 버렸다든지 혹은 베르톨트 브레히트가 파리에 가면 항상 리츠 칼튼 호텔만 이용하고 최고급 샴페인만 마셨다고 해서 사상의 진정성을 흔들자는 취지는 아닙니다. 사회주의자 혹은 마르크스주의자라는 것이 이미 기득권이 된 사회에서 놀던 그들과 당신을 비교하고 싶지는 않습니다. 오히려 그 반대입니다. 스탈린을 비롯한 현실사회주의의 지도자들이 취했던 인민주의적 행세가 사회주의 문화를 황폐화시켰다는 말을 하고 싶은 거지요.

사실 지식인에 관한 한 나는 카를 만하임(Karl Mannheim)의 정의를 따르는 편입니다. 지식인의 계급성은 그의 물적 토대가 아니라 어느 편에 서겠다고 결심하는 의지에 달려 있다는 주장 말이지요. 당신이 알면 기가 막힐 겁니다. 1950년대 초 한국전쟁 직후 파블로 피카소가 그린 〈한국전쟁의 학살〉이라는 그림이 동유럽의 현실사회주의 국가들을 순회하던 때 폴란드에서 일어난 일입니다. 전시회에 맞추어 바르샤바에 온 피카소는 공산주의자답게 호텔이 아니라 평범한 노동자의 집에서 묵게 해달라고 했고, 그래서 당은 그에게 한 노동자의 아파트를 소개해주었지요. 피카소는 런던에서 자신을 재워준 마르크스주의자인 과학사가 존 버날(John D. Bernal)의 블룸즈버리 아파트에서 그랬던 것처럼, 자신을 재워주고 먹여준 주인장에 대한 감사의 뜻으로 아파트 벽에 일필휘지로 벽화를 그려주었지요. 그 벽화가 소문이 나면서 구경하자는 사람들이 줄서서 찾아오자, 이 노동자 부부는 그놈의 그림 때문에 삶이 너무 번잡해졌다고 생각했던 모양입니다. 그래서 어느 날 이 노동자 부부는 작심하고 피카소의 벽화 위에 페인트칠을 해버렸습니다. 그 이야기를 내게 들려준 주한 폴란드 대사 예제이 크라코브스키(Jedrzej Krakowski)는 당에서 조금만 신경을 썼어도 그런 일은 안 일어났을 거라며 분을 삭이지 못했습니다.

물론 당신이었다면 그런 일은 없었겠지요. 일상의 의식주를 해결하는 데서도 당신의 취향은 분명히 그들과 달랐으니까요. 옷은 단순하면서도 고급을 선호했어요. 어릴 적 앓은 골수 결핵의 후유증인 고관절 이상 때문에 평생 불완전했던 걸음걸이를 숨기고 싶었나요? 훗날 절친한 친구 루이제 카우츠키의 다리가 부러졌을 때, "절룩거리는 걸로 나랑 경쟁할 생각은 하지 말라."고 농담을 던진 걸 보면 반드시 그걸 숨기려고 했던 건 아닌 것 같아요. 그러면 여자이기 때문에? 이렇게 젠더화된 질문만으로도 당신은 아마 기분 나빠할 겁니다. 그것도 물론 아니겠지요.

언젠가 박노해 시인이 그런 고백을 하더군요. 사노맹 사건으로 도망 다닐 때였는데, 검문을 피하기 위해 고급 옷을 사 입고 다니다 보니 자기도 모르게 고급 옷에 대한 욕망이 생기더라고요. 그래서 인간의 욕망에 대해 다시 생각하게 됐다는 거지요. 그러나 개인의 욕망에 그치는 문제는 아닌 것 같아요. 당신 문자로 '호사스러운 취향'에 대한 부정, 사회주의 이전 인간 역사의 문화적 성취에 대한 부정은 야만적 반지성주의, 반문화주의의 위험성을 내포하고 있어요. 문화의 계급성을 근거로 정당화되는 이런 반지성주의는 러시아혁명 직후 러시아정교회를 비롯한 역사적 건축물의 파괴나 중국의 공자 사당 파괴와 같은 야만적 행위를 낳았지요. 물론 저는 헤리티지 운동이나 문화유산 보호 운동처럼 문화를 삶에서 분리하여 고정된 실체로 본질화시키는 방식에도 반대합니다만…….

어쨌거나 개개인의 세속적 욕망을 부정하고 프롤레타리아트의 계급적 순수성과 혁명성을 강조하는 논리가 폭력적일 수 있다는 깨달음은 중요합니다. 내가 너무 나가는 걸까요? 솔직히 고백하면, 언젠가 독일 사민당의 연말 파티에 기모노를 입고 참석한 당신 사진을 보고 충격을 받은 적이 있어요. 5공의 엄혹한 정치상황을 견뎌야 했던 20대 언저리의 대학원생 시절이었지요. 끝이 안 보이는 어둠의 긴 터널에서 운동이라면 당연히 지하의 비합법적 어둠을 연상했던, 꿈조차 억눌린 좌파 대학원생인 내게 화사하게 기모노를 입고 웃는 당신 모습은 너무 초현실적이었지요. 합법과 비합법 운동은 이렇게나 다른 거구나 했지만, 끝내 수긍하기는 힘들었어요.

그런데 나중에 알고 보니 기모노는 오히려 약과였더군요. 쿠친스키의 식도락에야 비할 바가 안 되지만, 귀한 손님을 초대하면 당신은 꼭 캐비아와 샴페인을 대접해야 했고, 방을 얻을 때도 프롤레타리아 구역은 되도록 피했지요. 가구와 그림, 그릇 등 일상의 소품들도 항상 당신의 엄격한 취향을 통과해야 했어요. 그렇다고 당신에게 경제적 여유가 있었던 것은 아닌 것 같아요. 광장을 향해 난 큰 창을 가리기 위해 산 녹색 커튼이나 단아한 가구들, 그리고 당신의 눈높이에 맞는 옷을 사려니 당신은 항상 돈에 쪼들렸지요. 요기헤스에게 보내는 편지에서 급전을 구해달라는 이야기가 너무 자주 나오는 걸 보고, 젊어 한때는 의아하게 생각한 적도 있어요. 당장 먹고사는 생존의 문제도 아닌데, 당신처럼 자존심 강한 여자가 돈 때문에 그렇게 조바심을 치다니요.

언젠가 대학원 수업에서 당신에 대한 세미나를 한 적이 있는데, 사생활의 영역에 들어가니까 우리 대학원생들이 굉장히 당혹스러워하더군요. 당신 이념의 그 프롤레타리아적 전투성과 부르주아적 취향 사이의 거리가 도저히 이해가 안 된다며 이 모순을 어떻게 이해해야 하느냐고 묻더군요. 난들 알겠습니까마는, 사상이라는 추상의 성층권에서 놀지 말고 일상의 밑바닥으로 내려와서 볼 때 인간이든 사회든 역사든 보이는 게 아니겠느냐 하는 정도로 넘어갔지요.

그런데 내 학생들이 느낀 그 당혹감이 나는 더 당혹스러웠어요. 사람 사는 게 삐뚤빼뚤하고 우리네 삶의 흔적이라는 게 꾸불텅꾸불텅하기 마련인데, 왜 그걸 이상하게 느끼느냐는 거였지요. 이 친구들이 도덕성을 넘어서 혹시 도덕주의로 인간이나 역사를 재단하는 것이 아닌가 하는 생각이 문득 든 거예요. 그 둘이 반드시 구분될 수 있는지는 모르겠지만, 도덕성과 도덕주의는 다른 거 아닐까요? 이들의 좌파적 도덕주의에서는 사람은 반드시 올곧아야 하고 일관되어야 한다는 사이비 성리학의 명분론적인 사고방식이 어렴풋이 느껴졌어요. 한국 마르크스주의의 큰 특징인 최대주의 같은 것도 이처럼 마르크스주의를 성리학적 명분론처럼, 혹은 도덕주의적으로 해석했기 때문이 아닐까 하는 데까지 생각이 미쳤습니다.

비단 한국 마르크스주의만의 문제는 아니겠지요. 전후 폴란드 망명 지식인의 대부 예르지 기에드로이츠(Jerzy Giedroyc)가 '비겁함'을 인간의 가장 고귀한 미덕으로 꼽은 것도 당신은 아마 이해하겠지요. 일찍이 제2차 세계대전 이전부터 정치의 윤리성을 굳게 믿고, 나치의 침공 이후에는 루마니아와 이스탄불, 팔레스타인과 로마를 거쳐 파리까지 흘러왔다가, 냉전이 시작되자 파리에 거처를 틀고 폴란드 민주주의의 회복을 위해 비타협적 자세를 견지했던 이 강골의 지식인이 비겁함을 옹호하다니요.

사실 '비겁하게' 일상을 살아간다는 것은 매일매일, 그리고 매순간의 결단과 용기를 요구합니다. 실은 그만큼 피곤한 일이기도 하지요. 바르샤바를 방문한 츠베탕 토도로프(Tzvetan Todorov)가 바르샤바 봉기의 흔적들을 더듬으면서 남긴 영웅주의에 대한 에세이는 멜랑콜리하면서도 섬뜩할 정도로 매섭지요. 이상을 위해 죽음으로써 이상이 삶 그 자체보다 훨씬 더 가치 있는 일임을 입증하고자 했던 이 바르샤바의 영웅들에게는 죽음이 삶보다 더 큰 가치를 지닙니다. 그런데 토도로프가 보기에 이 폴란드의 영웅들이 자신의 목숨을 던져 구하고자 했던 것은 사실상 바르샤바의 시민들이 아니라 바르샤바라는 이념이었으며, 구체적인 폴란드인들이 아니라 폴란드라는 추상이었다는 겁니다.

이렇게 해서 '폴란드인을 위한 폴란드'가 '폴란드를 위한 폴란드인'으로 가치가 전도되는 겁니다. 그건 우파 민족주의자들한테만 해당된다고요? 천만에요. '프롤레타리아트를 위한 사회주의'에서 '사회주의를 위한 프롤레타리아트'로의 전도 현상은 사회주의운동사에서도 무척이나 자주 발견되는 현상이지요. 사회주의가 됐든 폴란드가 됐든, 그 추상이 구체적인 사람들의 삶 그 자체보다 더 중요한 가치가 되는 이 물신화된 영웅주의 앞에서 삶은 추상적 가치와 이념에 봉사하는 소모품이 되어버립니다.

"겁쟁이가 되느니 죽는 편이 낫다."며 폴란드인들을 독려한 저항군의 작전처장 레오폴트 오쿨리츠키(Leopold Okulicki) 대령을 한번 볼까요? 빗발치는 총탄과 포화 속에서 달랑 수류탄 하나 들고 몸을 꼿꼿이 세우고 독일군의 기관총 진지로 돌격했던 그는 진정 바르샤바 봉기의 영웅이지요. 무모한 봉기를 연기해야 한다는 합리적 주장에 대해 그는 그까짓 사람 목숨 좀 구하고 집 몇 채 구하기 위해 봉기를 연기하는 것은 있을 수 없다고 강변해요. 지금 당장 싸우지 않으면 폴란드의 명예는 떨어질 것이고, 이 영웅에게 폴란드의 불명예는 죽음보다 참을 수 없는 것이었겠지요. 영웅은 죽기 위해 삽니다. 죽음이 삶보다 더 큰 가치를 지니지요. 옆에 있었던 한 비판자는 이렇게 증언하더군요. 영웅적 죽음을 강변했던 이들은 삶의 어려움과 직면할 용기를 갖고 있지 못했다고요. 영웅적 비겁함과 일상의 용기가 잘 대비되는 대목입니다.

아, 이야기가 너무 멀리 나갔네요. 용서하십시오. 도덕주의의 이중성에 대한 이야기를 하다 보니, 몇 년 전 이탈리아 작가가 청소년을 위해 쓴 당신 전기의 한국어 번역판에 얽힌 기억이 떠오르네요. 출판사에서 부탁한 발문을 쓰기 위해 번역 원고를 읽다 보니 당신의 사생활, 특히 연애 이야기 하나가 통째로 빠져 있더군요. 한두 문장이나 단락이 아니라 아예 연애 이야기의 일부가 통째로 생략되었으니 출판사의 단순한 실수라고 보기는 힘들었지요. 의도적이라는 혐의를 지울 수 없더군요.

그도 그럴 것이, 빠진 부분은 친구 아들인 콘스탄틴과 당신의 연애 이야기였습니다. 자신의 절친한 친구가 새파란 자기 아들과 연애한다는 사실을 안 클라라 체트킨이 불같이 화를 내고, 그래서 당신과의 사이도 불편했잖아요. 한참 연하의 남성과 사랑에 빠지면서 나중에는 클라라도 당신을 이해하게 됐다지만, 그래도 좀 남세스러운 사랑이잖아요. 사람의 속내는 끝까지 알 수 없는 법이고, 또 연인 사이의 내밀한 문제이니, 내가 이해할 수 없는 부분이 많겠지요. 1906년 요기헤스와 헤어지자마자 아들 같은 콘스탄틴을 사랑의 대상으로 삼은 것은 늘 종속적이었던 요기헤스와의 관계에 대한 반동이 아니었나 싶기는 해요. 훗날 콘스탄틴이 성장해서 자기 또래의 젊은 여인과 사랑에 빠지면서 당신은 다시 상처를 받았지만, 그 후에도 선생처럼 가르치고 엄마처럼 걱정했지요. 조금 별난 연애이기는 하지만, 있을 수 있는 일이지요. 당신처럼 자유분방한 혁신적인 인물들에게는 그다지 유별난 연애도 아니었는지 모르겠어요.

전화인지 메일인지는 기억이 가물가물하지만, 나는 출판사 측에 콘스탄틴과의 연애는 당신의 인간적 면모를 보여주는 중요한 에피소드인데 의도적으로 삭제해서는 곤란하다는 의견을 전했습니다. 출판사에서 곧 답장이 왔는데, 친구 아들인 콘스탄틴과의 연애 이야기는 자라나는 청소년들에게 교육적으로 좋지 않은 영향을 주리라 판단되어 의도적으로 뺐다는 겁니다. 화를 내기도 하고 설득도 하고 사정도 했지만, 내 책도 아니니 결국 내가 졌습니다. 자, 그럼 당신의 조금 별난 연애 이야기가 이탈리아의 청소년들에게는 괜찮은데 남한의 청소년들에게만은 안 되는 건가요? 이탈리아 아이들은 타락했고, 한국 아이들은 순결해서 그런 건가요? 아니 그럼, '청소년 독서 불가' 판정의 연애를 한 당신은 도대체 뭐가 되는 겁니까? 그래서 인간은 아름답다고만 배운 한국의 청소년들은 유난히 더 아름답고 도덕적인가요?

나는 사람 사는 게 반드시 아름답고 올바르고 순수하지만은 않다는 사실을 청소년들도 알아야 한다고 생각해요. 인간과 사회, 그리고 역사에 대한 이해는 개개인의 삶에 나타나는 이런 모순과 양면성을 회피하지 않고 용기 있게 마주보는 데서부터 출발하는 거지요. 역사의 진보와 보편적 인류에게 헌신적이었던 혁명가라고 해서 완벽한 인간으로만 그린다면, 그건 역사가 아니라 기독교의 '성인전'이잖아요. 좌파적 도덕주의도 이 점에서는 기독교 원리주의와 비슷한 게 아닌가요?

당신 사생활의 내밀한 부분을 자꾸 언급해서 미안합니다. 그렇지만 스캔들 같은 이야기를 들춰내서 당신을 가십거리로 만들거나 당신의 진정성을 폄하하려는 의도는 결코 아닙니다. 단지 위의 출판사 편집자나 대학원 학생들의 생각에서 보듯이, 지나치게 도덕주의적인 이

사회의 역사 교육이나 인식을 흔들어야겠다는 생각뿐입니다. 당신도 동의하겠지만, 역사의 도덕성은 도덕주의가 아니라 도덕주의의 도그마를 드러내고 부수는 데 있는 게 아니겠어요? 도덕주의의 폐해는 사회주의운동사를 보면 아주 잘 드러나잖아요. 약점과 모순이 있기 마련인 인간이라면 누구도 지킬 수 없는 지나치게 높은 도덕 수준을 강요함으로써 도덕주의는 결국 누구나 다 도덕을 무시해버리는 어처구니없는 결과를 낳을 뿐이잖아요.

어떻게 보면 영국혁명의 크롬웰부터 시작해서 프랑스혁명의 로베스피에르, 레닌과 현실사회주의, 그리고 20세기 주변부의 민족 혁명을 차례차례 황폐화시킨 것은 결국 도덕주의의 결과적 비도덕성이 아닌가 싶어요. 인간 세상이 아름답다고, 혹은 아름다워야 마땅하다고 생각하는 순간, 역사는 더 추해지기 마련이지요. 〈사람이 꽃보다 아름다워〉라는 노래는 아름답지만, 사실은 아름답기 때문에 아름답지 않은 거지요. 도덕주의자들이 지나치게 도덕적이기 때문에 도덕적이지 않은 것과 마찬가지예요.

삶의 아름다움이나 순수의 환상을 죽을 때까지 가져갈 수 있다면 좋겠지만, 불가능한 거 아니겠어요? 더구나 그 환상에 빠져 있으면 세상을 제대로 읽을 수 없다는 게 가장 큰 문제가 아닌가 싶어요. 순수함이나 아름다움에 대한 강박관념이 만들어낸 재미있는 이야기 하나 들어볼래요? 몇 년 전부터 강원도 산골에 공간을 하나 마련해 자주 내려가 지내는데, 나도 청년회 회원이라 간혹 동네 청년들과 어울릴 때가 있어요. 초등학교에 다니는 그네들 아이들 이야기입니다. 그 마을의 초등학교에서 어떤 선생님이 사회 시험에서인가 할머니/할아버지가 가장 즐겨하는 오락이 무어냐는 시험문제를 낸 적이 있답니다. 나는 그 선생님이 참 마음에 들던데, 정답이 뭔지 아세요? '고스톱'이었습니다. 어떤 건지 설명하기 좀 복잡한데, 당신네 카드놀이 비슷한 거라고 생각하면 됩니다.

자기네 할머니/할아버지가 가장 좋아하는 오락이 고스톱이라는 건 시골 사는 아이들이면 거의 다 아는 이야기지요. 집에서 늘 보는 광경이니까요. 그런데도 대부분의 아이들이 틀렸답니다. 고스톱이라고 솔직하게 쓰면 왠지 잘못하는 것 같아서, 선생님한테 자기 할아버지나 할머니가 노름이나 하는 사람처럼 보이면 어쩌나 싶어서 고스톱이라는 답을 못 썼다는 거지요. 자기 아이들이 책에서 보기만 했던 민속놀이 등을 써서 많이들 틀렸다는 이야기를 듣고 같이 한참 웃었습니다. 화투는 건전한 오락이 아니므로 우리 할머니/할아버지가 화투를 좋아한다고 하면 안 된다는 생각이 이 아이들의 머릿속에 깊게 들어박힌 거지요.

도덕주의가 문제가 되는 것은 이처럼 도그마적인 가치에 가려 현실을 직시하지 못하게 만든다는 거지요. 도덕주의가 강요하는 도그마적 가치판단은 본질주의의 사유방식과 맞닿아 있는 것 같아요. 그런데 게오르기 플레하노프(Georgy Plekhanov) 등의 교조적 마르크스주의에 대한 경멸을 숨기지 않았던 당신조차 본질주의적 사유방식에서 자유롭지 못했다면, 도대체 다른 마르크스주의자들은 어떻겠어요? 플레하노프가 당신의 폴란드 문제 보고서를 '예수회적'이라고 비판한 그 역설은 어떻게 해석해야 하지요?

자유주의든 마르크스주의든 계몽사상의 패러다임이 사유를 지배했던 시대적 한계도 있겠지요. 이것도 역설이지요. 노동자 계급에 대한 무한한 신뢰에서 비롯된 '창발성' 이론이 문제의 시발인 것 같아요.

혁명에는 미리 짜인 어떠한 각본도 있을 수 없으며, 중앙위원회가 혁명을 지도한다는 레닌의 발상은 지식인들의 권력욕을 만족시킬 뿐 노동자들을 중앙위원회의 가련한 도구로 만들 것이라는 당신의 비판은 참으로 통렬하지요. 설혹 노동자 대중이 오류를 저지른다 해도, 그것은 가장 탁월한 중앙위원회의 무오류보다 풍요롭고 가치 있다던 당신의 그 신뢰가 거꾸로 발목을 잡은 거지요.

마르크스의 보편계급론과 마찬가지로 당신의 창발성 이론은 자신의 계급적 이해를 명확히 자각하고 순수한 혁명의 길을 올바르게 걸어가는 프롤레타리아트라는 선험적 추상화로 빠진 게 아닌가 싶어요. 세상에 그런 노동자는 없는 거지요. 있다 해도 보통 노동자들은 아니지요. 당신 자신을 보면 알잖아요. 고급 옷, 우아한 가구, 좋은 음식과 샴페인에 대한 당신의 억제할 수 없는 욕망이 노동자들에게는 왜 없다고 생각하나요? 아니면, 노동자들은 그런 욕망을 가지면 안 되나요? 그런데도 그런 일상의 욕망을 충족시키려는 노동자들의 투쟁은 당신에게는 비난의 대상이었을 뿐이지요. 어디에선가 메이데이를 기념하는 글에서 당신은 노동자들의 파업을 '문명화' 투쟁이라고 쓴 적이 있어요. 좀 더 인간적이고 발전된 삶을 향한 투쟁이라는 의미였겠지요. 그러나 그 밑에는 사회주의를 향한 투쟁이므로 문명을 향한 투쟁이라는 뉘앙스가 더 강하지 않았나 싶어요.

사실 당신이 개량주의적 경제투쟁이라 비난한 임금투쟁 등은 평범한 노동자들이 자신들의 절실한 욕구에 따라 세상을 전유하는 한 형식이었을 뿐이지요. 그들의 경제투쟁은 자식들을 잘 키우고 예쁜 옷, 맛있는 음식, 우아한 집을 누리고자 하는 욕망들, 그 욕망을 충족하고 또 실현하지 못하는 데서 오는 기쁨과 좌절, 아쉬움 이 모든 것이 실린 것이었어요. 그러나 노동자들의 창발적 행동에 의한 밑으로부터의 혁명을 꿈꾼 당신에게 노동자 한 사람 한 사람의 이처럼 구체적이고 소박한 소망들은 그저 부차적이었을 뿐이지요.

당신이 구성한 노동자의 이론적 '본질'은 일상의 소소한 욕망을 접고 사회주의 혁명에 헌신하는 노동자였지요. 이와 달리 일상의 작은 욕망을 위해 혁명적 대의를 유보한 노동자들은 부르주아의 하수인이거나 혁명의 배반자라고 간주했어요. 최선의 경우에도 소시민적이라는 비판을 벗어날 수 없었지요. 당신이 만든 추상적 노동자의 규범적 이미지에 걸맞지 않는 현실의 노동자는 당신에게 진정한 노동자가 아니었습니다. 노동대중의 창발성 이론이 지닌 그 숭고한 민주주의가 있었는데도 당신은 끝내 엘리트주의적 시선을 버리지 못했어요. 사실 노동자들은 자기 삶의 논리에 충실했을 뿐이지요. 그들이 배반한 것은 당신의 기대치이지, 사회주의를 배반한 것은 아니지요. 이들은 바람보다 빨리 눕기도 하지만, 바람보다 빨리 일어나기도 하는 살아 있는 존재입니다.

노동자 계급의 존재론적 중심성이나 혁명을 향한 일관된 집단의지 등에 대한 환상을 동반한 당신의 프롤레타리아 근본주의는 다시 계급 본질주의를 낳았지요. 혁명적 프롤레타리아트의 이해라는 대의명분 앞에서 농민이나 여성, 소수민족의 억압 등을 이야기하는 것은 관심을 분산시켜 투쟁의 초점을 흐리고 문제의 본질을 왜곡시키는 행위로 내심 비난하지 않았나요? 클라라 체트킨의 사회주의 여성운동을 대놓고 무시하고, 레닌의 농업강령에 대해서는 봉건소농을 돈으로 매수한다고 비난하고, 폴란드 사회당의 사회애국주의나 레닌의 민족자결권에는 상투적 형이상학이라는 비난을 퍼부었잖아요? 아우구스트 베벨(August Bebel) 영감이 다 나서서 여성운동에 대한 당신의 무신경을 탓할 정도였으니까요.

글쎄요, 운동의 헤게모니를 둘러싼 갈등이나 알력도 당신의 태도에 영향을 미쳤겠지만, 정치적 판단이라기보다는 계급본질주의적 사유의 한계가 아닌가 싶어요. 당신이 자신만만하게 썼듯이, 사회주의 혁명을 통해 노동해방이 이루어지면 민족적 억압과 성의 억압을 비롯해 여타 모든 종류의 인간적 억압이 자동적으로 해소되리라고 믿은 거지요. 그러나 현실사회주의 역사가 우리에게 보여주는 건, 노동해방이 여타의 해방을 자동적으로 가져오기는커녕 오히려 여성에 대한 억압과 민족적 불평등을 은폐했다는 겁니다. 가장 중요한 노동해방을 위해서라면 여성이나 민족적 억압은 참을 수도 있다는 논리가 횡행한 거지요.

그런데 정말 답답한 건 21세기의 남한에서도 그런 논리가 횡행했다는 거지요. 거의 한 세기 전 당신이 고집했던 프롤레타리아 유일주의, 계급본질주의의 오류를 그대로 반복하고 있다는 겁니다. 2001년엔가 울산의 인권영화제에서 상영작의 사전 검열 문제로 큰 논란이 일어 결국 영화제가 무산된 적이 있었습니다. 노동자 영상 리포트 그룹 LARNET(Labor Reporters' Network)이 만든 다큐멘터리 〈밥·꽃·양〉의 상영 여부를 놓고 벌어진 일이지요. 현대자동차 구내식당 여성 노동자들의 정리해고 반대투쟁에 대한 영상보고서인 이 다큐멘터리는 민주노총 산하 현대중공업의 정규직 남성 노동자들과 정규직 여성 노동자들의 갈등을 다룬 겁니다. 프롤레타리아는 단일 대오가 아니라 남성 대 여성, 정규직 대 비정규직 노동자라는 구도로 나누어져 있고,

이 구도에서는 한국인 남성 정규직 노동자들이 헤게모니를 행사한다는 것을 이 필름은 잘 보여주지요.

〈밥·꽃·양〉 파문 당시 나는 논쟁이 벌어진 웹 지면에 "진보적 노동운동이 지향했던 계급해방의 내용은 사실상 정규직·남성·한국인 노동자의 해방이 아니었는가라는 반성적 질문을 던져야 한다."고 썼습니다. 비정규직·여성·외국인 노동자라는 주변화된 소수를 배제하고 타자화하는 노동운동의 헤게모니적 지향에 대한 반성을 촉구한다는 취지에서였지요. 내 글에 대해 당시 한국의 대표적인 '진보' 일간지의 기자가 노동자 계급의 단결을 저해하는 반동적인 주장이라는 논조를 폈던 기억이 새삼스럽습니다. 한국인 남성 정규직 노동자들이 중심인 노동계 주류의 반응도 크게 다르지는 않았는데, 이는 프롤레타리아 중심적 계급본질주의가 노동의 현실을 얼마나 왜곡하는가를 잘 보여주는 예라 생각합니다. 아마 상황을 목격했다면 당신도 생각이 많이 달라졌으리라 생각합니다만······.

그래요. 2001년의 〈밥·꽃·양〉 파문에 비하면 작년(2009년) 여성영화제에서 상영된 홈에버 '아줌마' 노동자들의 상암동 지점 점거 농성을 그린 다큐멘터리 영화 〈외박〉과 작년 노동절에 노동운동의 정규직 중심주의를 비판한 민주노총의 '사회연대선언문'은 큰 진전이지요. 후원금 지원을 약속하는 공개석상에서 덜컥 '아줌마'라는 용어를 사용함으로써 남성주의의 무의식을 드러낸 민주노총 집행부에 렌즈의 예각을 거침없이 들이대는 여성감독의 시선, 마룻바닥에서 일어난 여성 조합원의 가차 없는 비판과 민주노총 집행부의 황급한 사과 장면 또한 씁쓸하지만 유쾌한 웃음을 선사하더군요. 당신이 살아서 이 필름을 보았다면 정말 좋아했을 겁니다. 순전히 가정이지만 계급본질주의의 문제를 직시하고, '나는 마르크스주의자가 아니다'고 선언했던 말년의 마르크스처럼 당신도 아마 '나는 룩셈부르크주의자가 아니다'라고 선언하지 않았을까요?

그래요. 이후의 역사가 그리 흘렀듯이, 노동자 계급의 중심성을 고집한다는 것은 결국 농민, 여성, 소수민족 등 소수자의 이해를 중심부의 남성 프롤레타리아트에게 종속시키는 결과를 낳았을 뿐입니다. 프롤레타리아트가 보편계급의 이름으로 이들 소수자를 타자화하고 전유하는 과정을 과학적 이론으로 정당화했다는 점에서 당신의 계급본질주의는 역사의 시험을 통과하지 못했습니다. 계급, 진보, 근대라는 추상의 범주 아래 주변부의 '하위주체'들을 종속시키고, 혁명적 프롤레타리아트의 이름 아래 농민, 여성, 소수민족 등을 전유했다는 마르크스주의의 한계에서 '가장 높이 난 독수리'였던 당신 역시 자유롭지는 못했습니다.

당신은 억울할 수 있겠지만, 당신이 추구했던 해방 자체가 중심부/백인/남성 프롤레타리아트의 헤게모니를 추인했다는 비판이 당연히 성립됩니다. 유색 인종의 입당을 강령으로 금지한 미국 사회당의 루이지애나 지부, 흑백분리를 이유로 흑인 당원들을 당이 운영하는 식당에서 쫓아냈던 미국 공산당, 유대인의 입당에 제한을 두지 않은 중앙의 방침에 항의했던 지방의 폴란드 공산당원들, 북아일랜드에서 극우적 잉글랜드 민족주의를 설파한 존 파웰(John Enoch Powell) 목사의 사진 피켓을 들고 행진하던 런던의 전투적 부두 노동자들, 프랑스인 노동자들의 정서에 맞지 않는다는 이유로 알제리에서 일어난 식민주의적 폭력에 침묵한 프랑스 공산당, 국제주의라는 대의명분을 내세워 재일 조선인들을 북조선으로 쫓아낸 일본 공산당 등등. 이런 예들은 미처 열거하지 못할 정도로 많습니다.

  물론 이런 일들은 항상 일어날 수 있습니다. 문제는 이 모든 일들이 일어났다는 게 아니라, 그것들을 사회주의와 진보의 이름으로 포장해서 정당화하는 논리가 횡행한다는 거지요. 특히나 이런 일들이 중심부 남성 프롤레타리아트의 연대라는 이름 아래 정당화되었다는 사실을 알았다면, 당신도 아마 룩셈부르크주의를 청산했을 겁니다. 여성이자 폴란드 국적의 유대인이며 장애자라는 4중의 약점과 싸우며 독일과 제2인터내셔널을 주 무대로 활동했던 당신이기에 제국주의자, 인종주의자, 혹은 남성 국수주의자였다는 혐의는 물론 있을 수 없습니다. 그러나 그 모든 억압에 대한 예민한 감수성에도, 근대적 기획으로서의 마르크스주의가 가진 패러다임의 한계는 당신도 비껴갈 수 없었지요. 순수한 마르크스주의보다는 불순한 마르크스주의가 오히려 더 바람직한 게 아닌가 하는 엉뚱한 생각은 나만의 생각일까요?

11

불가능을 꿈꾸기, 혹은 꿈의 불가능성

― 체 게바라에게

체 게바라
1928~1967

1951년 오토바이를 타고 라틴아메리카의 여러 곳을 여행하면서 체험한 서민들의 생활을 통해 라틴아메리카 전체가 하나의 문화적·경제적 실체라고 보고, 라틴아메리카의 해방을 위해 전 대륙적 전략이 필요하다고 깨닫는다. 볼리비아의 인민 운동, 과테말라의 반독재 운동에 참여했으며, 카스트로 형제를 만나 쿠바혁명에 가담했다. 1959년 카스트로가 정권을 잡자 여러 요직을 거치면서 쿠바 정권의 기초를 세웠고, 그때부터 제국주의와 식민지주의, 미국의 외교정책에 반대하는 인물로 널리 알려졌다. 1965년 4월 돌연 모든 공직에서 물러난 후 내전 중인 콩고에서 게릴라 부대의 조직을 도왔다. 이후 볼리비아의 산악지대에서 게릴라 부대를 조직하고 라틴아메리카 전체의 혁명을 위해 활동하던 중 1967년 10월 정부군에게 체포돼 곧바로 총살당했다. 죽음 이후 지금까지도 '혁명'의 아이콘으로 전 세계적으로 '소비'되고 있다. 20세기를 살았던 가장 극적이고 헌신적인 혁명가라고 평가되지만, 그 혁명가적 헌신성이 어떤 정치적 맥락에서는 민중에 대한 억압의 기제가 될 수 있다는 아이러니를 내장한 혁명가이기도 했다.

CHE GUEVARA

친구(Che).

엊그제 동네 이발소에서 당신을 만났습니다. 뜻밖의 장소에서 당신을 마주친 그 상황이 참 낯설었어요. 교토 외곽 주택가의 50대 후반 이발사 아저씨 혼자 머리를 깎고, 마누라 대신 허리가 굽은 그의 어머니가 빗질을 하고, 정상인 것처럼 보이지는 않는 그의 아들이 자다가 나와 머리를 감겨주는, 의자만 달랑 두 개 놓여 있는 담배연기 자욱한 동네 이발소였어요. 급하게 흐르는 세월도 비껴간 듯한, 그래서 가장 안 혁명적인 것처럼 보이는 그 이발소에서 차례를 기다리다 우연히 집어든 낡은 담배 잡지에서 가타카나를 입고 튀어나온 당신 이름은 왜 그렇게 낯설던지요.

윈스턴 처칠이 즐겨 피웠다던 마닐라산 시가 다음에 당신이 즐겨 피우던 시가라며 쿠바산 시가를 소개해놓았더군요. 오랫동안 억눌렸던 흡연 욕망이 거칠게 고개를 쳐드는데, 아무래도 당신에 대해서 써야겠다는 생각이 들었어요. 누군가 당신한테 그랬지요. 꼭 인민복을 입은 제임스 딘 같다고……. 미안합니다…… 너무 상업화된 아이콘이 된 것 같아서 실은 영 내키지 않았어요. 당신은 빼놓고 슬쩍 넘어가려고 했습니다. 그런데 예기치 않았던 곳에서의 낯선 조우에 마음을 돌렸습니다. 이것도 인연이려니 싶어서.

생각해보면 당신 이미지는 내게 늘 담배와 붙어 있었어요. 오래전 베를린의 샬로텐부르크 근처 뒷골목에서 산 체 게바라 상표의 담배 맛은 아직도 잊을 수가 없어요. 인공향료 등을 첨가하지 않은 일종의 유기농 담배였는데, 톡 쏘듯 강하면서도 구수한 맛이 일품이었습니다. 며칠 체류하는 동안 그 집 단골이 됐지요. 진한 풍미의 카푸치노와 궁합이 기가 막혔어요. 그 다음 베를린에 갔을 때도 그 담배 맛을 잊지 못해 그 일대를 온통 헤매고 다녔는데, 재개발을 한다고 골목을 온통 뒤집어놓아 결국 못 찾았습니다.

쿠바 시가는 바르샤바에서 참 원 없이 피웠습니다. 소련이 망하기 전인데, 페레스트로이카의 막바지였던 1990~1992년경 소련의 보따리 장사들이 바르샤바의 길거리를 장악하다시피 한 적이 있지요. 직업적인 장사꾼들이 아니라, 자기 자동차에 온갖 물건들을 바리바리 싣고 달러나 경화를 좇아 바르샤바로 온 아마추어 장사꾼들이었지요. 별별 물건들이 다 있었어요. 지금도 산골의 내 방 한쪽에 서 있는 1920년에 만든 마르크스의 조상, 군대에서 쓰던 적외선 망원경, 역대 당 서기장들을 한데 모아 만든 바부시카 인형 등등 마치 황학동 중고시장 같았지요. 그중에 빼놓을 수 없는 것이 쿠바 시가였습니다. '로미오와 줄리엣' 처럼 아직 기억나는 이름도 있습니다. 사회주의 국가 간의 구상 무역 덕분에 자본주의적 시장가격이 아닌 사회주의적 착한 가격으로 쿠바에서 소련을 거쳐 바르샤바까지 굴러들어온 시가들이었지요. 현실사회주의가 무너지고 나서야 당신이 즐기던 그 시가를 맛볼 수 있었으니, 그것도 참 역설이지요.

미안합니다. 당신 하면 먼저 시가부터 생각하는 이 속물근성은 나도 어쩔 수 없네요. 어느새 훌쩍 당신의 나이를 넘기고는 부패할 나이인가 하는 생각이 들 때가 부쩍 많아졌습니다. 김수영처럼 혁명은 하지 못하고 마누라한테 화풀이만 해도 살아남던 시대도 지났고, 애꿎은 술만 고생입니다. 나이 탓만은 아니겠지요. 당신이라면, 그 볼리비아의 정글에서 살아남았다면, 50이라는 게 그저 또 다른 모반과 혁명을 꿈꿀 나이일지도 모르겠습니다. 당신에게 혁명은 늘 사실의 영역이었지만, 내게는 그저 관념 속에서만 존재했나 봅니다.

당신이 정작 못 견뎌 했던 것은, 좌절한 혁명이 아니라 안주하는 삶이 아니었는지요. 실패가 두려운 것이 아니라 성공 뒤의 그 자족감이 두려웠던 게지요. 몽테스키외가 말했던가요. 모든 제도는 그것의 성공으로 말미암아 붕괴한다고. 혁명도 마찬가지가 아닌가 싶어요. 혁명이 성공하는 바로 그 순간이 곧 헌신적 혁명가들이 권력자로 탈바꿈하는 순간은 아닌지요. 권력을 타도한다는 혁명과업을 완수하기 위해 또 다른 권력이 필요했다는 건 역사의 역설이지요. 권력을 장악해서 제도화되는 상황이야말로 자기네에게 벌어질 최악의 일이라고 했던 사파티스타 민족해방군 부사령관 마르코스(Marcos)야말로 그 기질에서는 당신의 진정한 후예가 아닌가 하는 생각도 했어요. 마르코스의 그 선언은 판초 비야(Pancho Villa)*의 혁명을 횡령한 멕시코의 제도혁명당(PRI)에 대한 가장 통렬한 비판이 아니었는지요. 혁명을 제도화하다니요? 혁명은 제도화되는 순간, 반혁명이 되지요. 제도혁명당의 반동성은 이미 그 이름에 담겨 있습니다.

■ **판초 비야**
멕시코의 혁명가이다. 1909년 독재정권에 대항해 혁명을 일으킨 프란시스코 마데로(Francisco Madero)를 지원했으며, 혁명이 성공하자 민간인으로 돌아가 토지 재분배와 경제 살리기에 주력했다. 그 뒤에도 마데로에 대항한 반란세력을 물리치기 위해 싸움터로 나갔으며, 마데로를 암살하고 정권을 잡은 빅토리아노 우에르타(Victoriano Huerta)를 축출하기 위해 베누스티아노 카란사(Venustiano Carranza)와 연합해 저항군을 지휘했다. 1920년 카란사가 암살되고 우에르타가 멕시코 임시 대통령이 된 뒤에 저항 지도자의 삶에서 은퇴했으나 1923년 7월 암살되고 만다.

1959년 1월 아바나에서 쿠바혁명이 성공했음을 당당하게 선포하던 자리에서 피델 카스트로가 했던 연설을 아직 기억하나요? 권력에는 관심도 없고, 또 갖지도 않을 것이라던……. 그가 역사를 배반한 건지 역사가 그를 배반한 건지는 알 수 없지만, 카스트로도 제도화된 혁명의 역설을 비켜가진 못한 것 같아요. 하얗게 센 수염의 늙은 카스트로가 병상에 누워 권력자의 모습만 드러낼 때는 정말 견디기 힘들더군요. 안락한 변호사 자리를 박차고 나와 체제라는 풍차를 향해 돌격하던 돈키호테의 모습은 어디서도 찾을 수 없더군요. 역사가 나를 심판할 것이라며 바티스타 이 살디바르 정권의 재판관들을 향해 호통을 치던 그 카스트로가 사회주의 이단 재판소의 재판장인 양 노는 모습은 영 어색합니다. 제도화된 혁명의 역설이지요.

당신만은 유독 그 역설을 뒤집어엎고 싶었나요? 그래서 만성천식의 가쁜 숨을 몰아쉬면서 콩고의 정글로, 볼리비아의 오지로 뛰어다녔나요? 더러 말들을 하더군요. 1965년 모든 공직과 시민권을 반납하고 당신이 갑자기 쿠바에서 자취를 감춘 것은 권력투쟁에서 밀린 탓이라고. 그건 아니겠지요. 당신은 그저 권력의 냄새가 싫었을 겁니다. 왜, 그런 냄새 있잖아요. 새로 산 가죽의자에서 풍기는 문명의 살의(殺意) 섞인 역겨운 냄새 말이에요. 그래서 당신은 가죽의자를 박차고, 익숙한 혁명의 냄새를 좇아 정글로 들어간 게지요. 사람들은 말하더군요. 그 담담한 희생과 열정적 헌신이 곧 '게바라(Guevara)'라고.

소련이냐 미국이냐의 양자택일을 강요했던 냉전논리에서 당신이 상대적으로 자유로울 수 있었던 것도 바로 그 마르지 않는 혁명에 대한 열정 때문이 아니었나 싶어요. 당신을 좇아 볼리비아의 정글까지

갔다가 정부군에 붙잡혀 고생했던 앳된 프랑스의 낭만적 좌파 청년 레지 드브레(Régis Debray) 기억하시죠? 이 친구 나중에는 미테랑 정권에서 문화부 장관도 지내면서 프랑스의 국익을 위해서라면 두 발 다 벗고 나서는 드골주의자처럼 됐는데, 그 꼴 저 꼴 안 본 게 다행입니다. 1968년 바르샤바조약군의 프라하 침공 당시 그가 뭐라고 그랬는지 아세요? 국제사회주의의 대의를 위해 사회주의 형제국의 주권은 제한될 수 있다는 브레즈네프의 제한주권론이 정당하다는 거예요. 따라서 바르샤바조약군의 프라하 침공은 비극적 사태지만, 달리 도리가 없었다는 겁니다. 1965년 2월 아시아-아프리카 민중연대 회의에서 소련을 미 제국주의의 암묵적 공범이라고 신랄하게 비판한 당신의 입장과는 사뭇 다른 거지요. 그 무수한 선전전에도 소련과 미국이 얄타 정신에 따라 각각 상대 진영의 헤게모니를 인정하고 냉전의 국제질서를 공유하는 적대적 공범자들이라는 비판적 안목을 갖춘 좌파 지식인은 별로 없었지요. 애초부터 현실사회주의에 비판적이었던 트로츠키주의자들과 같은 특정 정파를 제외하면, 당신 같은 독립 좌파는 정말 별종이었지요.

1953년 동베를린, 1956년 부다페스트와 바르샤바, 1968년 프라하에서 노동자들이 '노동자의, 노동자에 의한, 노동자를 위한' 체제에 반대해 봉기를 일으켰을 때, 서유럽의 많은 좌파 지식인들은 드브레처럼 당국의 편을 들었습니다. 소련과 현실사회주의를 국가자본주의 혹은 국가사회주의로 비판한 소수의 트로츠키주의자들을 제외하면, 유로코뮤니즘은 동유럽의 노동자 봉기에 대해 비판적이었지요. 나중에 1980년 폴란드의 연대노조 운동을 계기로 동유럽의 노동자 시위에 대한 서유럽 좌파들의 태도가 우호적으로 바뀌기는 했지만, 그 전까지는 혁명의 편이 아니라 당국의 편이었어요. 사회주의 권력이기 때문에 노멘클라투라와 공산당의 권력을 지지하는 것이 진보라는 반혁명의 논리가 지배한 거죠. 그 결과 냉전시대의 국제관계는 동유럽의 '노동자/반체제 지식인'들과 서유럽의 '보수 언론/우파 지식인'이 손을 잡고, 서유럽의 '노동자/좌파 지식인'들은 동유럽의 '당 관료/국가 권력'과 동맹을 맺는 이상한 구도였습니다. 자본주의 체제의 국가권력과 사회주의 체제의 노동자 계급, 또는 사회주의 국가권력과 자본주의 노동자 계급이 손을 잡는 이 냉전의 동맹체제를 당신은 견딜 수 없었겠지요. 그건 이미 제도화된 혁명이니까요.

그러나 제도화되지 못하는 삶은 피곤하기도 한 거지요. 어느 진영에도 속하지 않는 독립 좌파란 결국 정처 없이 떠도는 삶을 견디어내야만 했던 거지요. 아르헨티나에서 멕시코로, 멕시코에서 쿠바로, 쿠바에서 다시 콩고로, 끝내는 볼리비아의 정글에서 생을 마감해야 했던 당신의 혁명적 방랑은 단순히 기질의 문제는 아니라고 봅니다. 소시민들로는 범접할 수도 없는 '전사 그리스도'인 당신의 인간적 미덕으로 환원시킬 문제도 아니지요. 개인적 기질이나 인간적 미덕을 압도하는 냉전이라는 상황의 힘을 무시하니, 자꾸 '인민복을 입은 제임스 딘'이라는 둥의 소리가 나오는 거겠지요.

냉전체제에 반기를 들었을 때, 당신은 어느 진영에도 뿌리를 내릴 수 없었던 독립 좌파들이 감내해야만 했던 신산한 길을 택한 거지요. 미국과 소련을 다 같이 비판하는 한, 다른 선택의 여지가 없었던 거예요. 이 점에서 당신도 냉전의 희생자였어요. 냉전체제 때문에 위태로웠지만 냉전체제에 편입됨으로써만 안전을 보장받을 수 있었던 혁명 쿠바에서도 냉전질서 자체를 전복시키려는 당신이 설 땅은 없었던 것 같아요.

 카스트로의 쿠바가 멕시코의 혁명 좌파세력들과의 관계가 틀어지는 것을 감수하면서까지 제도혁명당을 공개적으로 지지한 것도 당신은 모를 리 없지요. 당신이 죽고 거의 30년이 지난 후의 일입니다. 멕시코에서 당신의 숭배자인 마르코스의 사파티스타 봉기가 일어났을 때 카스트로가 뭐라 한지 아세요? 쿠바는 한 번도 멕시코 혁명세력을 지원하거나 무기를 제공한 적이 없다고 공개적으로 밝혔습니다. 제도혁명당의 눈치를 본 거지요. 살아서 카스트로의 그 이야기를 들었다면 당신은 어떻게 반응했을까요? 소련에 대한 당신의 비판논리는 당연히 카스트로한테도 해당되지요. 카스트로가 당신의 확고한 신념과 판단력, 그리고 그에 입각한 과감한 추진력을 높이 사면서도 그런 확신이야말로 '혁명가로서의 아킬레스건'이라고 이야기했을 때, 카스트로는 이미 소련과의 불화를 택한 당신이 부담스러웠던 게 아니었을까요? 제도화된 혁명과의 불화는 이미 카스트로와의 불화를 예고하는 것이었지요.

 그런데 참 재미있어요. 1967년 볼리비아의 정글에서 당신이 살해됐을 때, 당시 소련과 폴란드 등 바르샤바조약국의 대학생들은 미 제국주의에 반대하는 관제 데모에 동원됐다고 그러더군요. 게바라가 마치 현실사회주의를 지지했던 인물처럼 된 거지요. 코미디지요. 사실 당신은 죽어서만 그들의 편이 될 수 있었던 겁니다. 당신의 죽음까지 농락하는 이 냉전의 정치가 씁쓸하기도 하고 무섭기도 하고 그렇습니다.

 그런데 사람 마음이라는 게 어디 권력의 뜻대로 되나요? 당신의 오토바이 일기가 폴란드어로 번역되어 젊은이들에게 널리 읽히면서 당신은 다시 사회주의 국가권력에 저항하는 젊은이들의 아이콘이 되더군요. 당신의 일기가 폴란드 젊은이들을 사회주의적 인간으로 만드는 데 도움이 될 거라는 당의 판단은 그러니까 맞기도 하고 틀리기도 한 셈이네요. 당에서는 이미 당신을 제국주의에 저항하는 반미 반제 운동의 신화적 인물로 만들어놓았으니, 당신 책을 금서로 만들기도 어렵잖아요. 내가 아는 폴란드의 반체제 지식인들 중 많은 사람들이 당신의 일기를 읽고 당에 대한 반항정신을 키울 수 있었던 것도 그 때문이지요. 그런데 20대 당시의 내 눈에는 당신을 짓누르고 있는 냉전의 구조 같은 것은 잘 보이지 않았어요. 좌파 제임스 딘 같은 저항의 우상이거나 '바예그렌데의 예수'라는 수사처럼 삶과 죽음을 초월한 위대한 순교자였지요. 그때는 한창 이문열의 소설 《영웅시대》가 〈세계의 문학〉에 연재되고 있을 때인데, 그의 소설 제목처럼 영웅이 그리워서였을까요?

돌이켜보면 당신을 자꾸 성인전의 주인공처럼 생각했습니다. 그때 막 읽었던 폴 스위지와 리오 후버만의 책 《쿠바: 혁명의 해부(Cuba: Anatomy of a Revolution)》는 정말 감동이었지요. 국가보안법 때문에 노심초사하며 보일러실에 감추어두고 읽었던 기억이 납니다. 영어가 아주 쉬웠다는 어렴풋한 인상 외에 자세한 내용은 가물가물하지만, 쿠바혁명의 감동이 닭살 돋도록 잘 전해졌던 기억이 생생합니다. 특히나 혁명 쿠바가 '새로운 인간'을 창조하는 데 얼마나 성공적이었는가에 대한 감동적 묘사는 나도 새로운 인간이 되어야겠다는 각오를 다질 정도였어요. 당신한테 혁명은 사회구조를 바꾸는 것을 넘어서 자기 절제와 타자를 위한 희생, 개인적 이기주의를 버리고 공동체적

이타주의를 지향하는 혁명적 인간을 만드는 것이었습니다. 그리고 후버만의 그 책을 보면 그 도덕 혁명은 성공적인 것처럼 보이더군요. 나중에 대중독재 연구를 진행하면서 무솔리니의 '호모 파시스투스'나 스탈린의 '호모 소비에티쿠스' 역시 새로운 인간을 만들기 위한 도덕 혁명을 지향했다는 것을 알았습니다. 돌이켜보면 당시에 굳센 다짐을 했지만 데카당한 천성 덕분에 '새로운 인간'이 되지 못한 게 얼마나 다행인지요.

나는 당신이 개인의 실존적 차원에서 새로운 인간으로 거듭나는 도덕 혁명을 수행했다는 점을 믿어 의심치 않습니다. "자기희생을 할 수 없는 인간은 인간이 아니다."라고 공언하고, 또 서슴없이 자신을 던진 당신은 "지성적이면서도 대담하고 용기를 지닌 우리 시대의 가장 완벽한 인간"이라는 사르트르의 상찬을 받을 자격이 충분히 있습니다. 그러나 혁명은 하지 못하고 마누라한테 화풀이만 하는 소시민들에게도 당신과 같이 엄격한 도덕성과 헌신을 요구한다면 그것은 폭력이 되는 거지요. 로자 룩셈부르크의 프롤레타리아 근본주의나 민중은 저항하고 투쟁하는 주체여야 한다는 숭고한 민중주의가 일상의 소소한 욕망에 충실한 보통 사람들에게 폭력이 되는 것과 마찬가지지요.

당신의 그 치열한 혁명가적 헌신을 쿠바 민중에게 똑같이 요구했을 때, 당신도 똑같은 우를 범한 겁니다. 미국이 어디인지도 모르고 양키를 한 번도 본 적이 없는 볼리비아의 깊은 정글 농민들에게 반미 반제국주의 선전을 펼치는 전술적 무모함도 결국은 당신의 그 숭고한 도덕성이 혁명을 성층권에 붙잡아두었기 때문이 아닐까요? 물론 이윤을 동기로 움직이는 자본주의와 그에 길들여진 소비 욕망도 무섭습니다. 그러나 도덕과 행복을 강요하는 사회는 그보다 더 끔찍할 수 있습니다. 당이 규정한 '새로운 인간형'에 맞추어 획일적 행복을 강요하는 유토피아는 이미 디스토피아인 거지요.

당신이 쿠바 민중을 억압했다니, 털끝만큼의 가능성도 없는 말도 안 되는 소리라고요? 아니오, 그렇지 않습니다. 당신이 중앙은행 총재로 있을 때, 니콜라스 킨타나가 만든 32층짜리 쿠바 중앙은행 신축 사옥 프로젝트를 기억하나요? 하긴 당신이 중앙은행 총재직을 맡았을 때, 이미 첫 단추를 잘못 끼운 건지도 모르지요. 들리는 말로는 '경제학자(economista)'가 필요하다는 카스트로의 말을 '공산주의자(comunista)'가 필요하다는 말로 잘못 알아들어서 당신이 손을 들었다는 이야기도 있더군요. 사실인지 확인할 길은 없지만, 그만큼 중앙은행 총재직을 수행하는 체 게바라를 연상하기 힘들기 때문에 그런 이야기가 돌았겠지요. 그런데 중앙은행 총재로서 당신의 혁명성은 그 신축사옥 설계안을 퇴짜 놓은 데서 잘 드러나더군요. 생각나지요? 32층 건물에 무슨 엘리베이터가 필요하냐고 우기던 일 말이에요. 천식을 앓는 당신이 계단을 이용하겠다는데 건강한 사람들이라면 그렇게 못할 이유가 전혀 없다는 게 당신 주장이었지요. 또 엘리베이터를 없애는 데 그치지 않고 화장실도 반으로 줄이라고 했다죠. '새로운 인간'은 금욕적이기 때문에 화장실 갈 일도 훨씬 적은 건가요?

당신을 두고 "우리 시대의 가장 완벽한 인간"이라고 했던 사르트르의 평가를 부정해야 할 필요는 못 느낍니다. 당신의 혁명적 헌신성을 폄하할 생각은 추호도 없습니다. 하지만 새로운 인간의 이름으로 영웅적 헌신성을 민중에게 요구한다면, 그건 또 다른 압제지요. 모든 사람이 완벽하다고 생각하진 마세요. 보통 사람들에게 완벽을 요구하는 건 또 다른 억압입니다. 부패할 나이라서 그런지 나만 해도 32층은 못

걸어 다닐 것 같아요. 절대적으로 다이어트가 필요한 영양 과잉의 노멘클라투라라면 모를까, 노동에 지친 노동자들도 아마 나와 생각이 비슷할 겁니다. '호모 소비에티쿠스'의 모범이라는 권력의 상찬에도 소련의 스타하노프 노동 영웅들에 대한 동료 노동자들의 테러가 왜 그렇게 빈번했는지 생각해본 적 있나요? 보통의 노동자들에게 이 사회주의적 새로운 인간, 노동 영웅들은 노동 착취를 정당화하는 억압의 기호로 느껴졌던 겁니다.

폴란드가 낳은 세계적인 영화감독 안제이 바이다(Andrzej Wajda)의 초기 작품 중에 〈대리석 인간 (Człowiek z marmuru)〉이라는 영화가 있습니다. 당국의 불편한 심기에도 1960년대 말 폴란드 전체 인구의 4분의 1이 관람했다는 이 영화는 사회주의 국가권력과 당이 노동 영웅을 만들어내고 유통시켜 소비하고, 결국에는 폐품 처리하는 내용을 그린 영화입니다. 한마디로 끔찍하지요. 그런데 당신이 소비되는 방식도 사실 만만치 않습니다. 1997년 10월 당신 사망 30주년을 맞아 쿠바 정부가 볼리비아의 시골 비행장에 묻힌 당신의 주검을 산타클라라의 성전에 옮기면서 대대적인 행사를 치른 것은 잘 모를 겁니다. 카스트로가 때맞춰 열린 당 대회에서 자기희생과 규율의 모범으로 당신 이름을 계속 강조하고, 똑같은 모범을 민중에게 요구한 것도 물론 모르겠지요.

혁명적 동지애 때문일까요? 레닌의 주검을 전시용으로 박제할 때 스탈린이 했던 계산이 카스트로에게도 분명히 있었을 겁니다. 불현듯 '새로운 인간'의 모범을 환기시켜 다시 한 번 노동의 자발적 착취와 동원체제를 구축하면 소련 붕괴 후 어려워진 경제를 살릴 수 있지 않을까 하는 얄팍한 계산이 보여 영 씁쓸했어요. 어려운 시대에 주검으로 돌아온 혁명 영웅, 옛 동지가 위기에 빠진 카스트로의 권력을 구한 셈인가요? 시장자본주의도 당신을 팔아먹는 데는 결코 쿠바의 권력자에 뒤지지 않습니다. 일상의 키치문화에서부터 나이트클럽에 이르기까지 철저하게 상품화된 당신의 초상을 지우기에는 이미 늦었습니다. 자본주의는 혁명의 날카로운 발톱을 제거한 채 이렇게 당신을 팝의 우상으로 전유했습니다. 시장이라는 놈은 얼마나 무서운지요. CIA는 저리 가라예요. 그 기동성과 순발력을 보면 시장이야말로 타고난 게릴라 같아요. 질식할 것만 같아요.

시장에 대한 혁명은 어떻게 해야 하는지요? 시장에 대한 게릴라전은 어떻게 가능한가요? 아니, 앞으로의 혁명은 차라리 시장 메커니즘을 이용해야만 하는 게 아닐까?

12

권력의 장악은 혁명의 실패다

마르코스에게

마르코스

1957?~

멕시코 사파티스타 민족해방군(EZLN)의 부사령관이자 실질적인 지도자로, 항상 검은색 스키 마스크를 하고 나타났다. 총과 대포의 게릴라전에서 종이와 말의 게릴라전으로 전환한 포스트모던 혁명가로 유명하다. 본명은 라파엘 세바스티안 기엔 비센테라고 하며, 멕시코 국립대학을 졸업하고 미학을 강의하던 중 원주민 문제에 관심을 가지고 1983년 치아파스 주 원주민 마을로 들어갔으며, 이듬해 라칸돈의 정글에서 사파티스타 민족해방군과 합류했다. 1994년 북미자유무역협정이 발효되자 사파티스타 봉기를 일으켰는데, 반란 초기에는 원주민들에 대한 토지분배와 처우개선을 요구하며 무장투쟁을 전개했으나 후에는 인터넷을 통해 전 세계에 치아파스 원주민의 실상을 알리며 신자유주의 반대에 앞장서며 대중의 지지를 받았다. '군사적 승리를 거두어 권력을 장악한 혁명군이 되는 것이야말로 사파티스타 민족해방군에게 벌어질 수 있는 최악의 상황'이라며, 새로운 정치집단의 권력 장악이 아니라 권력의 작동방식이 바뀌는 것이 혁명이라고 역설했다. 2001년 3월에는 국제 인권기구와 연대해 15일간 멕시코 전역을 순회한 뒤 수도 멕시코시티에 도착하여 평화대장정 종료 선언과 함께 정부와 신사협정을 맺음으로써 다시 한 번 세계의 관심을 집중시켰는데, 그 이후 갑자기 종적을 감췄다. 역사적 평가는 다양할 수 있겠지만, 베네통과 같은 자본주의의 첨단 상업적 광고업자들이 공동 작업을 제안할 정도로, 지루하기만 했던 사회주의적 선전선동을 예술의 수준으로 끌어올린 인물이라는 데는 이견이 별로 없지 않을까 한다.

MARCOS

마르코스.

돌연히 나타났다가 홀연히 사라졌어요. 세계 언론을 쥐락펴락하더니 갑자기 유행이 지난 패션 아이템처럼 소식이 뚝 끊겼습니다. 50줄을 넘기니 밀림 생활도 힘들던가요? 아니면 사이버 혁명을 청산하고 어디선가 조용히 일상의 혁명에만 전념하고 있나요? 검은색 스키 마스크, 유기농 담배만이 어울릴 듯한 소박한 담배 파이프, 붉은 별을 단 마오풍의 인민모자, 목에 두른 붉은 손수건, 가슴을 가로지르는 탄약 띠, 어깨 한쪽에 걸린 무전기, 오른쪽 어깨 너머로 살짝 위협을 내비치는 소총의 총신 등은 패션 아이콘으로도 손색이 없지요.

검은 바탕의 중앙에 크지도 작지도 않은 붉은 별 하나 그려진 깃발도 참 세련됐지요. 망치와 낫, 동그라미 등과 함께 별들을 덕지덕지 앉힌 현실사회주의 국가의 키치적 디자인에 비하면, 당신네 사파티스타 민족해방군(EZLN, Ejército Zapatista de Liberación Nacional)의 깃발은 당신의 그 문학적 메타포만큼이나 세련이에요. 당신이 메트로폴리탄 자치대학 예술학부의 그래픽 디자인 전공학과 강사였다는 게 이해가 되고도 남지요. 당신 사진이나 포스터, 배지, 인형뿐만 아니라 심지어는 콘돔까지 나왔다니 정말 믿기지 않아요. 한국의 한 번역자는 '알사도스(Alzados)'라는 그 상표를 '봉기한 사람'이라 해야 할지 '발기한 사람'이라 해야 할지 몰라, 그냥 '일어선 사람'이라고 번역했다지요. 게바라 표 콘돔은 들어본 적이 없으니, 당신 인기가 게바라를 넘어선 건가요? 어렸을 때부터 당신의 우상이었던 게바라의 인기를 넘어섰다니 축하합니다.

어쨌거나 그렇게 매력 있고 인기 있는 당신을 세상이 그냥 내버려두겠습니까? 이탈리아의 옷 회사 베네통에서 당신과 동료 게릴라들, 그리고 라칸돈 정글의 원주민들을 모델로 광고를 만들겠다고 제안한 것도 전혀 이상하지는 않아요. 베네통의 마케팅 담당자 올리베로 토스카니의 아이디어였다고 하는데, 베네통 광고가 좀 파격적이고 상식의 허를 찌르는 게 있지요. 천편일률적인 백인 모델 대신 아시아, 아프리카, 팔레스타인 등지의 보통 사람들을 등장시킨 베네통의 광고 보드는 아직까지도 강한 인상으로 남아 있습니다. 1990년대 초중반이 아니었나 싶은데, 당시로서는 굉장히 혁신적인 거였지요. 뭔가 선정적이면서도 정치적인…….

신자유주의와 자본 주도의 지구화에 반대해 '대안적 지구화'를 주장하는 당신까지도 광고 모델로 쓸 수 있다고 생각하는 이 글로벌 패션 자본이야말로 정말 게릴라적 유연성이 있는 것 같아요. 사실 당신이나 동료들의 스키 마스크가 항상 검은색일 필요는 없잖아요. 뭐 그렇다고 초록색의 베네통 상표가 붙은 빨갛고 노란 원색의 스키 마스크가 당신들한테 더 어울리겠다는 이야기는 아닙니다. 정치적 올바름에 기탁해서 자본 주도의 지구화에 반대하는 상투적 사고방식으로는 베네통과 같이 유연한 포스트모던적 자본 게릴라한테 이길 수 없다는 거지요. 정의가 반드시 승리하는 거라면 괜히 싸울 필요도 없잖아요. 당신을 어릿광대 같다고 비난하는 전통적 게릴라들의 심정은 충분히 이해하지만, 그렇다고 그들이 사이버 게릴라인 당신보다 우월하다는 생각은 안 합니다. 포스트모던적 자본에 대해서는 포스트모던적 혁명가도 필요한 거지요.

당신의 스키 마스크 뒤에 현존하는 최고의 라틴 아메리카 작가가 숨어 있다고 외친 레지 드브레의 허풍에 동조하고 싶지는 않지만, 당신이 최고의 문학적 게릴라임에는 틀림없는 것 같아요. 사실 피델 카스트로와 체 게바라 등 중남미의 정글을 휘어잡은 게릴라들은 모두 그 탁월한 군사적 승리 때문에 명성을 얻었잖아요. 그런데 당신은 다른 것 같아요. 한 언론인의 말마따나 당신은 군사적으로가 아니라 문화적으로 국가를 마비시켰습니다. 게릴라 전쟁에 문학적이고 몽상적인 성격을 부여하는 데 그친 정도가 아니지요. 전쟁의 성격을 총과 대포의 게릴라전에서 종이와 말의 게릴라전으로 바꾼 거지요. 그게 당신 성공의 비결이 아닐까요? 총과 대포만 고집했다면, 정부군의 압도적인 무력에 밀려 간간이 총성만 남긴 채 밀림의 여기저기를 쫓겨 다니고 있지 않았을까요?

당신의 말은 달랐습니다. 멕시코의 제도혁명당이 무서워한 것은 당신의 총이 아니라 폭탄보다 더 치명적인 당신의 말이었지요. 바깥세상의 우리를 흥분시킨 것도 당신의 총이 아니라 말이었습니다. 당신은 말이 현실의 단순한 반영이 아니라 현실을 만들어나가는 담론적 실천이라는 생생한 예를 보여주었지요. 정부와의 협상을 위해 총구에 꽃을 꽂고 멕시코시티에 입성한 당신과 그 동료들의 총이 무서운 사람은 아무도 없었을 겁니다. 당신은 모르겠지만 한국의 대표적 마르크스주의 경제학자였던 돌아가신 정운영 선생이 그러시더군요. 총구에 꽃을 꽂고 혁명을 한다는 게 아무래도 이해가 안 된다고. 그게 무슨 혁명이냐고. 게릴라 혁명 하면 으레 마오쩌둥의 대장정이나 카스트로와 게바라의 쿠바혁명 등을 떠올리는 세대에게 당신의 그 몽환적인 게릴라전은 참으로 이해하기 어려웠을 겁니다.

사람들이 그러더군요. 어려서부터 당신 우상은 게바라였다고. 열여섯 살 때부터 게바라풍의 베레모를 쓰고 다니고 파이프 담배를 피우기 시작한 당신은 게바라를 흠모하다 못해 상상 천식까지 앓았다지요. 그렇지만 당신은 게바라보다는 앤디 워홀 같고 백남준 같은 면이 더 크게 느껴집니다. 혁명보다는 아방가르드적이지요. 아방가르드가 레닌주의보다 덜 혁명적이라는 이야기는 결코 아닙니다. 실제로 레닌이 취리히에서 망명생활을 할 때인데, 스위스 경찰은 러시아 혁명가인 레닌보다는 같은 동네에 사는 다다이스트들을 더 주시했지요. 가택 수색에 시달린 것은 레닌이 아니라 그들이었습니다. 경찰의 눈에는 레닌보다 그들이 더 전복적이라고 비추어진 거지요. 총을 든 레닌보다 꽃을 든 당신이 더 혁명적일 수 있다고, 체제에 대해서는 더 위협적일 수 있다고 생각하는 사람은 나 혼자만일까요?

사실 레닌은 차리즘의 질서를 뒤집어엎었지만, 질서 자체를 반대한 사람은 아니었습니다. 엘리트주의적인 전위 당 조직 원칙*이나 민주집중제, 그리고 혁명 이후 사회주의 체제의 붉은 공장에 도입한 테일러주의** 등은 질서나 규율에 대한 레닌의 태도를 잘 드러내줍니다. 레닌은 자본주의 질서와 차리즘의 규율을 사회주의적 질서와 볼셰비키의 규율로 대체하려고 한 것이지, 질서나 규율 자체를 부정한 것은 아니지요. 그러니 체제의 입장에서는 레닌보다는 다다이스트들이 더

■ **전위 당 조직 원칙**
소수 정예로 구성된 직업적 혁명가들이 앞장서서 당을 구성해 프롤레타리아 혁명을 주도해가야 한다는 원칙이다.(레닌의 민주집중제 참조)

전복적이고 불온한 거지요. 이런 맥락이라면, 마르코스 당신이 레닌이나 카스트로보다 더 전복적이고 혁명적이라는 이야기도 가능해요. 나중에 다다이스트들이 상황주의자로 계보가 이어지고, 이들 아방가르드적 예술을 실존의 차원에서 정치의 차원으로 확대한 상황주의자들이 어쨌거나 1968년 5월혁명의 주요 세력 중 하나였다는 것도 여러 모로 시사적입니다.

에릭 홉스봄의 자서전을 보면, 5월혁명에 대해 흥미로운 대목이 나옵니다. 5월의 학생 봉기 당시 그는 학술 세미나 때문에 파리에 있었는데, 그것이 혁명이라는 생각은 꿈에도 해본 적이 없다는 거지요. 만약 그것이 혁명이었다면, 여성용 바지의 생산량이 치마 생산량을 앞지르고 신학교 지망생의 수가 줄기 시작한 1966년이 더 혁명적이라는 말을 덧붙이는 것도 잊지 않았습니다. 총구에 꽃이나 꽂고 정부와 협상을 하기 위해 평화행진을 하는 것이 무슨 혁명이냐는 사파티스타에 대한 정운영 선생의 평가와 5월혁명에 대한 홉스봄의 회고에는 어떤 공통점이 있는 것 같아요. 혁명이라 하면 모름지기 민중봉기나 무장

■■ **테일러주의**

'과학적 관리'의 주창자인 프레더릭 테일러(Frederick W. Taylor)가 19세기 말경에 정립한 노동 관리 방식을 말한다. 이 이론의 핵심은 노동 과정에서 통합되어 있던 구상과 실행을 분리시킴으로써 노동자들이 숙련되지 못하도록 하고, 구상 기능은 관리자의 재량 아래 둠으로써 노동 과정을 실질적으로 통제하는 것이다. 이 자본주의적 노동 관리 방식이 가장 적극적으로 실험되고 적용된 곳은 역설적으로 러시아혁명 이후의 소련이었다. 레닌과 볼셰비키는 테일러주의를 도입해 소련의 낙후된 생산성을 높이고자 노력했다. 현실사회주의가 '노동해방'의 체제가 아니라 '노동동원'의 체제를 지향했음을 상징적으로 드러내주는 역사적 기호로 볼 수 있다.

투쟁 등을 통해 기존의 정치권력을 타도하고 새로운 권력 주체들이 사회경제의 구조를 근원적으로 뜯어 고치는 하드웨어의 근본적 변화가 있어야 한다는 전제를 두 사람이 은연중에 공유한 것이 아닌가 싶어요.

이런 관점에서 보면 당신은 결코 혁명적이지 않지요. 당신의 혁명관은 정반대입니다. 당신 스스로 이미 밝힌 바 있지요. 1960~1970년대의 민족 혁명 세력에게는 성공적 혁명이라고 비추어질 상황들, 봉기를 통해서 정치권력을 장악하는 상황이 구좌파와는 달리 사파티스타에게는 실패를 의미한다고. 혁명 하면 당연히 프랑스혁명 이래 볼셰비키혁명과 20세기의 다양한 민족민중 혁명을 떠올리는 사람들에게 당신의 혁명관은 그야말로 파격적입니다. 무장봉기→정치권력 장악→급진적 사회변혁이라는 전통적인 혁명의 공식을 부정하고, 당신은 그게 혁명이 아니라고 하니까요. 전통적 마르크스주의 혁명 전략에 익숙한 엘살바도르의 게릴라들이 서슴없이 당신을 어릿광대라고 일축하는 것도 무리는 아니지요.

그런데 내가 당신한테 혹한 것은 마술적 리얼리즘 작품들로 노벨문학상을 받은 가브리엘 가르시아 마르케스와 당신의 인터뷰를 읽으면서였습니다. 그 전까지는 주로 흥미 위주의 외신에서만 피상적으로 접하면서, 참 별난 사람이다 하는 정도였습니다. 그런데 2001년이었던가요? 내가 아직 〈당대비평〉의 편집위원으로 있을 때인데, 당신의 흔적을 좇아 멕시코에 가 있던 제자 박정훈 군이 멕시코 일간지 〈개혁(La Reforma)〉에 실린 그 인터뷰 원고를 보내왔습니다. 편집 과정에서 단숨에 읽었지만, 〈당대비평〉에 인쇄된 후에도 여러 번 읽게 되더군요. 이 편지를 쓰면서도 다시 읽었지만, 생각의 울림이나 감정의 떨림은 여전합니다.

 멕시코시티에 꼭 개선군처럼 입성해서 인파로 가득한 소칼로 광장의 연단에 올랐을 때의 감회를 묻는 가르시아 마르케스에게 던진 당신의 제1성은 "열광에 반대하는 사파티스타의 전통에 따라서 말하겠습니다."였지요. 그러면서 화자와 청자의 거리를 벌려놓고 뜨거운 태양과 스모그 아래 청중을 방치하는 그 네모난 광장의 비민주적 공간을 비판합니다. 뉘른베르크 스타디움의 나치 집회에서 히틀러에게 환호한 독일 민중의 열광, 100명이 넘는 압사자를 낼 정도로 추모의 열기가 가득했던 스탈린의 장례식, '마오쩌둥 어록'이라는 이름이 붙은 붉은 수첩을 들고 열광하며 톈안먼 광장을 행진하는 홍위병들, 광장이 떠나갈 듯 충성을 외치며 김일성 광장을 가득 메운 혁명적 군중의 전통과 사파티스타는 다르다는 게 당신의 첫 목소리였던 거지요. 일상생활을 식민화하는 공간이라며 스펙터클의 도시공간을 비판했던 상황주의자들이 생각나더군요.

 그 다음에 이어지는 당신의 이야기는 더 충격적입니다. 군사적 승리를 거두어 권력을 장악한 혁명군이 되는 것이야말로 사파티스타 민족해방군에게 벌어질 수 있는 최악의 상황이라며 아무렇지도 않게 툭 던진 그 말, 기억하지요? 물론 현실적으로 당신이 군사적 승리를 거둘 가능성은 거의 없었습니다만, 승리를 쟁취하자는 상투적 슬로건과는 완전히 다른 이야기라 낯설기도 하면서 충격이었지요. 그건 아마도 당신의 혁명관이 구좌파의 혁명관과는 다른 데서 비롯된 것이 아닌가 합니다. 혁명은 새로운 정치집단이나 사회세력이 권력을 장악하는 것이 아니라, 권력의 작동방식을 바꾸는 것이어야 한다고 했습니다. 그러면서 과거의 해방운동이 왜 헤게모니 쟁탈전으로 끝났는지를

2001년 3월 11일 멕시코시티 소칼로 대광장에 모인 시민들
이 광장에서 현대판 로빈 후드, 꽃을 든 혁명가 마르코스는
"혁명은 권력의 작동방식을 바꾸는 것이어야 한다"고 말했다.

아주 쉬운 언어로 이야기하더군요.

  과거의 혁명은 정치적으로 올바른 선지자 집단이 기성의 나쁜 권력과 싸워 이겨서 권력을 장악하고, 좋은 헤게모니를 행사해서 국가와 시민사회를 올바른 방향으로 이끈다는 시나리오가 대세였다는 것이지요. 이렇게 해서 혁명은 나쁜 헤게모니에 대항해서 좋은 헤게모니가 승리한 헤게모니 투쟁으로 환원되고, 이 헤게모니 투쟁에서 민중은 행위 주체가 아니라 헤게모니의 대상으로 바뀐다는 거지요. 그래서 승리하는 것은 항상 좋은 헤게모니지만, 권력의 상층부가 교체된 것을 제외하면 지배-피지배의 권력관계는 별반 바뀌지 않는다는 게 당신의 주장이었습니다. 그런데 어떻게 생각하면 당신의 이런 생각은 《국가와 혁명(The State and Revolution)》에서 레닌이 제기한 문제의식과도 통하는 부분이 있어요. 기존의 권력기구를 인수하는 것이 아니라 소비에트라는 새로운 권력구조를 통해 지배-피지배 관계를 근본적으로 바꾼다는 문제의식 말이에요. 1956년의 헝가리, 1968년의 폴란드와 체코, 1970년대의 유고슬라비아 등 현실사회주의의 반체제운동에서 노동자평의회에 대한 요구가 끊이지 않은 것도 비슷한 맥락 아닐까요?

  당신과 가르시아 마르케스의 이 인터뷰에 대해서 내가 너무 과민했는지는 모르겠어요. 그때는 〈당대비평〉에서 '우리 안의 파시즘' 특집을 만들면서 막 '일상적 파시즘'이라는 화두를 던진 때였습니다. '일상적 파시즘'의 밑바닥에 깔려 있는 기본적인 문제의식은 세상이 쉽게 변하지 않더라는 것이었습니다. 1990년대의 10년 세월 전체를 폴란드 역사와 씨름하면서 나는 시도 때도 없이 현실사회주의의 잔재와 마주쳤습니다. 젊은 꿈의 허무한 몰락에 진저리치면서 나는 끊임없이 '왜, 어떻게'라고 물었습니다. 여전히 정답은 모르겠지만, 한 가지만은 분명했지요. 프롤레타리아트가 정치권력을 장악해서 정치, 경제, 사회, 문화 등 모든 면에 걸쳐 체제를 바꾸고 사회주의를 건설하고자 했던 사회주의 혁명이 가져온 변화는 생각보다 근본적이지 않았다는 겁니다. 사람들이 살아가는 양식이 별로 바뀌지 않았다는 거지요.

사람들의 생활양식을 바꾼 걸로 치자면야 물론 신석기 혁명이 가장 혁명적이겠습니다만, 계급사회로부터 무계급사회로의 이행이라는 인간 역사의 질적 도약을 주장했던 사회주의 혁명도 그 못지않게 혁명적이어야 했지요. 신석기 혁명이 인간의 정주문화를 낳고 선사시대와 역사시대를 갈라놓았듯이, 사회주의 혁명은 계급사회와 무계급사회를 갈라놓는 역사적 분기점이어야 했지요. 그러나 사회주의가 노동자 농민을 억압하는 이데올로기로 인식되고, 그래서 사회주의자들이 사회주의라는 말 대신 '좌파'라는 모호한 수식어로 자신을 표현하는 사회, 생산수단에 대한 독점적 통제권을 지닌 노멘클라투라 관료계급과 노동자들 간의 계급투쟁이 존재론적 모순인 무계급사회, 사회주의 교리문답만 잘 외우면 출세주의자나 기회주의자들도 고급 당원이 될 수 있는 사회, 노동자들의 천국을 만들기 위해 노동자들의 희생을 요구하는 사회, 그런 사회를 낳은 사회주의 혁명은 도대체 어떤 혁명이었나요?

이념을 왜곡하고 혁명을 오도한 스탈린에게 책임을 돌리는 것은 너무 무책임하지요. 페레스트로이카 당시 스탈린의 왜곡을 시정하고 레닌으로 돌아가면 모든 일이 잘될 거라는 낙관론이 풍미했던 적이 있어요. 당신도 잘 기억할 겁니다. 그 다음에는 다시 '마르크스로 돌아가자', '아니다, 청년 마르크스로 돌아가자'는 등의 주장이 나오기도 했지요. 그러나 '해석학적 오류의 생산성'이라는 말도 있듯이, 어떤 이념이든 역사 속에서 실현될 때는 오해되고 굴절되기 마련이지요. 순수이념형이 실현되는 법은 없어요. 마르크스의 고전으로 돌아가 사회주의의 본래 취지를 잘 살리면 문제가 해결된다고 생각한다면, 너무 순진한 생각입니다. 그럴 수도 없을뿐더러, 또 돌아간다 해도 마르크스주의 안에 내장된 계급본질주의를 넘어서지 않으면 비슷한 오류가 되풀이되기 쉽지요.

이런저런 생각들이 사회주의 혁명과 변혁 전략을 다시 생각하게 만들었고, '일상적 파시즘'은 사실 그런 고민의 한 결과였을 뿐입니다. 정치권력을 장악해서 사회경제의 구조를 바꾸고 체제를 변혁한다는 발상이 가진 한계에 대해서 고민했던 거지요. 마르크스주의에도 이런 전통이 없는 것은 아닙니다. 수직적인 '지배'의 아비투스를 수평적인 '우애'의 아비투스로 대체해야 한다는 윌리엄 모리스(William Morris)의 혁명론도 그렇지만, 말년의 엥겔스가 혁명은 기독교가 로마제국을 점령했던 방식대로 일어나야 한다고 했을 때 그의 흉중에도 바로 이런 문제의식이 있었던 것 같아요.

기존의 체제는 사람들이 이미 결정된 생활방식을 일상적으로 받아들일 때 안정된 재생산구조를 유지하지, 결코 힘에 의해서만 작동하지는 않지요. 혁명을 국가권력의 쟁취라는 정치의 영역에서 일상생활과 문화의 영역으로 확대하고자 했던 당신의 시도가 소중한 것도 이런 이유에서입니다. 그러지 않으면 혁명은 단지 권력을 장악한 정치세력의 교체에 그치고 말 뿐이지요. 정치권력을 장악하는 일이야말로 사파티스타에게 일어날 수 있는 최악의 상황이라는 당신의 말은 이런 점을 지적한 것이 아닌가 싶어요. 일상을 지배하는 담론 구조와 문화적 코드를 깨지 못한다면 현실사회주의의 우를 반복할 수밖에 없다는 함의를 당신의 인터뷰에서 느꼈어요.

　사람들은 말하더군요. 당신이 멕시코 국립대학의 철학과에 다닐 때부터 루이 알튀세르와 자크 데리다, 미셸 푸코에 심취해 있었고, 그 영향은 '철학과 교육, 담론적 실천과 이데올로기적 실천, 멕시코 초등교육 공식 교과서에 나오는 역사적인 주체와 역사적인 변화'라는 긴 제목의 당신 학부 졸업 논문에도 잘 드러나 있다고요. 물론 이 프랑스 철학자들이 당신한테 미친 영향을 부정할 수는 없습니다. 당신의 우상 파괴적인 사유방식이나 메타포, 우파적이든 좌파적이든 공인된 진실을 해체해버리는 논리 등에서 이 포스트모던 같은 급진주의의 흔적은 깊이 새겨져 있습니다. 〈뉴욕 타임스(The New York Times)〉가 당신을 '포스트모던 혁명가'라고 부른 것은 당신이 핸드폰이나 웹사이트, 이메일 등에 능한 사이버 혁명가이기 때문이 아니라 바로 이들 프랑스 철학자들의 영향을 강하게 느꼈기 때문일 겁니다. 그러나 당신이 대변하는 사파티스타 민족해방군의 새로운 실험을 현대 프랑스 지성사의 틀 속에 가두어버린다면, 그건 너무 오만한 자세지요.

　당신의 독특한 혁명관은 멕시코의 현실에 대한 절절한 성찰의 결과가 아닌가 합니다. 제도혁명당의 백인 중심의 엘리트 지도부가 에밀리아노 사파타의 혁명을 전유하고 제도화함으로써 '땅과 자유'는 여전히 실현되지 않은 농민들의 구호로 남아 있는 멕시코의 비참한 현실 말이지요. 데리다나 푸코나 알튀세르는 바로 그 멕시코의 현실에 대한 당신의 고민을 담을 수 있는 언어의 그릇을 주었을 뿐이라고 나는 생각합니다. 다수를 대변하는 전위라 자칭한 라틴 아메리카 혁명세력과 그 이념인 마르크스-레닌주의는 원주민과 동성애자와 같은 소수자를 배제했다는 당신의 비판은 참으로 통렬합니다. 동성애자는 혁명을 배반할 가능성이 높고 원주민은 생산력의 발전에 저해가 되는 요소이므로 이들을 프롤레타리아트로 재교육시켜야 한다는 계급본질주의 혹은 프롤레타리아 근본주의에 대한 당신의 지적은 추상적 이론이 아니라 구체적 현실에서 나온 비판이 얼마나 매서울 수 있는지를 잘 보여줍니다.

포스트모더니즘의 어떤 용어도 사용하고 있지 않지만, 치아파스의 원주민을 통해 멕시코의 근대성을 흔드는 당신의 비판은 그 어떤 포스트모더니스트의 근대 비판보다 통렬합니다. 그러나 당신의 글은 프랑스의 포스트모더니스트들처럼 난해하거나 레닌주의자들처럼 상투적이지 않습니다. 당신 글의 유희적 성격이나 연극적 재능이 비판적 날카로움을 무디게 하기는커녕 오히려 생동감을 불어넣어 준다고 당신을 잘 아는 사람들이 말하더군요. 미겔 세르반테스의 《돈키호테》와 집시 우화집을 베갯머리 책으로 즐겨 읽고, 폴 엘뤼아르의 서정시와 원주민들이 익숙한 《구약성서》의 메타포를 능수능란하게 구사하는 당신의 말이나 글에는 몽환적인 분위기가 있어요. 누구는 당신이 영화 〈피츠카랄도(Fitzcarraldo)〉 속의 주인공 같다고 하더군요. 독일 배우 클라우스 킨스키가 주연한 피츠카랄도의 넋이 나간 눈빛이며, 아마존 강 깊숙한 오지에 오페라 궁전을 지어 카루소의 오페라를 듣겠다던 그의 광기 어린 꿈, 아마존의 밀림으로 퍼져나가는 낡은 축음기의 아리아. 그래요, 초현실적이고 몽환적인 이미지가 있지요. 미국의 영화감독 올리버 스톤마저 찬탄해 마지않았던 당신의 배우적 재능과 연극적 효과는 그야말로 압권이라더군요.

그러나 그 연극적 무대장치와 초현실주의적인 꿈 밑에 있는 현실은 냉엄하지요. 마르크스주의 혁명이 배제해왔던 원주민 소수자의 혁명이라는 당신의 당찬 선언은 "한 번도 원주민 사령관은 없었어요. 마르코스가 다 결정하지요."라는 원주민 게릴라 전사가 무심코 흘린 말로 무화되고 말아버리지요. 원주민들이 사파티스타 지도부를 구성하고 있는 것처럼 언론이 믿게 만들었던 당신의 노력도 일순간에 허사가 되지요. 게릴라의 규율과 공동체의 도덕성을 지키기 위해 엄격한 금주령을 내리고 금주령을 어긴 주민들을 벌하기 위해 마을 안에 감옥을 만든 잇단 조치들이 마을의 내부 분열을 가져왔다는 사실에 당신은 눈을 감고 있나요?

한 언론인은 안타깝기 짝이 없는 어조로 그러더군요. 게릴라가 된 철학자의 고집이 원주민들 사이에 반목과 분열을 가져왔고, 이제 이곳 마을 사람들은 더 이상 사회주의의 꿈을 꾸지 않게 되었다고요. 당신의 게릴라 부대와 전투를 치른 멕시코 연방군 고위 장교의 분석은 더 무섭습니다. 당신이 지나치게 과도한 권력을 행사하기 때문에 원주민 장교들은 무기력하고 군대의 기강은 너무 낮다고요. 마르코스는 모든 것을 통제하려고 한다는 겁니다.

당신의 이 아이러니한 전위의식을 들어 한 멕시코 작가는 당신과 치아파스 게릴라들이 '포스트모던 샐러드'일 뿐이라고 신랄하게 비꼬았더군요. 당신이 포스트모던 혁명가인지 아니면 샐러드인지는 아직 모르겠어요. 시간이 좀 더 필요하겠지요. 희망의 끈을 놓지 않고 기다려볼 수밖에요.

13

시온주의, 홀로코스트, 그리고 이스라엘 국가주의

― 다비드 벤구리온에게

다비드 벤구리온

1886~1973

팔레스타인 땅에 이스라엘공화국을 세우는 데 평생을 바친 행적으로 인해 '이스라엘 건국의 아버지'로 불린다. 1948년 5월 미국과 소련의 지원 아래 텔아비브에서 이스라엘의 독립을 선언할 당시 총리 겸 국방장관으로 선출되었다. 이스라엘의 독립이 2,000년 전 로마 군단이 팔레스타인에서 유대인들을 추방함으로써 단절되었던 유대 역사가 다시 시작되는 것이라 보았다. 제2차 세계대전 때 유럽의 유대인 구출보다 시온주의적 이스라엘의 건국을 더 시급한 과제라 여겨 나치와의 물밑 협상도 서슴지 않았으며, 종전 이후 서독의 콘라트 아데나워 수상이 홀로코스트로 희생당한 유대인과 이스라엘에 대한 국가적 보상에 미온적 태도를 보이자 돌연 서독에 선전포고도 서슴지 않는 등 강한 개성의 정치가였다. 전후 이스라엘을 세우기 위해 홀로코스트의 기억을 이스라엘의 민족적 명분을 알리는 정치적 자산으로 세계 여론에 이용하면서 '희생자 의식 민족주의'를 부추기는 데도 앞장섰다. 화려한 정치경력과 달리 1963년 총리직을 사퇴한 후 키부츠에서 조용히 말년을 보냈다.

DAVID BEN-GURION

벤구리온 할아버지.

내 기억이 틀렸나 봅니다. 당신 하면 늘 프랑스 배우 장 가뱅을 떠올렸습니다. 인자하면서도 고집스러운 할아버지 상 있잖아요? 그런데 오늘 당신 사진을 찾아보니 장 가뱅보다는 훨씬 날카로운 인상이네요. 그러고 보면 당신이 아꼈던 모세 다얀(Moshe Dayan)이 그 특유의 검은색 안대로 한쪽 눈을 가린 채 탱크 위에서 웃는 사진은 익숙한데, 정작 당신 사진은 낯설게만 느껴집니다. 그런데도 뜬금없이 장 가뱅을 생각한 걸 보면, 내 안에서든 밖에서든 어떤 이미지 조작 비슷한 게 있었나 봅니다.

내 어렸을 때, 당신 이름은 한반도에서도 신화였습니다. 600만이 학살당한 홀로코스트의 참화를 딛고 아랍 '강대국'—그 강대국이 어느 나라인지 나는 아직도 모릅니다. 아마 누구도 모르겠지요—들의 위협을 이겨내고 '강소국'을 건설한 당신의 위업 때문입니다. 자기보다 몇십 배 많은 인구와 국토를 가진 아랍 국가들과 싸워 이겨 이스라엘의 독립을 지키고 강소국의 신화를 만들어간 지도자인 당신은 경외의 대상이었습니다. 부강한 나라를 만들어 다시는 나라 없는 백성의 설움을 겪지 말자며 조국 근대화에 매진하던 남한의 청년학도들에게 당신과 이스라엘의 열렬한 애국자들은 그야말로 역할 모델이었지요.

내 또래의 한국인들은 아마 지금도 벤구리온, 6일전쟁의 영웅 모세 다얀, 골다 메이어(Golda Meir) 등의 이스라엘 건국 지도자들을 기억할 겁니다. 이스라엘의 젊은이들은 외적의 침입으로 국가가 위기에 빠지면 신혼여행지든 유학을 간 미국이든 상관없이 무슨 수를 써서라도 조국으로 달려와 기꺼이 목숨을 바치러 전쟁터로 나갔다는 이야기는 이 땅의 남한 청소년들에게 애국주의의 꿈이었습니다. 당신은 항상 그 꿈의 중심에 있었고요. 기억의 착각인지도 모르겠지만, 이스라엘 어딘가의 정착공동체에서 어린아이를 안고 어르는 당신의 사진을 본 것 같기도 합니다. 나라를 구한 애국적 영웅이자 인자한 할아버지의 이미지는 어린 마음에도 참 이상적이었던 것 같아요.

물론 당신이 제1차 세계대전 전 바르샤바에서 마르크스주의 색채가 짙은 '포알레이 시온(Poalei Syon)'당의 활동가였다든지 전후 이스라엘에서 '마파이(Mapai)'라 불린 '시온주의 사회-노동당'의 핵심인물이라는 이야기는 들을 수 없었습니다. '반공'이 국시인 나라에서 마르크스주의 전력을 가진 사회주의 노동당 지도자를 존경하면 큰일 나잖아요. 그래서 당신은 그냥 우국지사의 이미지로만 전해졌습니다. 당신이 노동당 출신임을 안 것도 아주 나중의 일이에요. 척박한 땅 네게브 사막에 키부츠를 건설하고, 정계 은퇴 후에는 당신이 건설한 키부츠에서 소박한 생활을 하다 영면한 당신은 죽을 때까지 사회주의자의 입장을 고수했을 거라 생각합니다.

생전에 혹시 리보프 출신의 마르크스주의 철학자인 아담 샤프와 안면이 있으셨는지요? 잘 아시다시피 그는 1968년 빨치산파 민족공산주의자들의 반시온주의 운동에 희생되기 전까지는 공산주의 폴란드에서 가장 막강한 학문권력을 휘둘렀던 인물입니다. 제2차 세계대전 직후 20대의 청년인 레셰크 코와코프스키(Leszek Kołakowski)의 재능을 알아보고 바르샤바로 불러들인 것도 그였지요. 적어도 폴란드의 학계에서는 그의 사인만 있으면 안 되는 게 없었다고 해요. 그런 그가 몇 년 전 폴란드에서 자서전을 냈는데, 1990년대 초 처음으로 이스라엘을 방문하고 나서는 키부츠야말로 사회주의의 미래를 담고 있다는 다소 엉뚱한 주장을 펼치더군요. 여기서 샤프의 주장이 옳은가 여부가 중요하지는 않습니다. 이 마르크스주의자가 미래의 모델로 생각할 만큼 당신이 만든 키부츠는 공동체적 지향이 강했다는 점을 이야기하고 싶습니다.

하긴 당신이 마파이라는 이스라엘 노동당의 지도자였고 사회주의적 지향을 가졌다는 게 뭐 그리 중요하겠습니까? 솔직히 말하면 지금 이스라엘의 집권당인 리쿠드당의 노선이 당신과 크게 다른 것 같지도 않아요. 물론 이스라엘 건국 전에는 '이르군(Irgun)'이라는 테러/군사 조직을 이끌고 리쿠드당을 창당했던 메나헴 베긴(Menahem Begin)과 사상자를 낳는 물리적 충돌도 했지만, 이스라엘이라는 신생국가가 다른 모든 가치에 앞서는 최상의 가치라는 생각은 공유하지 않았나 싶어요. 국제적으로 홀로코스트를 기억하는 날인 올해 1월 27일, 리쿠드당 출신의 현 수상 베냐민 네타냐후(Benjamin Netanyahu)가 아우슈비츠까지 날아가서 "강력한 군대를 지난 강한 이스라엘 국가만이 제2의 홀로코스트를 막을 수 있다."고 연설했을 때, 나는 솔직히 당신을 먼저 떠올렸습니다.

1956년 시나이 반도를 놓고 이집트와 벌인 시나이 전쟁 때였나요? 세계유대기구의 나훔 골드만(Nahum Goldmann) 의장과 나눈 대화 기억하세요? 하긴 당신이야 늘 하던 이야기니까 새삼스러울 것도 없겠지만, 골드만은 그 이야기를 생생하게 기억하고 있더군요. 《유대인의 역설(The Jewish Paradox)》이라는 책에서 그가 전하는 요지는 대략 이런 거였습니다. "내가 아랍 지도자라도 이스라엘과는 협상하지 않겠다. 당연하지. 우리가 여기 와서 그들의 나라를 빼앗은 것이 아닌가?

반유대주의가 아랍인들의 잘못인가? 그들의 이해를 구할 수는 없다. 방법은 하나뿐이다. 우리가 강해지고 힘센 군대를 유지하는 것." 강력한 이스라엘 국가의 존립이라는 역사적 정언명령 앞에서 마파이나 리쿠드는 그야말로 오십 보 백 보지요. 마파이로 대변되는 이스라엘의 사회주의 전통은 구성원들 간의 평등이 아니라 집단성에 기초해 있고 집단적 주체가 개인적 주체를 압도하는, 그래서 국가주의적 사회가 시민사회를 압도하는 왜곡된 것이었다는 신좌파의 비판이 겨냥하는 것도 바로 이 지점이 아닌가 합니다.

1960~1970년대 안보와 경제발전이라는 두 마리 토끼를 잡으려고 필사적이었던 박정희 정권에게 이스라엘과 당신은 정말 좋은 재료였지요. 급변하는 국제 정세와 북한의 안보 위협에 맞서 싸우며 건설해야 했던 유신체제의 역사적 사명은 이스라엘의 국가주의적 의제와 절묘하게 일치하기도 했지요. 조국 근대화라는 박정희 정권의 역사적 사명을 정당화하기 위해 당신의 이미지가 덧붙여진 측면도 있어요. 1967년 6일전쟁의 기적 등의 이미지가 더 극적인 효과를 주기도 했고요. 그런데 당시 미국 중앙정보부는 이스라엘과 아랍 국가들의 군사력을 면밀히 검토한 결과 이스라엘의 압승을 예견하고 있었잖아요. 문제는 '며칠 만에 이길 것인가?'였지요. 그러니까 기적이 아니라, 그처럼 압도적 군사력을 갖고도 지면 바보지요.

생각해보면 우리가 이처럼 당신 이미지를 신화적으로 구축하고 있을 때 정작 이스라엘에서는 건국의 아버지인 당신에 대한 의문이 싹트고 있었더군요. 30년이 지난 공문서들을 공개하는 정보비밀법 덕분에 베일에 가려져 있던 당신의 말과 생각들이 수면 위로 드러난 거죠.

새롭게 드러난 당신 모습들을 보면 장 가뱅의 이미지는 분명히 아니네요. 나이 들어서도 날카롭기만 한 당신 사진조차도 새로 공개된 문서들이 보여주는 당신의 진면목보다는 오히려 훨씬 더 온화한 거더군요. 홀로코스트의 생존자나 희생자들에 대한 당신의 시선은 정말 차갑더군요. 나치의 '도구적 이성'에 빗대어 말한다면, '도구적 애국주의'라고나 할까요? 당신의 궤적을 보면, 이스라엘의 건국에 필요하다면 히틀러도 잘 이용할 필요가 있다는 그 원칙에서 당신은 한 발짝도 벗어난 적이 없습니다.

나치가 집권했을 때 당신의 속마음은 어땠나요? 히틀러의 집권이 파국적인 결과를 가져올 거라 예상하지만, 동시에 유럽 유대인의 팔레스타인 이민을 재촉하는 역사적 호기라고 생각하지 않았나요? 아니라고요? 그러면 '나치의 승리가 시온주의에 큰 힘이 될 것'이라는 이야기는 왜 한 건가요? 실제로 당신은 반유대주의에는 별로 관심이 없었지요. 반유대주의는 독일인으로 동화되어 독일에서 살고자 했던 동화주의자들에게나 문제였지, 유대인들을 팔레스타인으로 데려오려는 당신의 입장에서는 반대할 이유가 하나도 없었지요. 한나 아렌트가 《예루살렘의 아이히만》에서 폭로했던, 나치와 시온주의자들이 맺은 하바라 협정(Haavara Agreement)*에는 사실 당신뿐만 아니라 골다 메이어 등 전후 이스라엘 수상을 지낸 주요 인물들이 거의 다 관여했

■ **하바라 협정**
1933년 8월 25일, 나치 독일의 당국자들과 독일 및 팔레스타인의 시온주의자들이 맺은 협정이다. 독일 유대인들이 팔레스타인으로 이주할 수 있도록 나치 정부가 협조하는 대가로 이들 유대인들의 독일 재산을 대부분 포기한다는 내용으로 이루어져 있다.

더군요. 그러니 한나 아렌트가 욕먹을 일은 아니었지요. 단지 유대인 없는 독일에 대한 나치의 꿈과 유대인들의 팔레스타인 이주라는 시온주의의 목표가 절묘하게 맞아떨어진 거잖아요.

최근 밝혀진 통계에 의하면, 제2차 세계대전 중반까지 이 협정 덕분에 약 2만 명의 유대인과 3,000만 달러 정도의 재산이 팔레스타인으로 흘러들어올 수 있었다지요. 원래 나치는 유대인들이 독일을 떠날 때 아주 적은 돈 외에는 재산을 갖고 가는 것을 허용치 않았습니다. 그러나 이 하바라 협정 덕분에 팔레스타인으로 이주하는 유대인들은 1인당 약 1,000스털링의 외화 현금과 2만 마르크에 해당하는 독일 상품을 휴대하는 것이 가능했더군요. 그래서 미국의 유대인들은 나치의 반유대주의 정책에 항의하는 뜻으로 독일 상품 배척 운동을 벌이는데, 정작 팔레스타인에는 시장을 잃은 독일 상품들이 넘쳐났다지요. 그뿐만 아니라 나치당의 정예 요원이자 나치 신문인 〈공격(Der Angriff)〉의 정기 칼럼니스트인 레오폴트 밀덴슈타인(Leopold Itz von Mildenstein) 남작을 팔레스타인으로 초청하기도 했더군요. 나치 신문에 시온주의에 대한 호의적 기사가 실리기를 기대했던 거지요.

유대인 문제 담당자였던 이 작자 밑에서 아돌프 아이히만이 일했으니, 나중에 헝가리의 유대인 이주를 위해 아이히만과 시온주의 특사가 협상을 벌인 것도 결코 우연은 아니네요. 나치가 전쟁 수행에 필요한 트럭과 유대인을 맞바꾸려는 협상이었다고 해서 'blood for truck 협상'이라고 부르는 그 일 말입니다. 더 놀라운 것은 '시온주의자들이 유대인 박해를 즐긴다'는 아이히만의 당시 보고서입니다. 당신들과의 접촉을 통해 이런 점을 간파한 걸 보면, 아이히만은 아렌트가 생각한 것보다는 조금 더 똑똑한 사람이었던 것 같습니다. 아니면 당신들이 너무 노골적이었거나…….

훗날 아이히만 재판 때 당신이 극적인 태도를 취했지만 제2차 세계대전 당시 시온주의 신문들이 홀로코스트에 대해 무관심했던 것은 누구도 부인할 수 없습니다. 연합군의 시칠리아 상륙 소식이 1면에 대문짝만 하게 실리던 날, 정작 홀로코스트의 존재를 알리는 기사는 2면에서 3단짜리 기사로 다루어졌다지요. 하인리히 히믈러(Heinrich Himmler)의 유대인 학살 명령보다도 튀니지의 전황 따위가 더 중요하게 다루어진 당신네 언론은 정말 충격입니다. 하긴 미국의 시온주의자들도 유럽의 유대인을 구출하는 것보다는 이스라엘의 건국이 더 시급한 과제라는 생각을 공유했다더군요. 마파이의 한 중도좌파 주간지가 잘 보여주듯이, 홀로코스트는 팔레스타인으로 이주하기를 거부하고 독일인으로 행세하며 동화되기를 기대했던 유럽의 동화주의 유대인들에 대한 천벌이라는 생각이 널리 퍼졌던 모양입니다. 이들 민족 배반자들이 그런 비참한 운명에 처하게 된 것은 자업자득이라는 악의적 시선이 있는 거지요.

당신은 제2차 세계대전 직후 홀로코스트의 생존자들, 그 묵시록적 지옥에서 악몽을 경험하고 천신만고 끝에 살아남은 그 생존자들에게도 이런 차갑고도 악의적인 시선을 거두지 않더군요. 마치 스탈린이 소련 인민들을 '톱니바퀴'라고 불렀던 것처럼, 당신은 이들을 '인적 요소' 혹은 '인적 재료' 등의 물화된 표현으로 불렀습니다. 당신 측근들에게 개인적으로 말할 때는 가장 이기적이고 가장 질이 낮은 인간 유형들만 살아남았다는 식으로 이들 생존자들에 대한 혐오를 감추지 않았습니다. 영웅적인 시온주의 전사들에 비해서 온갖 굴욕과 상처가 몸에 각인된 이들 생존자들은 좋은 인적 자원이 아닐뿐더러, 시온주의와 민주주의, 키부츠의 건강성을 해칠 수도 있다는 우려가 컸지요.

폴 뉴먼이 모사드 요원으로 분하고 'this land is mine'이라는 가사로 시작하는 주제가가 인상적인 영화의 실화였던 엑소더스호 사건 당시 당신이 보낸 훈령들은 더 노골적이더군요. 팔레스타인의 정정이 불안해지자 영국 해군은 유대인들의 무허가 이주를 막기 위해 해안 봉쇄정책을 폈지요. 엑소더스호는 모사드의 진두지휘 아래 유럽의 유대인들을 몰래 팔레스타인으로 이주시키던 배였는데, 영국 해군 경비정에 적발되어 독일의 함부르크로 회항 조치가 내려집니다. 그러자 엑소더스호에서 소요가 일어나 바다 위에서 영국 군함과 팽팽한 대치 상태에 빠지고, 먹을 것과 물이 떨어진 배 위에서 노약자와 여성들이 고통을 받고, 그러자 세계 각국의 기자들이 몰려와 취재를 하고, 그래서 다시 유대인 난민 문제가 세계 여론의 뜨거운 쟁점이 된 유명한 사건이지요.

당신은 이때 비로소 이 '불결하고 건강하지 못한 인적 자원'들이 이스라엘의 건국에 이용가치가 있다는 것을 깨달았지요. 세계 여론이 이스라엘에 동정적으로 움직일 것이라고 파악한 거지요. 그래서 당신은 배에 탄 난민을 구하겠다는 모든 시도를 금지시키고 전 세계의 언론인들이 보는 앞에서 난민들의 고통을 최대한 지속시킨 후 죽음의 땅 독일로 다시 돌아가게 하라는 지시를 내리지요. 그것은 이스라엘의 국가권력이 자기 이해를 위해 홀로코스트와 홀로코스트 생존자들의 기억을 전유하는 기억의 정치학의 시작이 아니었던가요? 이렇게 해서 엑소더스호에 대한 이스라엘의 집단 기억은 고통을 당한 난민들이 아니라 시온주의자 영웅들을 중심으로 만들어집니다. 국가가 만든 공식적인 기억에서 고통 받고 다치거나 죽은 난민들의 자리는 없는 거지요.

아이히만 재판은 엑소더스호 사건과 더불어 이스라엘 국가가 홀로코스트를 전유하는 중요한 계기였다고 생각합니다. 그 두 사건의 배후에 모두 최종 결정권자인 당신이 있었다는 것도 우연은 아니겠지요. 아이히만 재판에서 전범 추적의 성공적 스토리를 부각시킨다면, 그것은 앞뒤가 뒤바뀐 거지요. 모사드에게 사실 가장 시급한 과제는 나치 전범을 추적하는 것이 아니라 아랍 세계에 구축한 스파이망의 유지, 국내에 잠입한 아랍 스파이의 적발 등 이스라엘의 국가 안보 문제였다는 것은 익히 잘 알려진 사실입니다. 그런데 아이히만을 찾아내 이스라엘로 압송한 해가 1960년이라는 게 반드시 우연만은 아닌 듯합니다. 오스트리아 출신의 홀로코스트 생존자로 전범 추적에 평생을 바친 지몬 비젠탈(Simon Wiesenthal)에게 아이히만이 부에노스아이레스에 산다는 결정적 제보 엽서가 날아온 게 1954년인 걸 생각하면 더 그렇죠.

아무래도 1959년 여름에 있었던 셰퍼드 유대인들의 폭동이 아이히만 납치작전의 배경에 있는 것 같아요. 홀로코스트로 유럽의 유대인들이 거의 전멸하자 당신은 아시아/아프리카에 흩어져 사는 75만 명가량의 셰퍼드 유대인들에게 눈을 돌렸지요. 이들은 1949년부터 이스라엘로 이주하기 시작했지만, 유럽에서 온 아슈케나지 유대인들과 계급적 격차가 컸지요. 유럽계 유대인들이 독일 정부로부터 배상금을 받기 시작하면서 그 격차는 더 벌어졌어요. 문화적 이질감은 물론이고요. 헤게모니를 독점한 아슈케나지 유대인들에 대해 이들 셰퍼드 유대인들은 2등 시민이라는 느낌을 지우기 어려웠던 모양입니다. 결국 폭동까지 일어나고 보니, 애국심에 호소하는 민족주의적 살풀이가 필요했던 게지요. 지금도 AIDS 감염 위험성이 높다는 이유로 에티오피아에서 온 유대인들한테는 헌혈을 받지 않는 등 셰퍼드 유대인들에 대한 차별이 수면 위로 떠오르는 경우가 많지요.

당신의 뜻을 받들어 재판을 설계하고 아이히만 재판을 이스라엘의 민족주의적 카타르시스로 만든 것은 당시 이스라엘의 검찰총장으로 아이히만을 기소한 기드온 하우스너(Gideon Hausner)였습니다. 나치로부터 고통을 받은 다른 민족의 대표들도 재판에 참석해야 한다는 주장은 홀로코스트의 비교 불가능한 고유성을 근거로 일축하고, 이스라엘이 전 세계 모든 유대인을 대변할 권리가 있는가라는 미국유대인회의의 항의는 무시했지요. 전 세계 언론의 관심이 집중된 가운데 열린 이 세기의 재판은, 세계 여론이 국제법을 무시하면서까지 아이히만을 납치해온 이스라엘에 대해 부정적인 가운데 시작했지요.

그런데 재판 도중 원고 측 증인으로 나온 홀로코스트의 생존자 예히엘 데누르(Yehiel De-Nur)가 법정에서 기절하면서부터 부정적이었던 세계 여론이 동정적으로 바뀌기 시작했지요. 당신 표현대로 이 건 강하지 못한 '인적 자원'들은 기억을 억압당해왔습니다. 순한 양처럼 끌려가 온갖 굴욕을 다 견디고 간신히 살아남은 이들은 영웅적 시온주의나 군사적 승리주의가 지배적인 이스라엘의 공식적인 기억 문화와 맞지 않았어요. 그런데 갑자기 홀로코스트의 기억이 유용한 상황이 발생한 거지요.

자, 그럼 이제 홀로코스트 생존자들의 기억에 대한 억압이 끝났으니까 끝내자고요? 천만에요. 당신은 억압을 끝내지 않았습니다. 이제부터는 이들에게 아픈 기억들을 토해내라고 강요하기 시작한 거지요.

사실 홀로코스트의 기억처럼 진짜 아픈 기억은 트라우마가 되어 무의식의 가장 깊은 곳에 숨어 있잖아요. 그 기억들이 무의식의 심연에서 일상의 표면으로 올라올 때 트라우마가 재연되고 앞의 증인처럼 기절하게 되는 거지요. 그래서 트라우마를 가진 사람들은 기억상실증 등의 형태로 내면에서 기억을 억압하잖아요. 그런데 이제 당신은 그들에게 트라우마가 재연되더라도 그 비극적 기억을 다시 끄집어내라고 강요하는 거예요. 이스라엘이라는 조국과 유대 민족을 위해서. 일본군 위안부 할머니들을 대하는 한국 사회의 모습과 너무 닮아서 나는 깜짝 놀랍니다. 반세기 가까이 할머니들의 기억을 억누르다가, 이제는 다시 각 개인이 갖는 트라우마를 폭력적으로 재연시키는 방식이 말입니다.

한 지방 도시의 민주집회에서 "일본군들이 할머니들에게 어떻게 했어요?"라고 물으며 일본군 위안부 할머니들에게 아픈 기억을 공개적으로 털어놓을 것을 강요하는 그 민주투사 출신의 사회자에게 느낀 적의는 아직도 내 안에 시퍼렇게 살아 있습니다. 홀로코스트 생존자들에 대한 당신의 도구적 애국주의를 보면서 불현듯 그 옛 기억이 떠올랐습니다. 심지어는 당신네 민족문학의 화법, 더럽고 타락한 홀로코스트 생존자 누이에게 건강하고 용감하며 오염되지 않은 시온주의의 젊은 남성 용사가 말을 거는 이츠하크 사데(Yitzhak Sadeh)의 서사시를 읽으면서 나는 치밀어오는 욕지기를 참기 힘들었습니다.

아이히만의 반인류적 범죄에 대한 심판이라는 당신 주장의 허구성은 그때 검사로 활약했던 하우스너의 그 다음 행적이 상징적으로 잘 보여주더군요. 그가 이스라엘 내 팔레스타인인들을 부당하게 심사하는 것으로 악명 높은 시민권 심사위원회인지 혹은 정착촌 관련 위원회인지의 위원장을 맡고 있다는 사실을 알았을 때 전혀 놀라지 않았습니다. 능히 그러리라 짐작했지요. 누군가 그 사실을 지적하면서 역사의 아이러니라고 썼던데, 아이러니라니요? 세기의 아이히만 재판에서 당신과 하우스너가 취한 태도의 연속성이라고 보아야지요.

어쨌거나 아이히만 재판을 계기로 오랫동안 당신이 터를 닦은 이스라엘 민족주의는 군사적 승리와 영웅서사 일변도에서 홀로코스트 희생자들의 고통까지도 아우르는 종합 선물 세트로 발전해가더군요. 국민의 태도도 바뀌어 당시까지만 해도 '카 체트니크(Ka-Tzetnik)' 또는 '비누(Savon)'■■라 부르며 멸시하던 홀로코스트의 희생자들과 자신들을 동일시하는 일종의 집단적 희생자 의식이 형성되기 시작하더군요. 1967년 6일전쟁 전야에 이스라엘을 전멸시키겠다는 아랍 방송이 잔뜩 위기감을 높이자 이 희생자 의식은 이스라엘의 전후세대들에게 홀로코스트의 경험을 자기 것으로 느끼게 만드는 놀라운 효과를 발휘했습니다. 당신의 큰 성공을 축하합니다.

그런데도 마냥 축하할 수 없는 것은 국가주의적 대의를 위해 홀로코스트의 기억을 전유하면서 만든 희생자 의식 민족주의가 이스라엘의 젊은 세대에게 리쿠드당의 헤게모니를 확산시키는 계기가 되었다

■■ **카 체트니크, 비누**
시온주의자들이 홀로코스트의 생존자들을 비하하며 부르는 말들이다. 카 체트니크는 독일어로 집단수용소를 의미하는 'Konzentrationlager'의 첫 글자인 'K'를 따서 만든 슬라브어식 조어로, 'K의 사람들'이라는 뜻이다. 비누라고 부른 것은, 홀로코스트에서 희생된 유대인들의 시체에서 나온 기름으로 비누를 만들었다는 당시의 소문(유언비어라고 주장되고 있는)을 빗대어 '비누 같은 존재'라고 비하하는 의미를 담고 있다.

예루살렘에 있는 홀로코스트 기념관 야드 바솀(Yad Bashem)
야드 바솀은 '영원히 사라지지 않을 이름'이라는 뜻으로 《구약성서》에서 따왔다.
이스라엘의 국가주의적 기억과 홀로코스트 생존자들의 기억이 각축을 벌이는 기억의 전장이기도 하다.

는 겁니다. 어린 팔레스타인 청소년들이 맨손에 돌로 맞선 인티파다나 팔레스타인 민간인들의 생명과 인권을 짓밟은 가자 침공 당시 젊고 선량한 이스라엘 군인들이 저지른 잔학행위도 이런 맥락에서 이해해야 하지 않을까요? 유대인은 영원한 희생자라는 희생자 의식 민족주의는 아주 깊은 실존적 공포를 젊은 세대에게 심어줍니다. 그것은 다시 홀로코스트에서 희생된 선조들의 전례를 되풀이하지 않기 위해서는 강한 국가가 필요하고, 강한 이스라엘 국가를 유지하기 위해서는 어떤 일도 정당화될 수 있다는 논리를 낳지요. 1992년 이스라엘의 정체성을 묻는 한 사범대학의 여론조사에서 80퍼센트의 응답자가 '우리는 홀로코스트의 생존자'라고 답했다는 보도는 참으로 시사적이지요.

그러니까 앞서 인용한 "강력한 군대를 지닌 강한 이스라엘 국가만이 제2의 홀로코스트를 막을 수 있다."는 네타냐후의 연설은 어느 면에서 민의를 반영한 거지요. 사회주의 노동당 마파이의 전설적 지도자인 당신이 극우 리쿠드당을 키웠다고 내가 감히 이야기하는 것도 이 때문입니다. 이처럼 한번 정치화하기 시작한 홀로코스트의 기억은 이제 거의 통제하지 못할 정도로 굴러가는 게 아닌가 싶습니다.

당신 사후의 일이니까 당신은 아마 모를 겁니다. 하지만 이야기해야겠습니다. 인티파다 발생 이후, 이스라엘 국방부는 아주 기괴한 조치를 하나 취합니다. 군인들에게 바르샤바 게토 봉기 박물관의 참관을 공식적으로 금지시킨 거지요. 1943년 바르샤바 게토 봉기는 양처럼 끌려가 무기력하게 학살당한 유대인이라는 이미지에서 벗어나 비극적이고 영웅적인 유대 전사들의 투쟁을 상징하는 역사적 사건이잖아요. 그런데 군사적 영웅주의를 한껏 고취시켜야 할 군대가 게토 봉기 박물관의 출입금지 명령을 내리다니요. 그 이유를 알면 정말 놀랍습니다. 봉기 박물관을 본 이스라엘의 젊은 군인들이 바르샤바 게토의 전사들을 진압한 나치의 잔인성이 인티파다에 참가한 팔레스타인 청소년들을 다루는 이스라엘 군대의 잔인성과 비슷하다고 느끼기 때문이라는 것이지요. 당신이 남긴 업보가 얼마나 큰지 이제 이해하시겠는지요.

얼마 전에 미국에서 한 학부모가 《안네의 일기(Het Achterhuis)》가 성적으로 너무 노골적인 내용을 담고 있다며 학교에서 가르치는 데 조심해달라는 청원을 했다는 외신 기사가 있었습니다. 그래서 다시 그 책이 화제가 됐지요. 문득 당신은 《안네의 일기》를 어떻게 읽었을까 하는 궁금증이 들었습니다. 나는 '아니다' 쪽에 내기를 걸고 싶습니다만……

추신

이 편지를 쓰고 꽤 시간이 흐른 후에야 이스라엘의 일간지 〈하레츠(Haaretz)〉에서 모세 다얀의 미망인의 인터뷰 기사를 읽었습니다. 우아하면서도 강직하게 늙은 90세의 이 노부인은 네타냐후 정권의 팔레스타인 정책을 신랄하게 비판하더군요. 유대 사회주의 노동당인 포알레이 시온의 전통에 깊이 뿌리내린 사상과 신념을 가진 이 노부인의 눈에 이스라엘의 현 집권당과 네타냐후는 팔레스타인에 대해서는 인종차별적 편견으로 무장한 극렬 보수주의자이자 유대 국수주의자이고, 시장경제의 논리에 공동체적 복지를 팔아넘긴 정글 자본주의자들이더군요. 그러면서 자신과 자기 남편 모세 다얀은 유대 사회주의의 원칙에 충실했고, 전쟁 당시에도 희생은 불가피한 최소한의 선으로 줄이려고 노력했다는 뜻의 인터뷰였다고 기억합니다.

당신의 동지였던 다얀의 미망인이 이럴 정도이니, 현재 이스라엘의 집권세력은 도대체 어떤 집단인지 상상 이상입니다. 또 다른 한편으로는 내가 당신이나 다얀 등 포알레이 시온당에 너무 심했나 하는 생각도 듭니다만, 그래도 마르크스주의 조직인 '분트(Bund)'의 전통이 거의 자취를 감추어버린 현재 이스라엘 정치의 보수화에는 당신의 좌파 시온주의, 국가 이성에 대한 신성화가 크게 기여했다는 생각을 지울 길이 없습니다. 이스라엘의 국가주의적 우경화를 베긴과 네타냐후, 리쿠드당만의 책임으로 환원시켜버린다면, 역사적 희생을 근거로 국가주의를 정당화해온 모든 경향들이 면죄부를 받는 게 아닐까요?

14

우리도 악마가 될 수 있다 :
악의 평범성

– 한나 아렌트에게

한나 아렌트
1906~1975

1933년 나치가 정권을 장악하자 게슈타포에게 체포되었다가 석방된 후 파리로 피신, 이후 미국으로 망명한다. 전쟁이 끝난 후 독일로 돌아가 '청년 알리야(Youth Aliyah)'를 위해 일했으며, 1959년에는 여성 최초로 프린스턴 대학에서 정교수직을 얻었다. 1961년 〈뉴요커(The New Yorker)〉지의 특파원으로 아돌프 아이히만 재판을 취재한 2년 후에 《예루살렘의 아이히만》을 출간했는데, 이 책에서 유대인 사회 지도자들이 나치의 유대인 학살에 협조했다고 주장함으로써 큰 반향을 불러왔다. 이 책으로 인해 미국의 유대인 공동체에서는 거의 도편추방되었으며, 최근까지 이스라엘에서는 한나 아렌트의 책이 한 권도 출판되지 않았다. 그러나 아이히만이 악마적 본성을 지닌 괴물이 아니라 개인적 야심에 따라 명령을 충실히 수행한 효율적 관료에 불과했으며 평범한 누구라도 악마가 될 수 있다는 '악의 평범성' 테제는 역사학에서의 윤리적 전환과 더불어 적극적으로 재평가받고 있으며, 또 '집합적 유죄'에 대한 아렌트의 비판은 오늘날 홀로코스트를 비롯한 제노사이드 연구에서 중요한 인식론적 출발점이 되고 있다.

HANNAH ARENDT

한나 아렌트.

며칠 전에 홀로코스트 기념일이 지났습니다. 기념일이라는 표현이 맞지 않겠네요. 뜻 깊은 일은 아니니까요. 훌륭한 일은 더더욱 아니고요. 더 정확하게 이야기하자면 '홀로코스트를 기억하는 날(International Holocaust Remembrance Day)'이라고 하는 게 옳겠습니다. 소련 적군이 아우슈비츠를 해방시킨 1월 27일을 기리는 뜻으로 유엔 총회에서 홀로코스트 데이를 제정한 게 2005년이었으니 불과 5년 전의 일입니다. 다시는 홀로코스트와 같은 인종 학살과 종교적 불관용의 전철을 밟지 말자는 게 유엔의 의도겠지요. 기억하기조차 싫을 만큼 끔찍한 일이지만, 그렇기 때문에 더 기억해야 한다는 패러독스의 날이기도 합니다.

올해 2010년은 아우슈비츠 해방 65주년 겸 홀로코스트 데이 제정 5주년이 되는 해라 여느 해보다 행사가 조금 더 많았습니다. 그만큼 어떻게 기억할 것인가를 놓고 여느 해보다 더 시끄럽기도 했습니다. 홀로코스트에 관한 한 유독 기억의 정치학이 이처럼 복잡하고 어려운 것은 당신이 〈뉴요커〉지에 아이히만 재판 방청기를 쓰던 그때나 지금이나 마찬가지네요. 홀로코스트의 기억을 둘러싼 갈등은 세월이 흐르면서 잠잠해지거나 잊히기는커녕, 오히려 더 첨예해지는 느낌도 들어요. 죄와 악에 대한 인류의 감수성이 그만큼 더 예민해진 탓일까요? 아니면 죄와 악을 이용하는 윤리정치의 차원으로까지 정치공학이 발달한 탓인가요? 물론 둘 다이겠지만, 그래도 비율을 굳이 따진다면 후자 쪽이 더 강하지 않은가 싶어요.

이번 기념일에는 이스라엘의 수상 베냐민 네타냐후가 아우슈비츠까지 날아갔더군요. '유대 민족의 무덤'이라고도 불리는 그곳에서 "강력한 군대를 지난 강한 이스라엘 국가만이 제2의 홀로코스트를 막을 수 있다."는 연설을 했더군요. 이란의 핵 위협과 마무드 아마디네자드(Mahmoud Ahmadinejad) 정부의 반유대주의에 맞서 이스라엘을 지키겠다는 의지의 표명이지요. 새삼스러울 것도 없고, 또 이해가 안 가는 바도 아닙니다. 그렇다고 해서 가자 지구의 팔레스타인인들에 대해서는 인종 폭력을 서슴지 않는 이스라엘의 행위가 정당화될 수는 없는 게 아닌지요?

전후 포스트콜로니얼리즘적인 동아시아를 관철해온 '적대적 공범자' 관계는 중동에서도 이처럼 간단없이 발견됩니다. 민주주의적 선거로 이스라엘의 수장이 된 이 유대근본주의자에 대한 당신의 느낌은 참으로 착잡할 거라 생각합니다. 인종주의의 대안으로 제시되는 것이 반인종주의가 아니라 또 다른 인종주의일 때, 당신이 느낄 곤혹감은 충분히 이해됩니다. 또 아직도 살아서 중동의 지금 상황을 봤다면, 당신이 취했을 입장도 어느 정도 짐작이 갑니다. 엉뚱한 상상일지는 모르겠지만, 에드워드 사이드와 더 잘 이야기가 통하지 않았을까 싶습니다.

네타냐후의 정치적 대선배로 리쿠드당을 만든 메나헴 베긴이 미국의 보수 시온주의자들과 협력체계를 구축하기 위해 미국을 방문했을 때 1948년 12월 2일자 〈뉴욕 타임스〉에 냈던 성명서 기억하시죠? 알베르트 아인슈타인(Albert Einstein), 시드니 훅(Sidney Hook) 등 유대계 지식인들이 연명한 이 선언에서 당신이 데이르 야신에서 아랍인들을 학살한 베긴의 군사조직 이르군과 정당조직인 헤루트당(Tnuat

Haherut)을 신랄하게 비판했던 기억이 납니다. 당신의 시퍼런 비판적 지성은 베긴의 헤루트당을 파시스트, 나치당으로 비유하는 것도 서슴지 않았지요. 훗날 미국의 유대 지식인 사회가 당신의 아이히만 재판 방청기에 분노한 데에는 이런 속사정들이 있는 거겠지요. 그들의 분노와는 상관없이, 아이히만 재판을 보면서 당신이 제기한 '악의 평범성'은 세월의 비판을 다 이겨내고 오늘날까지도 무척이나 설득력 있는 테제로 살아남았습니다. 글쎄요, 악의 평범성 테제가 지닌 이 긴 생명력을 기뻐해야 할지, 아니면 슬퍼해야 할지 모르겠어요. 아마 당신도 내심으로는 이제 그만 그 테제가 설득력이 없는 세상이 되었으면 하고 빌고 있겠지요.

세상이 어디 그리 쉽게 변하나요. 얼마 전에 크로아티아의 저널리스트 슬라벤카 드라쿨리치(Slavenka Drakulić)의 유고 내전 전범 재판 방청기를 읽었습니다. 아, 무슨 이야기냐고요? 쉽게 믿지 못하겠지만, 현실사회주의가 무너진 다음에 구 유고연방에서 끔찍한 인종 학살이 벌어졌어요. 평생을 국제사회주의자로 살았던 유고의 살아 있는 전설 밀로반 질라스조차 폴란드 신문과의 인터뷰에서 이렇게까지 된 바에야 각자 독립하는 수밖에 별 도리가 없지 않느냐고 이야기할 정도로 이제는 엎질러진 물이지요.

물론 여기에는 제2차 세계대전 당시 유고를 점령한 나치 독일이 크로아티아의 파시스트 조직인 우스타샤(Ustaša)를 부추겨 세르비아와 크로아티아인들 간의 민족 대립을 부추긴 과거사의 긴 그림자가 드리워져 있지요. 과거의 무게라는 게 쉽게 덜어지는 게 아니잖아요. 하지만 '민족 융합' 등의 슬로건으로 인종적, 민족적, 종교적 벽을 넘어 하나가 되었다고 믿어왔던 구 유고연방에서 사회주의가 무너지자마자 이처럼 잔혹한 인종청소와 학살이 일어났다는 게 너무 어이가 없습니다. 그러나 더 못 견디겠는 건 이 끔찍한 학살의 주역들이 아주 멀쩡한, 집에서는 좋은 아빠이자 남편이고 동네에서는 마음씨 착한 청년이거나 평범한 아저씨들이라는 거지요. 드라쿨리치의 방청기 제목이 뭔지 아세요? '파리 한 마리조차 해칠 수 없는 그들(They Would Never Hurt a Fly)'입니다.

이 책을 보니 유고슬라비아의 내전 당시 이슬람교도 주민들을 무참하게 학살해서 헤이그의 전범 재판에 회부된 사람들 중에 고란 옐리시치(Goran Jelisić)라는 청년이 있더군요. 내전 당시 20대 중반이었던 1968년생의 세르비아계 보스니아인인 이 청년은 깨끗하고 순진하게 생긴 얼굴, 생기 있는 눈, 큼직한 미소가 인상적이라 그가 기차의 옆자리에 앉았다면 누구나 믿고 동행할 수 있는 사람으로 느꼈을 거라고 하네요. 혼기 찬 딸을 둔 부모라면 아주 이상적인 사윗감이라 생각할 수 있는 청년이라고도 하더군요.

첫인상만으로 본다면 그 순진한 청년을 '금수 같고' '사디스트적 성격'의 '징그러운' 범죄자라고 기소한 검사의 논고가 오히려 믿어지지 않는다는 거지요. 보스니아에서 헤이그까지 증인으로 불려나온 동네 사람들도 혼자서 조용히 낚시를 즐기는 이 청년을 '산뜻하고 정직한 청년', '가정에서나 학교에서나 거리에서나 아주 잘 자란 청년', '파리 한 마리 해치지 않을 사람'이라고 증언했답니다. 그런 그가 이슬람 포로들의 귀를 자르고 쇠창살로 잔인하게 찔러 죽였다는 뚜렷한 증거가 재판정에 제시되니 경악할 수밖에요. 재판에서는 물증과 증언이 확보된 13명의 포로 학살에 대한 죄로 40년 형을 선고받았지만, 실제로는

100명 이상 학살했을 거라는 게 사람들의 공통된 생각입니다.

순진하고 조용한 성품의 이상적인 사윗감처럼 보이는 이 청년은 왜 갑자기 악마가 된 걸까요? 1992년 5월 7일부터 18일 동안만 저도 모르게 악마가 씌운 걸까요? 사실 악마가 된 보통 사람은 이 친구 고란 엘리시치가 처음은 아니지요. 유대계 이탈리아 화학자이자 작가인 프리모 레비(Primo Levi)가 아우슈비츠에서 본 나치의 학살자들도 '악마'는 아니더라고요. 놀라울 정도로 냉철한 관찰자로 아우슈비츠에서 살아남은 레비는 이렇게 말하고 있습니다.

> (파시즘의) 헌신적인 추종자들, 그중에서도 비인간적인 명령을 열심히 수행했던 사람들이 처음부터 고문자나 악마로 …… 태어난 것은 아니다. 그들은 보통 사람이었다. 악마 같은 자들도 있기는 했지만, 극소수이기 때문에 그렇게 위험하지는 않다. 더 위험한 존재는 보통 사람들, 어떠한 문제 제기도 없이 믿고 명령을 따르는 공무원 같은 사람들이다. 아이히만, 아우슈비츠 수용소장 루돌프 회스(Rudolf Höß), 트레블링카의 수용소장 프란츠 슈탕글(Franz Stangl) 같은 사람들, 그리고 20년 뒤 알제리의 학살자인 프랑스 군인들, 30년 뒤 베트남의 학살자인 미국의 군인들처럼.

나중에 당신이 레비의 책을 읽었는지 어땠는지는 잘 모르겠습니다. 아마 읽었다면 굉장히 좋아했을 겁니다. 레비의 원고도 처음에는 별로 환영받지 못해 이 출판사 저 출판사를 전전했다는 것도 흥미롭습니다. 처음에는 이탈리아의 작은 출판사에서 아주 적은 부수만 간행

1961년 4월 11일 예루살렘의 재판정에 선 나치 전범 아돌프 아이히만
그는 은신처인 아르헨티나에서 모사드에게 납치되어 재판정에 섰는데,
유죄판결 후 1962년 5월 교수형에 처해졌다. 이처럼 볼품없이 평범한 인물이 아니라
악마적 포스를 지닌 무시무시한 인물이었다면 아렌트도 차라리 더 안심했을 것이다.

되었을 뿐이지요. 만약 당신이 레비를 몰랐다면 그래서였을 겁니다. 사실 레비나 드라쿨리치에 앞서 '악의 평범성'이라는 문제를 제일 먼저 포착하고 공론화한 사람은 당신이었지요. 누가 처음 했느냐가 뭐 그렇게 중요하냐고요? 네, 별로 중요치 않아요. 역사적 사고에서 '기원주의'는 위험하기까지 하지요. 그렇지만 내가 이야기하고 싶은 건, 악의 평범성과 같은 생각에 대해 사회적 평가가 달라지기 시작했다는 거지요.

당신은 기억하고 싶지도 않겠지만, 예루살렘에서 있었던 아이히만 재판 방청기를 '악의 평범성에 대한 보고서'라는 부제까지 달아 출판 했을 때 독자들, 특히 유대계 지식인들의 반응이 얼마나 끔찍했나요? 게르숌 숄렘(Gershom Sholem) 같은 오랜 친구들은 절교를 선언했고, 당신은 미국의 유대계 지식인 공동체에서 거의 왕따를 당한 지경이었 죠. 나는 아직도 그들을 이해할 수가 없어요. 당신이 아이히만을 너무 부드럽게 표현했다거나 심지어는 옹호하려고 의도적으로 노력하고 있다는 등등의 비난은 아무리 생각해도 근거가 없지요. 예나 지금이 나, 여기나 거기나, 글을 읽지도 않고 핏대를 올리는 사람들은 많은 모양이에요. 어쨌거나 당신이 미국 유대계 지식인들에게 공공의 적 1 호가 된 건 분명하지요. 그 때문에 지난 수십 년 동안 당신 책은 한 권 도 히브리어로 번역되지 않았다지요. 최근에는 이스라엘에서 번역된 게 있다는 이야기를 언뜻 들었는데, 확인은 못 했습니다.

정작 이 보고서를 읽어보면 당신이 아이히만을 얼마나 싫어했는지 알 수 있지요. 그냥 싫어한 정도가 아니라 몸서리치면서 싫어한 것 같 아요. 당신이 그를 얼마나 경멸하고 역겨워했는지가 그 보고서에 아 주 분명하게 드러나는데도 그런 비난이 쏟아지니 가장 황당한 건 당 신이었겠지요. 아마도 사람들은 아이히만이 특별난 악마적 괴물이 아 니라 개인적 야심에 따라 명령을 충실히 수행한 효율적 관료라는 당 신의 평가를 받아들일 수 없었던 게지요. 나치라면 으레 악마적 사디 스트로 그려왔던 상식과 모순되니까 사람들은 당황할 수밖에요.

처음에는 당신도 마찬가지 아니었나요? 이 보고서를 읽어보면, 법 정에서 아이히만을 처음 본 당신이 얼마나 놀랐는지 알 수 있습니다. 머리가 살짝 벗겨지고 작달막한 키에 관청의 창구에서나 쓰는 독일어나 겨우 구사하는 평균 이하의 지성을 갖춘 이 인물이 그토록 많은 유대인을 가스실로 보낸 장본인이라는 사실을 당신도 믿기 어려웠던 모양이에요.

당신이 볼 때 아이히만은 그저 개인적 야심에 따라 명령을 충실히 수행한 하급 관료, 특별히 사악하기보다는 유별나게 천박한 작은 사람에 불과했지요. 명령이라면 묻지 않고 무조건 따르는 관료제의 톱니바퀴였을 뿐이에요. 더 큰 문제는 '국가가 합법화한 범죄행위'의 메커니즘이지요. 당신은 그 메커니즘 속에 아이히만을 놓고 보려고 했던 게 아닌가 싶어요. 유대인이라면 치를 떠는 광분한 반유대주의자도 아니었고, 악마에 씌운 정신 이상자도 아니고, '악마적인 포스'도 별로 느껴지지 않는 극히 평범한 독일의 하급 관료인 이 정도의 인물이 그토록 막강한 권력으로 그렇게 많은 사람을 죽일 수 있었다는 사실이 당신은 통 믿어지지 않았던 거지요.

실제로 아이히만의 취조 기록을 보면 대량학살에 대해 자신은 개인적 책임이 전혀 없다는 주장으로 일관하더군요. 자신은 단지 유대인과 적성국가 민간인들을 수송하는 의무를 다했을 뿐이며, 마다가스카르나 동유럽에 유대인의 국가를 만들어주려고 노력했다는 점을 강조하더군요. 자신은 결코 반유대주의자가 아니었으며, 맹세코 한 사람의 유대인도 죽인 적이 없고, 유대인뿐 아니라 누구도 평생 해친 적이 없다고 울먹이듯 하소연하는 이 작자에게, 자기의 죄라고는 국기 앞에서 한 맹세에 따라 상부의 명령을 충실히 이행한 죄, 명령을 받으면 별 생각 없이 수행한 죄밖에 없다고 주장하는 이런 정도의 인물에게 그렇게 많은 유대인이 당했다는 게 어이가 없었겠지요.

나치에 점령된 동유럽의 유대인들을 강제수용소로 보내는 수송의 총책임자로 '홀로코스트의 건축가'로 불리기도 했다는 그가 이 정도밖에 안 되다니요. 당신은 아이히만이 얼마나 천박한 사람인가를 잘 드러냈지만, 그럼으로써 반유대주의자는 사악한 악마라는 당시의 전형을 부정한 거지요. 당신에 대한 사람들의 분노는 아마도 '순수 악 대 순수 선'이라는 도덕주의적 이분법을 흔들어놓았다는 데 있는 게 아닐까 싶어요. 남한에서도 한동안 빨갱이 공산주의자는 뿔 달린 도깨비처럼 그려지고, 그 사악한 악마성을 부정하면 사상을 의심받고는 했지요. 하지만 가만히 보면 이런 악마론의 밑에는 사람들을 만족시키는 집단심리가 있습니다. 악마는 저들처럼 별난 놈들이나 할 수 있는 일이지, 우리 같은 보통 사람들은 악마가 될 수 없다는 거지요. 어떻게 해도 악마가 될 수 없다니, 기독교-유대교적 전통에 젖어 있는 사람들에게 얼마나 큰 위안이었겠어요. 그런데 악의 평범성에 대한 당신의 메시지는 '우리도 악마가 될 수 있다'였으니 그들이 느꼈을 불편함은 이해가 가고도 남습니다.

유대계 지식인들이 당신을 도편추방한 것은 비단 악의 평범성에 대한 문제제기만은 아니었던 것 같아요. 유대인이 아닌 어머니에게서 태어난 아이는 유대인으로 인정하지 않는 유대교적 관습법이 반영된 이스라엘의 민법이 아리아인과 유대인의 통혼과 섹스를 금지한 뉘른베르크법과 무슨 차이가 있냐는 질문을 이 책의 서두에서 던졌을 때 특별한 각오를 하지 않았나요? 당신은 이 질문에 그치지 않고, 이어서 시온주의자들과 나치가 '유대인 없는 독일'을 위해 어떻게 공모했는가를 지적하고 있지요. 이들은 모두 유대인이 독일인으로 동화되는 것에 반대하고, 유대인의 이주/제거라는 목표를 공유했다는 거지요. 팔레스타인에서 온 시온주의 특사와 아이히만이 빈에서 유대인 이주를 위해 벌인 협상의 내용, 나치와 이들의 협정으로 인해 팔레스타인에는 독일에서 이주하는 유대인들이 들여온 독일 상품들이 넘쳐나고 나치의 하켄크로이츠가 팔레스타인에 있는 독일 영사관에서 흩날리는 상황 등에 대한 묘사는 참으로 당혹스러웠을 겁니다. 그도 모자라 당신은 아예 팔레스타인의 시온주의자들과 독일의 나치는 다 같이 민족주의적으로 사고했다고 대못을 박지요. 나는 당신의 이 대목에서 오히려 포스트콜로니얼리즘적 사고의 전조를 읽습니다만……. 그건 마치 한국의 민족주의자들한테 투박한 말투로 일본의 제국주의와 당신들이 다를 게 뭐가 있냐는 지적처럼 불경스러운 거지요.

당신의 불경죄는 또 있습니다. 나치에 대한 유대인의 저항이라는 신화를 타파한 거지요. 그건 신생 이스라엘을 이끌어가는 주요한 담론인 영웅주의, 젊고 애국적인 민족 영웅들에 대한 서사를 뒤흔드는 거였어요. 사실 당신이 주장한 바는 무기력하게 끌려간 당시의 유대인들에게 왜 저항하지 않았냐고 묻는 검사의 질문은 잘못됐다, 압도적인 상황의 힘 앞에서 끌려가는 개인에게 그런 질문은 온당치 않다는 거였지요. 하지만 무기력하게 끌려간 유대인들에 대한 이야기는 저항의 신화를 뒤집어엎고도 남음이 있지요. 이스라엘 정부가 지원해서 1943년의 바르샤바 게토 봉기를 다룬 영화를 서둘러 제작하고 게토 봉기 기념관을 만든 것도 당신의 이 같은 신화 파괴에 대한 유대계 주류의 대응이었다는 이야기도 있더군요. 하지만 정작 게토 봉기의 살아 있는 전설이자 유대인 마르크스주의 조직인 '분트'의 지도자였던 마렉 에델만(Marek Edelmann)은 2009년 죽을 때까지 폴란드의 우치에서 심장병 전문의로 살면서 이스라엘로 이주하기를 거부해서 이스라엘 정부를 불편하게 만들었습니다만…….

그뿐만 아니라 당신은 게토의 지도부인 '유대평의회'와 나치의 협력 문제를 지적했지요. 최근 우리나라에서도 번역서가 나온 라울 힐베르크(Raul Hillberg)의 저서 《홀로코스트, 유럽 유대인의 파괴(The Destruction of the European Jews)》의 논거에 주로 입각해 있지만, 너무도 불편한 진실이지요. 힐베르크의 박사논문 지도교수였던 프란츠 노이만(Franz Neumann)이 논문 초고를 읽고는 유대인이 자기파괴에 협조했다는 구절은 지우라고 했던 이야기는 아주 유명하지요. 사실과 어긋나지는 않지만, 젊은 연구자에게는 부담이 너무 크다는 뜻이었지요. 사실을 알고 있는 것과 그것과 부딪치는 것은 다른 일이라며……. 오늘날에는 우치 게토의 논란 많은 평의회 의장 모르데하이 룸코프스키(Mordechai Chaim Rumkowski)에 대한 연구들이 보여주듯이 유대평의회의 협력문제는 기정사실로 인정되고 있습니다. 단지 그 의미에 대한 해석만 구구한 형편이지요. 이 이야기까지 들어가면 너무 복잡해질 것 같아서 오늘은 참겠습니다.

나치와 홀로코스트에 대한 연구가 많이 축적된 오늘날에는 예전에 당신이 폈던 주요 논지들을 대부분 수긍하는 분위기입니다. 예컨대 유대인의 체포와 수송, 박해와 학살에 동원된 101 경찰예비연대에 대한 미국의 나치 연구자 크리스토퍼 브라우닝(Christopher Browning)의 고전적 연구는 다시 한 번 악의 평범성을 잘 예시해주지요. 이 연대의 징병 기록을 보니, 1939년에서 1941년 사이에 동원된 550명의 대원들 중 나치 당원은 179명에 불과합니다. 아우슈비츠에서 근무한 죽음의 집행자들 중에는 광신적 나치 지지자보다는 평범한 독일인이 더 많았다는 거지요. 수용소를 지키는 임무는 정예부대가 아니라 일종의 예비군 보충역들이 담당했는데, 한창 때를 지나 중년의 나이에 가까운 이들은 대개 독일의 어느 마을 어느 가정에서도 흔히 볼 수 있는 마음씨 좋은 동네 아저씨들, 아이들에게 엄격하면서도 자상한 평범한 가장의 이미지들입니다.

나치 집권 당시 태어난 남자아이들에게 '아돌프'라는 히틀러의 이름을 지어준 많은 사례들도 그렇지만, 게슈타포에 대한 최근의 연구들은 더 흥미롭습니다. 미시시피 주립대의 나치즘 전공 교수 로버트 젤라틀리(Robert Gellatley)의 최근 연구에 따르면, 1939년 당시 제3제국 전체에서 게슈타포로 불리는 정치경찰의 수는 전부 7,000명에 불과하더군요. 이 적은 인원들이 위로부터 제국을 통제해서 장악한다는 것은 불가능하지요. 그런데도 정치경찰이 잘 기능할 수 있었던 것은 밑에서부터 끊임없는 밀고와 제보 등이 있었기 때문이지요. 그러니까 나치 독일은 위에서 질서를 부과하는 '경찰국가(police state)'가 아니라 국민이 스스로 질서를 지키는 '자경국가(self-policing state)'였던 게지요. 젤라틀리는 자신의 이러한 연구가 패러다임의 변화를 의미한다고 이야기하지만, 길게 보면 당신이 제기한 악의 평범성의 연속이라고 느껴질 뿐입니다.

물론 악의 평범성을 독일 민족의 특성인 것처럼 주장해서는 곤란하지요. 집합적 유죄 개념에 대한 당신의 단호한 반대는 단지 독일인이라는 이유만으로 악인으로 보면 안 된다는 명시적 선언이지요. 유대인이라는 이유만으로 죽음의 수용소로 몰아넣었던 나치의 논리나 집합적 유죄는 모두 사람을 특정한 민족의 범주로 환원시키는 거잖아요. 사실 전근대 사회에서 죽음이라는 징벌은 그 사람이 저지른 일에 대한 책임을 묻는 성격이 강했지요. 그러나 홀로코스트를 비롯해 20

세기의 대량학살이나 인종청소의 피해자들은 그들이 어떤 삶을 살았는지, 무슨 행위를 저질렀는지와 상관없이 죽어야 했습니다. 그들의 행위가 중요한 게 아니라 어느 인종, 어느 민족, 어느 종족에 속하는가가 생사를 가름하는 기준이었지요. 그들은 유대인이라는 이유로, 투치족의 일원이기 때문에, 보스니아 이슬람교도라는 이유로, 혹은 부르주아/지주 계급에 속한다는 이유로 죽임을 당했던 겁니다. 1990년대 중반 유고슬라비아의 인종청소나 르완다의 종족 학살은 물론, 크고 작은 인종적·민족적 갈등들이 모두 홀로코스트와 같은 논리적 기반 위에 서 있다는 걸 직시하는 게 중요하겠지요.

한 통계에 따르면, 20세기에 인종적 혹은 민족 갈등으로 살해된 사람의 수는 7,000만 명 이상에 달하더군요. 물론 전근대에도 학살은 있었지요. 그러나 그것은 어디까지나 소수의 권력 엘리트나 군사집단이 행사하는 원초적 폭력의 성격이 강하지 않았나요? 이에 비해 20세기의 폭력은 정신의학적으로 지극히 정상적인 다수의 평범한 보통 사람들이 학살의 주체라는 점에서 과거의 폭력과는 분명히 다른 것입니다. 식민주의 정복이나 홀로코스트에서 보듯이 학살의 규모가 과거와는 비교할 수 없이 커진 것도 그만큼 학살의 주체가 보통 사람들로 확대되었기 때문이지요.

20세기의 대량학살이 대부분 '다수결 민주주의'의 이름으로 정당화됐다는 것도 많이 아픕니다. 이처럼 악의 평범성이라는 맥락에서 볼 때, 홀로코스트가 우리에게 주는 역사적 교훈은 지그문트 바우만의 지적처럼 그런 비극이 우리에게도 벌어질 수 있다는 것뿐만 아니라 우리 같은 보통 사람들도 언제든지 그처럼 끔찍한 짓을 저지를 수 있다는 겁니다. 아마도 당신이 미처 못 한 말을 바우만이 콕 집어서 이야기한 것 같아요. 그러나 당신의 악의 평범성 테제가 없었다면, 바우만이 제시한 악의 합리성 테제도 어렵지 않았을까요?

15

근대는 야만이다 : 악의 합리성

― 지그문트 바우만에게

지그문트 바우만
1925~

폴란드 출신의 유대인 사회학자로 제2차 세계대전을 거치면서 공산주의자가 되었다. 사회학과 철학을 공부하고 1954년 바르샤바 대학의 사회학과에서 최연소 강사로 강의를 맡기 시작한 이래 1968년 폴란드를 떠날 때까지 바르샤바 대학에서 강의했다. 1968년 폴란드 정부와 당의 빨치산파 민족적 공산주의 분파의 주도로 시작된 반시온주의 운동에 떠밀려 폴란드를 떠났다. 이스라엘로 이주해 텔아비브 대학에서 잠시 강의를 했지만, 이스라엘의 시온주의에 실망하고는 1년도 못 되어 이스라엘을 비판하는 성명을 내고 영국으로 가서 리즈 대학 사회학 교수가 되었으며, 지금도 명예 교수로 재직하고 있다. 게오르크 지멜(Georg Simmel), 안토니오 그람시, 그리고 폴란드의 인간적 마르크스주의의 창시자라 할 수 있는 율리안 호흐펠트(Julian Hochfeld)에게 사사한 그는 정통 마르크스주의자로서 영국의 노동운동과 계급 문제를 연구했다. 그러나 폴란드 현실사회주의의 경험을 통해 비판사회학으로 관심을 돌려 근대성과 관료주의, 합리성, 배제와 추방에 관해 연구했다. 1989년 근대성과 홀로코스트 간의 연관관계를 분석한 《근대성과 홀로코스트(Modernity and the Holocaust)》로 세계적인 명성을 얻었으며, 1990년대 말부터 반세계화와 대안 세계화 운동에 상당한 영향력을 발휘하고 있다.

ZYGMUNT BAUMAN

지그문트 바우만.

오랜만입니다. 기억이 가물가물해서 자료를 찾아보니 리즈의 당신 집으로 찾아가서 인터뷰를 한 게 2002년 12월 16일이더군요. 벌써 많은 세월이 흘렀습니다. 재작년엔가 바르샤바에서 펠릭스 티흐한테 들으니 당신의 부인 야니나(Janina Bauman)가 많이 아팠다고 하더군요. 티흐는 이승에서 마지막 작별을 한 것 같다며 말을 흐렸는데, 그동안 야니나의 건강은 많이 회복됐는지요? 인터뷰 내내 연신 줄담배를 같이 피워대면서 연어 비스킷이나 치즈 케이크 등을 위스키와 곁들여 대접하면서 중간 중간 재치 넘치게 개입했던 부인의 모습을 잊을 수 없습니다. 간결하지만 두터운 생각의 결이 응축된 당신의 문장에 대해서 이야기를 꺼내자 야니나가 당장 영어를 잘 못 쓰기 때문이라고 농을 던졌던 기억이 납니다. 그러면서도 당신이 오늘날 이스라엘이나 시온주의자들에게는 가장 인기 없는 학자이며, 그동안 그에게 쏟아진 비난도 차마 말할 수 없을 정도라고 안타까워하는 그 모습이라니요.

사실 자신의 아우슈비츠 체험을 그린 야니나의 《겨울의 아침(Morning in the Winter)》이 아니었다면 당신의 책 《근대성과 홀로코스트》도 없지 않았을까요? 당신도 인정하다시피, 아우슈비츠의 생존자였던 야니나의 고통을 바로 옆에서 지켜보며 키웠던 감수성이 '악의 합리성' 테제까지 이어진 연구의 동력이 아니었나 싶어요. 소련으로 탈출해 적군에 편입된 '인민군(Armia Ludowa)'에 복무했던 당신으로서는 사실 나치 치하 폴란드에서 유대계 시민들이 겪어야 했던 고통을 잘 알기 어려웠겠지요. 어쨌든 당신은 홀로코스트에 대해 가장 성찰적인 물음을 던지는 연구자 중의 한 사람이라고 생각합니다. 그 말은 한나 아렌트가 그랬듯 가장 욕을 많이 얻어먹는 연구자라는 이야기이기도 하지요.

고백하자면, 당신을 처음 만난 것은 〈폴린(Polin)〉이라는 잡지에 실린 당신의 에세이들을 통해서였습니다. 독일어 'Polen'에서 파생된 이디시어인 'Polin'은 '폴란드'라는 뜻이겠지요. 1996년이라고 기억합니다. 동유럽에서는 프라하의 카를 대학 다음으로 오래된 600년이 넘는 전통을 자랑하고, 특히 코페르니쿠스가 동문임을 강조하는 크라쿠프의 야기에오 대학 중앙도서관에서 그 에세이들을 처음 접했을 때, 당신이 던진 그 물음들에 나는 쇠망치로 한 대 맞은 듯 한동안 정신이 멍했습니다. 망연자실해서 정리하던 펜을 내려놓고 한동안 그냥 앉아 있기만 했지요. 그때만 해도 야기에오 도서관은 환기시간이라며 두 시간마다 10분씩 모든 사람들을 열람실에서 내쫓곤 할 때였는데, 사서가 옆에 와서 내 어깨를 두드리고서야 일어날 수 있었습니다. 그 어떤 정교한 이론이나 분석보다 당신이 제시한 몇 가지 일화가 나치 점령 하에서 산다는 것의 딜레마를 명료하게 드러내주더군요. 합리적 결정이 인간의 존엄성을 배반하게 만드는 나치의 세계는 그야말로 초현실적인 악의 세계였다는 생각을 떨치기 어려웠습니다.

기억을 더듬어보면 이런 내용이 아니었나 싶어요. 어느 날 14명의 좌파 정치범과 유대인들이 아우슈비츠를 탈출했지요. 수용소 담을 넘어 탈출하는 데는 일단 성공했지만, 1시간여 만에 모두 붙잡혀왔다지요. 관례대로 그들은 모든 수용자들이 도열하여 지켜보는 가운데 총살대 앞에 섰는데, 갑자기 총살을 집행하는 나치 친위대의 장교가 명령을 내렸습니다. 14명의 탈출자들에게 각자 1명씩 도열한 수용자들

중에서 죽음의 동반자를 고르라는 것이었지요. 만약 그들이 거부하면 자신이 직접 고르되 그때는 50명을 골라 같이 처형하겠다고 엄포를 놓았다지요. 그게 단순한 엄포가 아니라는 건 현장에 있던 모두가 다 알고 있었고요. 결국 14명의 탈출자들은 각자 1명씩 죽음의 동반자를 택했습니다. 그러지 않을 경우 치러야 될 36명의 더 무고한 희생을 막아야겠다고 생각한 거겠지요.

당신은 격하거나 흥분된 목소리가 아닌 차분한 어조로 이 일화를 소개했지요. 당신의 견해를 설득하거나 해석을 강요하는 방식이 아니라 독자들 각자에게 해석을 맡기는 서술 전략이 아니었나 싶어요. 사실은 그러니까 읽기가 더 힘들더군요. 이때 죽음의 동반자를 고르는 사람들의 심정은 어땠을까요? 괜히 탈출을 시도해서 애꿎은 사람까지 죽게 만들었다고 후회했을까요? 죽음의 수용소를 벗어나지 못하는 한 어차피 다 죽을 목숨들이니 결국 마찬가지 아닌가 하고 자신들의 선택을 합리화했을까요? 순간적으로 이들은 누구를 택했을까요? 친구 아니면 생면부지의 사람? 그것도 아니면 평소에 감정이 있는 사람을 골랐을까요?

자기의 고통스러운 선택 덕분에 36명의 무고한 생명을 구한다는 합리적 판단이 그들의 무거운 마음을 얼마나 덜 수 있었는지는 모르겠습니다. 지금 와서 생각해보면 나치 수용소의 극히 낮은 생존율을 볼 때 결국 모두가 죽을 운명이었고, 그렇다면 차라리 나치의 손에 그 비인간적인 선택을 맡기는 것이 인간적 존엄성과 도덕성을 지키는 현명한 길이 아니었을까 하는 생각도 듭니다. 하지만 막상 선택을 강요당하는 사람들의 입장에서는 그리 쉬운 일은 아니었겠지요. 스스로 14명의 저승길 동반자를 고른, 그래서 무고한 36명의 생명을 구한 그들의 선택이 비윤리적이었다거나 비난받아야 할 일이었다는 생각은 들지 않습니다. 누구한테라도 참으로 어려운 판단이었을 거라는 생각밖에는……

또 다른 예도 기억이 납니다. 얀 브원스키(Jan Błoński) 논쟁*에서 당신이 읽은 이야기인지, 아니면 어디서 직접 들은 이야기라고 했는지 기억이 가물가물해 자신은 없습니다. 어쨌든 나치가 폴란드를 점령하자 크라쿠프의 야스트솀보프스키(Jastrzębowski) 씨 가족에게 할머니 대부터 절친한 유대인 친구 엘리야시(Elijasz) 씨가 찾아와서 숨겨줄 것을 간청했다지요. 나치 점령 하에서 유대인을 숨겨준 폴란드인들은 즉결처형의 대상이었는데, 그를 숨겨준다는 것은 사실 그 폴란드 친구 본인뿐만 아니라 온 가족의 생명을 위험하게 만들 수 있는 일이었지요. 그런데도 이들은 가족회의를 열어 처형될 위험을 무릅쓰고 그 유대인 친구를 숨겨주기로 참으로 용기 있는 결정을 내렸습니다.

그러나 그와 함께 찾아온 그의 세 여동생은 받아들일 수가 없었다

■ **얀 브원스키 논쟁**
폴란드의 문학가 얀 브원스키는 1987년에 〈불쌍한 폴란드인들이 게토를 바라보네(Biedni polacy patrzą na getto)〉라는 에세이를 통해 폴란드인들이 유대인 학살에 무관심했던 것에 대한 반성과 홀로코스트에 대한 폴란드의 도덕적 각성을 요구했다. 제2차 세계대전 이후 폴란드에서 발표된 글 중에서 가장 중요한 글로 평가되는 이 글로 인해 홀로코스트에 대한 폴란드의 책임 여부와 유대계 폴란드인과 폴란드인들이 맺었던 역사적 관계와 관련된 논쟁이 폴란드 지식인들 사이에서 벌어졌다. 폴란드인들에게 사법적 책임을 물을 수는 없지만 도덕적 죄의식과 실존적 부끄러움의 문제, 역사적 희생자로서의 폴란드인들과 가해자로서의 폴란드인들에 대한 다양한 논쟁들이 이 글로 인해 촉발되었다. 자세한 내용은 이 책의 17장 '사법적 무죄와 도덕적 죄의식'을 참조할 것.

지요? 동부지역의 사투리 억양은 있지만 거의 완벽하고 아름다운 폴란드어를 구사하는 엘리야시 씨에 비해 그의 세 여동생은 너무도 이디시 억양이 강해 누구라도 유대인이라는 걸 알 수 있었다는 거지요. 그러니 여동생들까지 함께 숨겨준다면 발각될 위험이 너무 컸기 때문이라더군요. 그 친구 하나만 숨겨준다는 것만으로도 충분히 용기 있는 결정인데, 여동생들은 돌려보내기로 한 이 결정에 대해서 누가 돌을 던질 수 있겠습니까? 물론 엘리야시 씨는 혼자 사는 길을 택하기보다는 여동생들과 같이 발을 돌렸고, 그 후로 야스트솀보프스키 씨 가족은 영원히 엘리야시 씨와 그 여동생들을 만날 수 없었다지요.

이 폴란드 가족의 심정이 어땠을지는 그 상황을 겪어보지 못한 사람들에게는 참으로 상상조차 하기 힘듭니다. 물론 엘리야시 씨 일가를 받아들였을 때, 그들이 안 들키고 살아남을 확률은 10퍼센트도 안 됐을 거라고 사람들은 말하지요. 그러나 후에 그 집 어른들이 아이들에게 그 이야기를 전하면서 "우리가 할 수 있는 일은 정말 아무 것도 없었단다."라고 말하면서도 아이들 눈을 똑바로 쳐다보지 못했다고 그 집안의 어린 아들이 전하더군요. 그 결정의 당사자였던 폴란드 가족의 어른들이 그 기억 때문에 평생을 괴로워했다니, 그건 그들의 잘못인가요?

자기 가족의 생존을 위해 내린 불가피하고 합리적인 것이었다고는 하나, 일가친척처럼 지내던 오랜 친구 가족을 사지로 돌려보낸 그 결정은 인간적으로 너무 처참하지요. 살아남은 이 폴란드 가족에게도 그것은 트라우마였어요. 그렇다고 인간적 존엄성을 위해 모두가 몰살당하는 길을 택해야 했다고 주장한다면, 이미 나름대로 용기를 발휘해 엘리야시 씨만이라도 숨겨주기로 했던 그 보통 사람들에게 지나치게 성인의 순교자적인 도덕론을 강요하는 거겠지요. 유대인 친구를 용감하게 '숨겨주기로 결정하고도' 평생을 괴로워해야만 했던 이 폴란드 가족의 비극적 딜레마는 어떻게 풀 수 있을까요? 아무리 생각해도 방법이 없어요.

하지만 한 가지 실마리는 있어요. 그들이 느낀 부끄러움이지요. 당신이 인터뷰에서 이야기했던 '부끄러움의 해방적 역할' 말이에요. 비단 야스트솀보프스키 씨 가족뿐만 아니라 어떤 폴란드 가족이 아예 유대인 지인들을 못 본 척하고 살아남았다 해도, 그 상황에서 누구도 살아남은 자를 비난할 수는 없는 거지요. 인터뷰 도중 "문제는 살아남았는가의 여부가 아니다. 살아남은 것에 대해서 부끄러움을 느끼는가, 아니면 자랑스럽게 생각하는가가 문제다."라던 당신 이야기에 나는 눈이 번쩍 뜨였습니다. 문득 베르톨트 브레히트의 〈살아남은 자의 슬픔(Ich, der Überlebende)〉이라는 시가 생각났지요. 가장 강한 자만이 살아남을 수 있었다는 친구들의 주장에 갑자기 부끄러워진 시인의 마음이 당신 말을 들으면서 다시 느껴졌습니다.

도덕성도 마찬가지지요. 야스트솀보프스키 가족의 경험이 소중한 것은 자신들의 작은 정의를 내세우기보다는 부끄러워할 줄 알았다는 점이 아닌가 합니다. 목숨을 걸고 친구를 '구하기로 한 것만으로도' 충분히 자신의 도덕성을 내세우고 떳떳할 수 있었지만, 그들은 부끄러웠던 거지요. 당신도 말했듯이 사실 부끄러움이 없는 도덕성만큼 위험한 것도 없습니다. 부끄러움이 없는 도덕성은 자신을 정당화하고 자기성찰과 자기비판의 기회를 박탈하기 때문이지요. 부정에 저항하고 억압에서 해방되려는 운동으로 시작한 권력이 부패하는 것도 결국

자기만의 작은 정의에 취해버렸기 때문이 아닐까요?

나치가 만든 이 끔찍한 악의 세계와 싸우는 것은 자신의 정의로움에 자족하는 것이 아니라 그 작은 정의조차도 부끄러워하는 마음이 아닌가 합니다. 묵시록적인 끔찍한 사건이지만, 이 악의 세계에서 부끄러움의 의미를 되돌아보게 만드는 일이 생각납니다. 게토의 역사를 다룬 책이나 누군가의 회고록에서 읽은 것 같은데, 전거는 기억나지 않습니다. 아마 당신도 잘 아는 이야기지 싶습니다. 당신이 폴란드를 탈출한 후 바르샤바 게토에서 일어난 일입니다. 바르샤바의 유대인들을 강제 이주시킨 후 담을 쌓아 외부세계와 격리시킨 나치는 노동에 동원되거나 특별한 허가가 없으면 누구도 게토를 벗어날 수 없게 했습니다. 애초부터 격리 수용이 목적이었으니까요.

그런데 고아가 된 어린 소년들이 개구멍으로 게토 담 밖을 넘나들면서 식량이나 담배 등 필수품들을 몰래 들여와 먹고사는 경우가 많이 있었지요. 어느 날 이 아이들 중의 하나가 경비한테 붙잡혔는데, 이 경비는 아마도 아우슈비츠의 나치 장교처럼 사디스트였던 모양입니다. 두 구역으로 나누어진 게토를 잇는 육교를 지나가던 폴란드인을 한 사람 붙잡고는, 이 아이를 담 밑으로 던져버리라고 명령했다더군요. 당신이 안 던져도 어차피 이 아이는 내가 총으로 쏴 죽일 작정인데, 만약 안 던지면 당신까지 죽이겠다고 협박을 했답니다. 어차피 그 아이는 죽을 목숨이니 내 목숨이라도 구하는 게 합리적이라는 생각에 이 폴란드인은 눈을 꼭 감고 그 아이를 던져버린 모양이에요. 그러나 그 합리적 결정에 괴로워하던 이 폴란드인은 며칠 후 목을 매 자살해버렸습니다.

소문이 퍼져 그의 비극적 자살을 알게 된 게토 주민들의 심정은 어뗐을까? 또 그 폴란드인 가족은? 그를 자살로 이끈 부끄러움이야말로 가장 큰 도덕성의 발로가 아닐까? 특별한 용기도 도덕성도 없는 나라면 어떻게 했을까? 1980년 광주에 대해서 나는 진정으로 부끄러운가? 여러 생각들이 엉켜버려 그저 망연자실했습니다. 어쨌거나 이성과 합리성은 인간이 더 나은 삶을 살아가기 위해 갖추어야 할 덕목이지요. 그렇지만 동물의 왕국에서처럼 하루하루의 물리적 생존이 아니라 인간적인 삶을 위해서는 동료 인간에 대한 예의와 존엄성을 버릴 수도 없는 일이지요. 그런데 나치 지배는 이성과 도덕을 서로 적으로 만들고 끊임없이 둘 중의 하나를 선택하도록 강요했으니, 참으로 끔찍한 체제였다는 말 이외에 더 이상 어떤 말이 가능할까요?

 나치의 죄악은 이처럼 인간 역사의 게임 법칙을 바꾸어놓은 데 있다는 당신의 지적은 참으로 통렬합니다. 위의 비극적 피해자들처럼 극한상황 속에서 생존의 합리성을 찾다 보면 인간적인 다른 동기들은 모두 비합리적인 것이 될 수밖에 없는 상황을 만들어버린 거지요. 나치가 만든 이 세계가 참으로 비인간적인 이유는 생존의 합리성과 인간적 존엄성이 서로 조화되기는커녕 적대하게 만들었다는 거지요.

 아우슈비츠의 생존자인 타데우시 보로프스키(Tadeusz Borowski)는 《신사 숙녀 여러분, 가스실은 이쪽입니다(This Way for the Gas, Ladies and Gentlemen)》라는 회고록에서 강제수용소를 이렇게 회고하더군요. "이 전쟁에서 도덕성, 민족적 단결, 애국심, 자유, 정의, 인간 존엄성과 같은 이상들은 썩은 누더기처럼 인간에게서 빠져나갔다. …… 살아남기 위해 인간이 저지르지 않을 죄악은 없었다."라고. 더 비극적인 것은 나치의 희생자인 이들에게는 별다른 선택의 여지가 없었다는 거지요. 유대인 소년을 던져버리고 결국에는 자살했던 폴란드인처럼 생존을 위해 '나치가 강요하는 비인간적 규칙을 받아들이거나 아니면 죽거나'였다는 거지요.

사람의 목숨을 담보로 나치가 행사한 그 엄청난 압력을 견뎌야 했던 사람들이 자신의 생존을 위해 나치가 만든 비인간적인 규칙을 받아들였다고 해서 실존적으로 이들을 비난할 자격은 누구에게도 없다고 생각합니다. 죄라면 우연히 그 시대 그 공간에 있었던 불운이 죄겠지요. 그런데도 아우슈비츠와 같은 강제수용소의 생존자들은 평생을 도덕적 자기비하와 나치의 규칙에 복종해서 살아남았다는 모멸감에서 자유롭지는 못했던 것 같습니다. 회한과 자기 모멸감에 자기 목숨을 던지는 사람들은 나치 전범들이 아니라 아우슈비츠의 생존자들입니다. 나치의 가해자들이 아니라 간신히 살아남은 희생자들이 더 괴로워한다는 이 사실이 더 비극적이지요. 프리모 레비가 말했듯이, 나치의 가장 잔인한 범죄 행위는 희생자들을 단순히 죽이는 데 그치지 않고 나치의 비인간적 규칙에 복종하게 만듦으로써 죽이기 전에 먼저 비인간화시킨 데 있습니다.

악의 합리성이라는 당신의 테제가 내게 절절하게 다가오는 것은 바로 이 지점에서입니다. 홀로코스트는 '전근대'의 잔재 혹은 '왜곡된 근대'의 결과가 아니라 문명화 과정의 불가피한 결과라는 거지요. 설정된 목표와 그것을 달성하기 위한 방법이 윤리적인가를 묻지 않고, 얼마나 잘할 수 있는가를 묻는 '도구적 이성'이 지배적인 사회이기 때문에 폭력이 극대화될 수 있었다는 겁니다. 그러니 이성 숭배가 나치즘을 독려했다고 해서 이상할 게 없습니다. 독일의 과학자 공동체가 나치의 극단적 인종주의와 바이오 정치를 정당화하고 선도했다는 것도 이상할 게 하나도 없지요. 전후 한 여론조사에서 교토 대학의 이공계 교수들 대부분이 총력전 시기를 연구하기 좋은 행복한 시기라고 답했다는 것도 같은 맥락입니다.

실제로 아우슈비츠 박물관 전시실에서 나치 의사들이 SS의 총책 하인리히 히믈러에게 보낸 편지 사본들을 보고 경악한 적이 있습니다. 유능한 조교를 몇 명만 더 붙여주면, 훨씬 더 싸게 더 빨리 유대인들을 제거할 수 있는 방법을 곧 찾아내겠다는 편지라니요. 아우슈비츠를 처음 방문한 그날 내 마음은 그 수용소가 위치한 폴란드 남부의 작은 마을 오슈비엥침의 잿빛 하늘만큼이나 어두웠습니다. 그래요. 폭력의 효율성은 수용소의 이 나치 의사들처럼 목적에 대한 도덕적 판단을 유보한 채 도구적 합리성에 집중할 때 극대화됩니다. 물론 저절로 되는 법은 없지요. 먼저 고도로 발전된 섬세한 분업을 통해 국가의 관료기구는 관료들에게 도덕적 판단을 정지시키고 기술적 책임이 가장 큰 일처럼 받아들이게 합니다.

공무원으로서 국가의 명령을 열심히 수행한 자신은 무죄라는 아돌프 아이히만의 논리는 자기 행동의 책임을 기술적인 책임으로 환원시키는 관료적 심성을 잘 드러내줍니다. 이 관료적 심성은 특별히 선하지도 않지만, 그렇다고 특별히 악하지도 않은 이 평범하고 보잘것없는 인간을 학살 기계로 만드는 비결이기도 합니다. 이 관료들의 자기 정당화는 참으로 교묘합니다. 아이히만처럼 학살에 직접 관여한 하급 관료들은 자신들은 상부의 명령에 충실한 공무원일 뿐이며, 학살의 결정 과정에는 전혀 개입할 수 없었노라고 면죄부를 제시하지요. 이런 식으로 의사결정의 위계질서를 좇아 올라가다 보면, 결국 최종 결정권자인 히틀러에게만 죄가 있는 거지요. 그런가 하면 명령 계통의 위에 있는 명령권자들은 자기가 사람을 죽인 것은 아니라고 책임을 회피합니다. 이런 논리라면 히틀러도 직접적인 살인자는 아니지요. 그러니까 전체 관료기구가 홀로코스트에 연루되었지만, 누구도 책임이 없다는 희귀한 논리가 성립되는 겁니다. 이쯤 되면 '악'은 합리적인 차원을 넘어 교활한 거지요.

악의 합리성은 비단 관료기구뿐만 아니라 발달된 과학기술에 기대어 있습니다. 현재 이라크와 아프가니스탄 전쟁에서 미군은 '드론'인가 하는 무인비행기를 폭격에 많이 활용하고 있는데, 미국 본토 어딘가에 있는 공군기지의 전자오락실 같은 곳에서 조이스틱으로 무인비행기를 조정한다는 기사를 읽었습니다. 손에 피 한 방울 안 묻히고 살상행위에 참여하는 이들의 귀는 폭격으로 죽어가는 끔찍한 비명소리를 들을 수 없고, 이들의 눈은 죽어가는 자들의 처참한 모습을 볼 수 없습니다. 컴퓨터 게임처럼 점수만 올라가는 거지요. 죄책감을 느끼지 못하는 거예요.

당신이 인용했던가요? 약육강식의 정글에서 먹이사슬의 제일 위에 있는 큰고양이과 육식동물들조차도 자기 사냥감의 생명을 끊을 때 갖는 '동물적 연민(animal pity)' 말이에요. 예일 대학의 심리학자 스탠리 밀그램(Stanley Milgram)의 실험이 잘 보여줬듯이, 희생자로부터 물리적·심리적 거리가 멀면 멀수록 더 잔인해질 수 있는 사람들의 심리를 발달된 과학기술이 이용하는 거지요. 아프가니스탄의 미군 무인비행기는 물론이고 나치의 가스실도 같은 원리였지요. 직접 방아쇠를 당겨 사람을 죽이는 것이 아니라 스위치만 누르면 되는 거지요. 이처럼 기술적으로 발달된 학살의 메커니즘에는 동물적 연민이 작동할 여지가 없습니다. 바로 나치가 노린 핵심이지요.

나치의 소련 침공 당시 유대인 학살이라는 임무를 띤 특수부대가 정규군을 뒤따라가면서 동부전선을 누비게 됩니다. 그야말로 잔학한 학살자들이지요. 그런데 이 부대에 대해서 나는 아주 흥미로운 자료들을 접한 적이 있습니다. 이들의 술 소비량이 다른 부대와는 비교할 수 없을 정도로 높은 겁니다. 그러니까 아무리 나치의 이데올로기로 세뇌된 자들도 온전한 정신으로 학살을 지속할 수는 없는 거지요. 그래서 엄청난 양의 알코올이 필요했던 거예요. 그러자 나치의 수뇌부는 이 특수부대의 사기가 떨어질 것을 염려하고 이런 원초적 학살이 끝없이 지속되기는 힘들겠다는 판단을 내리게 된 거지요. 헤움노나 소비부르 절멸수용소의 가스 트럭을 이용한 학살에서 아우슈비츠의 가스실까지 학살의 기술이 고도화된 것도 그런 이유에서였지요. 나치가 만든 가스실은 희생자로부터 물리적·심리적 거리를 확보함으로써 동물적 연민조차 느끼지 않고 대량학살을 가능케 한 합리적 장치였습니다.

어떻게 보면 전후 역사가들이 '책상 앞의 살인자들(Schreibtischtäter)'이라는 야릇한 용어를 사용할 수밖에 없었다는 사실이 나치의 성공을 상징한다는 느낌도 듭니다. 폭력을 행사하거나 총의 방아쇠를 당기지도 않았고 손에 피를 묻히지도 않았지만, 나치의 대량학살 기계가 효율적으로 돌아가게 만든 평범한 관료 학살자들을 달리 규정할 방법이 없었던 거지요. 책상 앞에 앉아 서류에 사인을 하는 것만으로도 대량으로 무고한 사람들을 죽음으로 몰아넣었던 이 독특하고 '합리적인' 메커니즘이야말로 평범한 보통 사람들을 쉽게 학살자로 만들 수 있었던 비결이었겠지요. 학살방식이 이처럼 합리적으로 조직되면 될수록, 사람들은 큰 양심의 갈등 없이 아무렇지도 않게 학살을 자행할 수 있는 거지요. 나치의 묵시록적인 악은 한나 아렌트의 악의 평범성 테제와 당신의 악의 합리성 테제가 결합될 때야 비로소 설명의 필요충분조건이 충족되는 게 아닐까요?

아렌트와 당신이 만나는 접점은 또 있습니다. 이스라엘의 국가권력이 자기 정당성을 위해 홀로코스트의 기억을 전유하는 데 대한 신랄한 비판입니다. 1948년 〈뉴욕 타임스〉에 광고까지 내면서 메나헴 베긴의 미국 방문을 규탄했던 아렌트나 이스라엘의 정착 유혹을 뿌리치고 영국의 리즈 대학으로 온 당신이나, 이스라엘에서 혹은 전 세계의 시온주의자들에게 가장 인기 없는 유대계 지식인이기는 마찬가지지요.

당신이 들려준 이스라엘의 경험은 아직도 생생합니다. 1968년 폴란드의 반시온주의 운동에 밀려 이스라엘로 간 당신은 히브리어를 배워야 했다지요. 그런데 히브리어를 배우다 보니, 그 텍스트 자체가 완전히 시온주의의 이데올로기로 가득 차 있다는 걸 알았다고 했습니다. 히브리어를 열심히 배우고 나면 자연스레 시온주의자가 될 수 있는 메커니즘이 어학 교과서에 숨어 있었다는 거지요. 물론 그것은 단적인 예일 뿐, 이스라엘에서 산다는 것 자체가 그런 일의 연속이었겠지요. 결국 당신은 1년을 못 버티고 이스라엘에 대한 비판 성명을 한 장 발표하고 영국으로 건너가 버렸지요. 아마도 이스라엘의 '세습적 희생자 의식'을 끄집어낸 당신의 비판도 그 경험이 없었다면 불가능하지 않았을까요? 당신이나 야니나나 뿌리를 내리지 못하고 떠돌아다니는 삶이 고달프기도 하겠지만, 폴란드와 이스라엘을 함께 경험했던 당신의 독특한 상황에서 나오는 경계인적 의식이야말로 당신의 장점이 아닌가 싶어요.

얼마 전 리즈 대학에서 지그문트 바우만 연구소를 만들었다며 2010년 9월에 개소 기념 학술대회를 연다고 연락이 왔더군요. 당신에 대한 경의의 표시로 참석해서 논문을 발표하는 것이 예의가 아닐까 생각하는데, 또 다른 한편에서는 이 연구소가 경계인 바우만을 붙들어 매는 것은 아닌가 하는 데까지 생각이 미치더군요. 비판적 지식인에게, 혹은 당신이 좋아하는 안토니오 그람시의 문자로 '유기적 지식인'에게 뿌리내리지 못하는 삶이란 차라리 피곤한 축복이 아닐까요? 어느 사회에 대해서든 항상 '내적 망명자'의 입장을 취하려 하는데, 참 쉽지 않습니다. 나는 요새 내 사회에 너무 깊이 뿌리를 내린 것은 아닌지 하는 생각이 들 때가 많습니다. 삶이 제도화되면 생각도 제도화되겠지요. 내 생전, 뿌리내리지 못하는 삶이 갖는 그 피곤함이 축복으로 느껴질 때가 올까요?

추신

이 글을 쓰고 난 후에야 야니나의 서거 소식을 접했습니다. 특히 의가 좋았던 부부라, 무어라 위로의 말씀을 드려야 할지 모르겠습니다. 무심함을 용서하소서.

16

희생의 기억이 삼켜버린 가해의 기억

— 요코 가와시마 윗킨스에게

요코 가와시마 윗킨스
1933~

1933년 일본에서 태어나 어린 시절을 만주에서 거주하다 함경북도 나남으로 옮겨가 살았다. 1945년까지 유복한 생활을 했으나 1945년 일본의 패전 후 일본으로 피신했다. 일본으로 돌아온 후 교토에서 중학교와 고등학교를 마치고 교토 대학 영문과에 진학했다. 대학 졸업 후 미군기지에서 통역관으로 근무하던 중 만난 남편과 미국으로 건너갔다. 이후 나남에서 서울과 부산을 거쳐 일본으로 피신할 때까지의 경험을 담은 《요코 이야기(So Far From the Bamboo Grove)》 등을 발표했는데, 이 책이 미국의 초등학교 등에서 교재로 채택되면서 일본이 한국을 식민지화한 역사적 배경에 대한 설명 없이 한국인을 가해자처럼 묘사함으로써 일본과 한국에 대한 왜곡된 역사적 시각을 보여준다는 논란에 휩싸였다.

YOKO KAWASHIMA WATKINS

요코 상.

《안네의 일기》가 외신을 타고 다시 화제가 되면서 문득 당신을 떠올렸습니다. 일기 중에 사춘기 소녀의 성적 호기심을 나타낸 부분이 너무 노골적이니 학교에서 교재로 사용할 때 조심해달라는 한 미국 학부모의 조금 엉뚱한 청원이 세계적인 우스개가 된 거지요. 나도 같이 웃어넘겼지만, 《안네의 일기》가 희화화된다는 생각에 끝내 유쾌하지는 않았습니다.

안네의 이 내밀한 기록을 포르노처럼 읽은 미국의 그 학부모는 아마 홀로코스트를 몰랐을 수도 있습니다. 크라쿠프의 유서 깊은 야기에오 대학에서 정치학을 가르치는 내 친구 한 명은 미국의 자매결연 대학에서 온 학생들을 아우슈비츠에 데리고 갔다가 기가 막힌 경험을 했다고 하소연을 한 적이 있습니다. 아우슈비츠와 홀로코스트에 대해서 기껏 설명하고 나니까, 한 학생이 손을 들고는 그렇게 나쁜 놈들이 있는데 왜 경찰에 신고하지 않았냐는 질문을 해서 기절초풍했다는 이야기, 그 이야기가 갑자기 생각났습니다.

나치를 피해 숨어 있던 안네 프랑크 일가를 도와주고, 그들이 잡혀간 후에는 안네의 일기장을 챙겨 세상에 알린 네덜란드 여성이 100세 가까이 살다가 2009년 연말에 돌아가셨는데, 이런 회고를 한 적이 있지요. 무심코 안네의 방에 들어갔다가 일기를 쓰고 있던 안네가 갑자기 화를 내서 무척 당황했다고……. 한창 예민한 나이의 사춘기 소녀가 누구한테도 보이고 싶지 않았던 자신의 내밀한 무엇인가가 드러났다고 생각했나 보지요.

독서의 역사라는 관점에서 보면 《안네의 일기》가 걸어온 길은 참으로 우여곡절이 많은 길입니다. 《안네의 일기》는 출간되자마자 1950년대에는 그 보편주의적 호소력 때문에 세계적인 베스트셀러가 되었습니다. 한국어로도 번역이 되어 나도 어렸을 때 읽었을 정도이니까요. 또 1955년에는 연극으로 제작되어 브로드웨이 무대에 올라 공전의 히트를 치고 퓰리처상과 토니상 등을 휩쓸기도 했지요. 그런데 뒤로 가면서 이 보편주의적 호소력이 비판의 대상이 되더군요. 특히 '내가 더 이상 유대인이 아니라 인간이 되는 날'을 손꼽아 기다리는 구절 등을 들어 희곡 작가 앨버트 해켓(Albert Hackett)이 각색해서 만든 연극 대본이 안네의 일기를 '탈유대화시키고' '지나치게 보편화'시켰다는 비판이 제기되고, 안네가 적에게 간청하는 나약한 모습 같은 것을 삭제하라는 압력, 유대인도 아닌 해켓이 대본을 쓸 자격이 있는가 하는 비난, 심지어는 안네가 유대인 계율 등을 지키지 않았으며, 네덜란드의 유대인 소녀는 동유럽의 유대인 소녀처럼 '진정한' 유대인 소녀라고 보기는 힘들다는 주장까지 나오게 되지요.

1997년에는 미국의 유대계 작가인 신시아 오지크(Cynthia Ozick)가 《안네의 일기》가 차라리 불타버리거나 없어져서 세상에 안 나왔으면 더 좋았을 뻔했다는 주장까지 하더군요. 전쟁과 광신적 이데올로기로 고통 받는 한 소녀의 이야기는 곤란하고, 반드시 유대인 소녀의 고통이어야만 하는가요? 제2차 세계대전의 고통을 너무 민족적으로 독점하려는 것 아닌가요? 그만하라고요? 왜요? 당신 책 《요코 이야기》가 겪었던 우여곡절이 생각나 착잡해지나요? 그래요, 일본판 《안네의 일기》라던 당신 책이 겪은 운명에 대해서 착잡하긴 나도 마찬가지입니다. 당신이 느꼈을 착잡함이나 당신에 대한 막무가내의 비판자들이 가졌던 분노와는 또 다른 복잡한 감정이 있습니다. 그래서 당신한테 한 자 적어야겠다는 생각이 들었는지도 모르겠습니다.

내가 당신 책 《요코 이야기》를 처음 접한 것은 2007년 초의 일입니다. 2007년 1월, 갑자기 당신의 이 책이 한국 언론에서 뜨거운 논의의 대상으로 떠오른 다음입니다. '얼빠진 한국, 일본마저 거부한 《요코 이야기》 출간', '일 전범 딸이 쓴 엉터리 조선 회상기', '미국도 속은 일본판 안네의 일기', '요코 이야기 왜곡투성이' 등등의 자극적인 기사 제목에서 보듯이, 진보신문과 보수신문을 막론하고 당신 책에 대한 비판이 한동안 주요 일간지 문화면의 상당 부분을 차지한 적이 있습니다. 보도의 핵심은 역사를 왜곡한다는 것이었습니다. 《새역사교과서》 등에서 일본의 신우익이 식민주의적 침략행위를 미화하거나 일본군 위안부의 존재 자체를 부정해온 덕에 '역사의 왜곡'이란 말은 한국 사회에서 아주 민감한 반응을 불러일으킵니다. 한국 사회가 '역사'에는 관심이 없어도 '역사의 왜곡'에는 아주 관심이 많은 사회지요. 게다가 언론의 속성이 대개 부르르 한 번 끓고 나면 끝인데, 당신 책은 꽤 오랜 기간 보도를 타더군요.

비판의 불씨가 미국에서 먼저 지펴진 것을 안 것도 신문보도를 통해서였습니다. 보도에 의하면, 2006년 9월 처음으로 보스턴과 뉴욕의 한국계 미국인들이 미국 학제로 6학년 역사 과목의 읽기 목록에 포함된 당신 책에 문제를 제기했다더군요. 뉴욕의 한 한국계 여학생은 《요코 이야기》를 배울 수 없다며 등교를 거부했고, 보스턴 지역의 한인 학부모들이 지역 교육위원회에 교재 사용 중단을 요청하고, 보스턴의 한국 총영사관에서도 매사추세츠 주 교육청에 항의 공문을 보냈다는 소식을 접하고 책의 내용을 먼저 확인하고 싶었습니다. 조금 시간이 지난 후에 책을 사러 나갔더니, 이미 출판사에서 책들을 다 회수해간 다음이었습니다. 출판사에서는 책의 진의가 왜곡됐다는 보도 자료도 냈지만 역부족이었던 모양입니다. 결국에는 비판을 이기지 못하고 더 이상 책을 유통시키지 않겠다며 거두어들였다더군요. 할 수 없이 출판사로 전화해서 사정을 이야기하고 겨우 한 권 얻어 보았습니다.

읽어보니 솔직히 별 이야기는 아니더군요. 이걸 갖고 그렇게 난리를 쳤나 하는 생각이 들 정도였지요. 줄거리도 비교적 단순했습니다. 일본이 제2차 세계대전에서 패전할 당시 함경도 나남에 살던 일본인 일가족, 당시 열한 살 소녀였던 당신이 엄마, 언니 등 가족과 함께 생명의 위협, 굶주림, 성폭행의 공포 등에 떨면서 일본으로 귀환할 때까지 겪은 시련이 이야기의 핵심이었지요. 일본에서는 이미 '히키아게(引揚)'라고 해서 패전 이후 귀환자들의 이야기를 가리키는 장르 용어가 있을 정도이니, 새로울 것은 없었습니다. 단지 청소년들이 잘 이해할 수 있게 쉬운 언어로 사실적으로 그리고 있다는 게 특징이라면 특징이더군요. 행복했던 '자아'가 일본으로 돌아가서 정착하는 과정에서 무수한 시련을 겪지만, 그 시련을 통해 성장하고 고통을 극복한 결과 적절한 보상을 받는다는 서사구조는 오히려 그 영웅전적 단순함 덕분에 청소년들에게 더 호소력을 지닐 수도 있겠다는 생각은 들었습니다.

더구나 당신 책이 《요코 이야기》라는 제목으로 한국에서 번역 발간된 것은 이미 2005년 4월의 일이더군요. 미국에서 처음 발간된 게 1986년이니 거의 20년이 다 지난 후의 일이지요. 기록을 찾아보니 발간 당시 한국에서 이 책은 그리 큰 반응을 얻지는 못한 것처럼 보입니다. "1945년 일제가 패망할 당시 한반도 북단 나남에서부터 …… 일본까지 험난한 피난길에 오른 일본인 일가의 이야기를 어린 소녀의 눈으로 그린 자전적 소설"이라는 〈연합통신〉의 2005년 5월 13일자 기사, 혹은 "국적을 잠시만 잊는다면, 전쟁이 한 가족의 삶을 어떻게 고난에 빠뜨리는지 담담하게 묘사한 성장소설"이라는 2005년 5월 6일자 〈조선일보〉 기사는 이 책이 그저 흘려버리기 쉬운 평범한 책으로 대접받았음을 말해줍니다. 2007년 1월 한국 언론들을 뜨겁게 달군 비판은 찾아볼 수 없고, 그저 미적지근한 소개 정도였지요. 정작 한국의 출판계와 도서시장에서는 한동안 잊힌 책이었는데, 한국계 미국인들이 문제를 제기하고 그 비판의 내용이 본국에 소개되면서 새삼 문제가 된 거지요.

미국 내 교포사회가 비판의 진앙이었으니, 태평양 너머의 '원거리 민족주의'가 바다를 건너 본국의 민족주의 감정을 자극한 거지요. 이들이 제기한 비판의 핵심은 당신 책이 식민주의와 전쟁의 진정한 피해자인 한국인들을 가해자로 묘사하고, 정작 가해자인 일본인들은 피해자로 묘사하고 있다는 겁니다. 동아시아의 역사에 무지한 미국의 학생들에게 식민주의의 희생자인 한국인이 폭력적 가해자로 그려지고 일본인이 무고한 피해자로 각인될 수 있다는 그들의 항의는 미국적 맥락에서 일리가 있어 보입니다. 또 실제로 학교에서 이 책을 읽은 다음에는 한국계 아이들이 잔인한 가해자의 후손이라고 손가락질당하는 일이 있었던 모양입니다. 일의 발단도 거기에서 시작된 거고요.

당신 책에는 정말 일본 식민주의의 역사적·도덕적 부당성이나 난징대학살 등과 같은 일본군이 저지른 범죄나 잔학행위는 생략되어 있더군요. 물론 어린아이의 자전적 회상에 깊이 있는 역사적 맥락이 들어가기를 바라는 게 무리지만, 편집자 주 같은 형식으로 다루었다면 더 좋았을 거라는 생각도 듭니다. 또 당신 가족이 왜 일본이 아니라 한반도 북부의 나남에 살게 되었는지에 대해서 좀 더 언급했다면 균형 잡힌 이야기가 되지 않았을까 하는 아쉬움이 있습니다. 실제로 한국계 미국인들의 문제제기 이후에 나온 책에서 당신은 독자에게 보내는 편지를 추가해, 일본 식민주의가 한국인에게 가한 고통을 인정하지 않는 일본 정부를 비판하고, 그에 대한 개인적 유감을 표하기는 했더군요.

어린 소녀의 시선으로 가해와 희생을 대립시키는 단순구도 속에서 자신의 생존 이야기를 그리는 당신의 서술방식이 단순한 것은 틀림없지요. 그래서 청소년들에게 더 호감을 산 측면도 있겠고요. 그렇다고 해서 당신 책이 거짓투성이라는 태평양 너머의 비판에 가세할 생각은 없습니다. 종전 당시 만주와 한반도에 거주하던 90여만 명의 일본인 중 약 3만에서 9만 명이 귀환 과정에서 살해되거나 굶주림 혹은 질병으로 사망했다는 추계는 부정할 수 없지요. 또 일본인 희생자의 대부분이 노인과 여성, 그리고 어린아이들이었다는 점도 의심할 이유가 없지요. 전쟁이라는 게 항상 권력을 가진 남성이 시작하지만, 피해자는 늘 힘없는 약자잖아요. 그런데도 당신 아버지가 731부대의 간부였다는 마타도어적 의혹을 부풀이면서까지 당신의 기억을 역사의 왜곡, 거짓말 등으로 밀어붙이려는 이들의 비판은 문제가 많습니다.

개인적 기억이 가질 수밖에 없는 역사적 부정확성이 아예 당신의 고통을 부정하는 근거로 작동해서는 곤란하지요. '역사의 진실'이라는 이름으로 《요코 이야기》에 대해 실증주의의 메스를 들이대고 거짓말로 몰고 가는 논리는 아이러니하게도 일본군 위안부 문제에 대한 일본 우익의 실증주의적 역사 논리와 유사합니다. 할머니들의 흐릿하고 자의적인 기억을 사실로 인정할 수 없으며, 그 증언을 뒷받침하는 공문서가 없다는 이유로 일본군 위안부의 역사를 말소해버리려는 일본 우익의 논리와 큰 차이를 나는 못 느낍니다. 신문기사의 6하 원칙에 따라 정확하게 증언하지 못하는 것은 인정할 수 없다는 일본 우파의 공문서 실증주의는 참으로 폭력적이었습니다.

당신의 개인적 기억에 대해 한국계 미국인들이 왜 그렇게 분노하고 비판하는지는 충분히 이해되지만, 그들의 비판이 정당하다고 생각하지는 않습니다. 당신의 기억에 대한 폭력적 부정도 그렇지만, 더 근본적으로는 '집합적 유죄' 개념이 그들의 사유방식을 지배하는 것은 아닌가 하는 우려 때문입니다. 당신에 대한 그들의 비판이 당신은 일본인이기 때문에 절대 피해자가 될 수 없고, 또 우리는 한국인이기 때문에 절대 가해자가 될 수 없다는 전제에서 출발하고 있다는 거지요. 그것은 결국 민족을 경계로 한 사람 한 사람을 범주화하는 식민주의의 논리를 재현할 뿐입니다. 지배민족이라는 이유만으로 모든 일본인은 한국인보다 우월한 사람이 되고, 또 한국인들은 피지배민족이라는 이유만으로 모든 일본인보다 열등한 사람이 되는 식민주의의 논리 말이에요.

민족이라는 범주가 가해자와 피해자, 우월한 자와 열등한 자를 가르는 절대적인 기준이 된다는 점에서 서로 상반되는 두 주장이 실은 같은 인식론적 토대 위에 서 있는 거지요. 태평양을 넘나드는 당신 비판자들은 나치와 유대인의 비유를 자주 이용하더군요. 제국주의 일본은 나치로, 그러니까 당신은 나치 전범의 딸로, 식민지 조선인들은 이

난징대학살 기념관의 조형물
일본군이 1937년 12월~1938년 1월 당시 중국 난징을 함락하면서 약 30만 명의 중국인을 학살한 사건을 기억하기 위해 만들어진 이 기념관에는 당시의 참화를 표현한 조형물들이 곳곳에 전시되어 있다.

제 막 강제수용소에서 해방된 유대인으로 비유하는 거지요. 당신 책에 대한 아마존의 서평란에서, 수용소에서 막 풀려난 유대인들이 나치 전범의 딸을 쫓는 것도 죄냐는 식의 비유를 보고 깜짝 놀란 기억이 있습니다. 은연중에 집합적 유죄 개념에 기대고 있다는 점에서도 미국 내 주류 유대 민족주의와 인식의 틀을 공유하고 있어서 개인적으로는 흥미로웠습니다.

이 과정에서 드러난 한국계 미국인들의 원거리 민족주의를 보면서 나는 아이리스 창(Iris Chang)의 《난징의 강간(The Rape of Nanjing)》을 생각했습니다. '제2차 세계대전의 잊힌 홀로코스트'라는 이 책의 부제는 여러모로 의미심장하지요. 이 책이 몰고 온 난징대학살에 대한 논란과 그에 대한 중국계 미국인들의 태도에는 자신들과 역사적 희생자로서의 중국인을 등치시킴으로써 민족적 정체성을 만들어내는 경향이 있습니다. 미국의 동아시아사 연구자 조수아 포겔(Joshua Fogel)의 냉소적인 평가를 빌린다면, 미국에서 태어나고 자란 중국인 3세나 4세들에게는 중국어, 중국 역사, 중국 문화를 배우는 것보다 역사적 희생자들과 자신을 등치시키는 것이 훨씬 쉽다는 겁니다. 비단 중국계 미국인뿐 아니라 미국 내 이민자 집단들이 자신들의 민족적 정체성을 희생자 의식에서 구하려는 경향이 강하지 않은가 합니다. 특히 대량학살을 겪은 유대계 혹은 아르메니아계 이민자들의 경우도 마찬가지겠지요.

일본계 미국인들에게서도 비슷한 느낌을 받은 적이 있습니다. 로스앤젤레스였는지 아니면 샌프란시스코였는지 기억이 가물가물합니다. 단지 아직도 생생하게 기억나는 것은 그 도시의 재팬 타운에 있는 일본 이민사 도서관에서 제2차 세계대전 당시 태평양 연안에 살던 일본계 미국인들을 내륙의 수용소로 강제 이주시킨 역사를 재현하는 특별전 등을 보았을 때의 느낌입니다. 이들 일본계 미국인들은 결국 도널드 레이건 행정부 때 미국 정부의 공식 사과와 배상 약속을 받아냈습니다만, 여기에서도 희생자 의식이 일본 이민자들의 원거리 민족주의를 구성하고 지지하는 중요한 축이라는 느낌을 떨치기 어려웠지요. 전후에 결혼 이민을 한 당신의 경우는 이들 일본계 미국인 공동체의 경우와는 다릅니다만, 당신의 《요코 이야기》도 희생자 의식과 연결된 이들 이민자들의 집단심성과 관련이 있는 것은 아닌가 하는 생각도 듭니다.

그러고 보니 서울의 한 영자 신문에 '희생자 의식 민족주의'라는 칼럼을 썼다가 태평양 건너에서 여러 통의 항의 이메일을 받은 기억이 납니다. 당신을 비판했던 보스턴 지역의 학부모들이 아닌가 싶은데, 한국의 역사 교수라는 사람이 역사를 그 정도밖에 이해하지 못하냐는 날이 선 비판이었습니다. 아이들 교육 때문에 전문직의 길을 접었지만, 뉴욕의 컬럼비아 대학에서 박사학위를 받았다면서 역사의 '진실'과 '거짓'을 구별하는 법을 가르쳐주더군요.

컬럼비아 대학 박사한테 새삼 '역사란 무엇인가'에 대해 이메일 강의를 듣고 나니, 미국의 역사 교육이 어떤 수준으로 이루어지는가에 대한 감은 잡을 수 있었습니다. 옆으로 빗나가는 이야기인지 모르겠지만, 비단 한국계 미국인들뿐만 아니라 폴란드나 우크라이나 등 동유럽에서 온 이민자 그룹의 원거리 민족주의에서 나는 항상 본국에 대한 오리엔탈리즘을 느낍니다. 가난하고 무지하며 비민주적인 본국을 계도해야겠다는 사명감이 반드시 나쁜 거냐고 물으면 그렇지 않다고 답할 수밖에 없습니다만……

어쨌거나 더 흥미로운 건 이 사람과 이메일로 의견을 주고받은 언어가 영어였다는 겁니다. 번갈아가면서 이메일을 보낸 그 다음 사람들과도 마찬가지였고요. 내가 보내준 비교적 긴 한글 논문에 대해서는 아무 반응도 없는 걸 보면, 이들의 한국어가 아마도 일상생활에서 간단한 회화 정도만 가능할 뿐, 사유하고 논리를 전개할 수 있는 수준은 아니지 않은가 하는 의심도 들었습니다. 이들의 한국어 구사 능력이 떨어진다고 비난하는 본국의 모국어 민족주의자들 편에 설 생각은 추호도 없습니다. 그게 당연한 삶의 논리라고 생각합니다. 내가 흥미로운 건 그들의 희생자 의식과 민족감정의 연관성입니다. 아이들이 아직 어린 걸로 봐서는 식민지를 경험한 세대일 리는 없고, 또 이들의 활약상을 전하는 신문보도를 보면 이제 40대 정도가 아닐까 생각되는데, 이들이 일본 식민주의의 희생자일 수는 없잖아요.

그런데도 자신이 홀로코스트의 희생자라고 생각하는 이스라엘의 한 사범대학 학생들처럼, 이들은 자신도 식민주의의 희생자라고 생각하는 거지요. 그들의 부모나 조부모 중에서 혹 희생자가 있었을 수도 있지만, 그들의 가족사를 모르니 이야기하기 조심스럽습니다. 그러나 설혹 그렇다고 해도, 그걸 근거로 자신이 식민주의의 희생자라고 주장한다면 그것은 '희생의 연좌제'지요. 미국 내 중국계 이민자 집단이 세습적 희생자 의식을 통해 민족적 정체성을 유지한다는 포겔의 분석은 그들만의 리그에서만 통하는 걸까요? 오해하지는 마십시오. 당신 책에 대한 이들 코리안−아메리칸들의 비판이 온당치 않다고 해서 당신의 서술방식이 옳다는 이야기는 결코 아닙니다.

당신과 귄터 그라스(Günter Grass)를 비교하는 게 온당한지는 모르겠습니다만, 《게걸음으로 가다(Im Krebsgang)》 이야기를 안 할 수는 없겠네요. 혹시 그 소설을 읽어보셨는지요? 그 소설은 8,000여 명의 독일 피난민들을 싣고 그디니아를 떠나 독일로 향하다가 소련 잠수함에게 격침된 여객선 빌헬름 구스틀로프호의 비극에 관한 이야기입니다. 이 이야기는 이미 1959년에 구서독에서 〈고텐하펜의 밤(Nacht fiel über Gotenhafen)〉이라는 제목의 영화로 만들어져 크게 성공한 바 있다더군요. 그렇지만 그라스가 다루었다고 하면 아무래도 무게감이 다르겠지요. '고텐하펜'은 '그디니아'의 독일식 이름입니다. 그단스크

바로 옆의 항구 도시지요. 어쨌거나 2002년 출간된 그라스의 이 소설은 가해자로서의 독일인이 아닌 피해자로서의 독일인에 대한 공적 논의를 촉발시켰다고 할 수 있습니다.

그러나 배에 탔던 8,000여 독일 피난민들의 무고한 희생에 초점을 맞추었다고 해서, 그라스의 이 소설이 나치즘을 옹호하고 정당화한다는 비판은 거의 나오지 않았습니다. 노련한 작가인 그라스는 이 배가 '노동을 통한 기쁨'이라는 나치의 노동자 매수 프로그램에 이용된 배라는 점, 배 이름의 주인공인 구스틀로프가 스위스 주재 나치의 조직책이었다는 점, 또 이 배에는 민간인뿐 아니라 나치의 군속들도 탔다는 점 등을 밝힘으로써 나치의 역사적 맥락 속에 이 사건을 배치했기 때문이지요. 사실상 독일판 '히키아게'의 역사는 그 규모나 비극성에서 일본의 귀환 이야기와는 비교할 수 없을 정도입니다. 물론 역사적 비극이나 개개인이 겪어야 했던 고통과 희생을 몇 개의 수치로 환원시켜 평가한다는 것도 어불성설이지만, 간략한 비교를 위해서는 불가피한 측면도 있으니 양해하시기 바랍니다.

제2차 세계대전 막바지에 소련의 공세에 앞서 오데르 강을 넘어 귀환한 독일인이 600만, 동프로이센의 영토였으나 제2차 세계대전 직후 폴란드에 할양된 '수복된 땅(ziemia odzyskana)'과 체코의 주데텐란트에서 쫓겨난 독일인이 각각 400만과 300만에 달하는 등 '유럽 역사상 최대 규모의 강제 이주'라고 평가되는 독일인 피난민 혹은 강제 추방자들의 수는 많게는 1,400만 명에 달하는 것으로 추산됩니다. 1990년대 중반 폴란드와 체코의 역사학계에서 자신들의 희생만 일방적으로 강조할 것이 아니라 이들 쫓겨난 독일 민간인들의 고통과 비극, 그리고 그들에게 가했던 폭력에 대해 비판적으로 성찰해야 한다는 목소리가 나오기도 했지요. 물론 압도적인 비판에 눌려 이 소수파의 목소리는 오늘날 자취도 찾아보기 힘들게 되었습니다만, 노인이나 여성, 어린이들이 대부분인 독일 민간인들이 노골적인 집단 폭력의 대상이 된 것은 분명합니다. 150만 명에 달한다는 강간 피해 여성, 피난 독일인들에 대한 집단 폭행과 살해, 40퍼센트 이상의 높은 사망률을 기록한 폴란드의 독일 피난민 강제수용소 등의 역사는 참으로 비극적이지요.

그런데 우리가 이들 독일 피난민들의 고통을 이해하고 그들에게 가해진 과거의 폭력을 성찰한다고 해서 나치 독일의 반인륜적 범죄를 정당화하는 것은 아니지요. 독일 피난민들의 고통이 곧 동유럽에서 나치가 행사한 고삐 풀린 폭력이나 홀로코스트에 면죄부를 주는 것은 아니잖아요. 1938년의 지방자치 선거에서 체코에 거주하던 독일인 유권자 90퍼센트가 나치 성향의 주데텐 독일당을 지지한 사실이나 슬라브족을 청소하고 빈 땅 위에 아리아인의 '생활공간'을 만든다는 나치의 동유럽 이민정책에 호응한 독일인들의 상당수가 나치의 적극적 공범자 혹은 수동적 방관자였다는 점을 못 본 척해서는 곤란하지 않겠습니까?

그러니까 이들 독일인 피난민들의 희생은 유대인 학살이나 슬라브족의 노예화 등 나치의 잔학행위라는 괄호 속에 묶인 희생이었던 거지요. 자신과 가족의 그 애절한 아픔과 고통에 대한 진솔한 이야기임에도 당신의 책에 대해 내가 끝내 유보적인 것은 당신의 고통이 바로 그 일본의 식민주의적 폭력이라는 괄호 속에 묶여 있었다는 역사적 맥락이 빠져 있기 때문입니다.

당신의 의도는 아니라고 생각합니다만, 역사적 맥락이 제거된 채

'고통과 희생'이라는 현상만 강조하면 전혀 의도치 않은 결과를 낳을 수도 있지요. 제2차 세계대전 이후 새로 획정된 독일과 폴란드의 국경선을 인정하지 않고 고향 땅을 돌려달라거나 보상을 요구하는 '독일 추방자 연맹(Der Bund der Vertriebenen)'의 뻔뻔한 요구도 나치의 잔학행위라는 역사적 맥락을 제거한 희생자 의식의 논리적 귀결인 것입니다. 이들은 자신들이 인종청소의 희생자라고 생각하는 거지요. 독일 추방자 연맹의 전 회장인 에리카 슈타인바흐(Erika Steinbach)가 대표적이지요. 그녀는 특히 폴란드와 체코의 유럽 연합 가입을 베네스 법령(Beneš decrees) 무효화 결의안과 연동시켜야 한다고 주장하는 등 사뭇 공격적입니다. 베네스 법령은 독일의 피난민들에게 범죄적 위해를 가한 체코인들에게 면죄부를 주는 법령이었습니다. 이 연맹의 공식적인 웹사이트를 보면, 폴란드에 대한 '복수주의'의 수사법과 잃어버린 고향 땅에 대한 공공연한 향수를 드러내고 있어 섬뜩하기까지 합니다.

그뿐만 아니라 슈타인바흐는 '절멸수용소', '대량학살' 등의 용어를 사용해 추방된 독일인들의 고통과 희생을 묘사하는가 하면, 2007년에는 당시 폴란드 정부를 독일의 네오 나치와 같다고 주장해 물의를 빚기도 했지요. 이 글을 쓰고 있는 2010년 2월 14일자 폴란드 신문 〈가제타 비보르차(Gazeta Wyborcza)〉 인터넷판에는 13일 주말 드레스덴 폭격 65주년을 맞아 역사수정주의자들과 네오 나치들이 폭격을 비난하는 집회를 열었다는 기사가 실렸더군요. 영국군과 미군 연합군의 융단 폭격을 '폭격의 홀로코스트'라고 비난했다는 문장이 눈에 확 띄더군요. 문제는 역사수정주의자들이나 슈타인바흐의 이런 언행이 독일인의 고통에도 주의를 기울이고자 하는 폴란드나 체코의 성찰적 논의들이 설 땅을 박탈해버린다는 겁니다. 독일인의 고통을 인정하는 것 자체가 마치 슈타인바흐의 희생자적 독일 민족주의를 정당화하는 논리인 것처럼 폴란드나 체코의 민족주의자들한테 매도당하기 때문입니다.

요코 상.

당신 책이 읽히는 방식은 이처럼 당신이 생각했던 것보다 훨씬 복잡합니다. 그게 당신 탓은 아닙니다만, 그런 복잡한 역사적 맥락에 주의를 기울이는 것도 작가적 의무가 아닌가 합니다. 그러지 않으면 나치의 잔학행위나 일본의 식민주의적 침략이라는 기억의 괄호 안에 묶여 있던 희생의 기억이 슬그머니 괄호를 풀고 나중에는 아예 가해의 기억을 삼켜버리게 됩니다. 가해의 기억을 희생의 기억으로 탈바꿈하는 이 마술은 어떻게 독일과 일본까지도 희생자 의식 민족주의의 주체가 될 수 있는지를 잘 보여줍니다.

더 중요하게는 일본과 독일이 희생자의 위치를 전유함으로써 강조하는 '희생자 의식'이 한국과 폴란드, 이스라엘의 시민적 역사 인식을 지배하는 '집단적 죄의식(collective guilt)'과 짝을 이루어 결국에는 민족주의의 적대적 공범관계를 강화한다는 것입니다. 평화와 화해를 향한 당신의 소중한 마음과 선의에는 충분히 공감하면서도, 당신의 책이 읽히는 역사적·정치적 맥락의 복합성을 걱정하는 것도 이 때문입니다.

"지옥으로 가는 길은 선의로 포장되어 있습니다." 아주 유감스럽지만, 그게 우리네 삶의 적나라한 현실이 아닌가 합니다. 선의를 버리라는 이야기는 아닙니다. 역사적 위치에 따라 당신의 선의가 배치되는 맥락과 그것이 작동되는 복잡한 메커니즘을 이해할 때 그 결과가 당신을 배반하지 않을 거라는 생각 때문에 한 자 적었습니다. 무례했다면 용서하시길……

17

사법적 무죄와
도덕적 죄의식

― 얀 브원스키에게

얀 브윈스키
1931~2009

폴란드의 문학사가이자 비평가, 에세이스트이다. 바르샤바 출신으로 야기에오 대학에서 폴란드 문학을 공부했다. 제2차 세계대전 이후 폴란드에서 나온 에세이 중에서 가장 중요한 에세이라고 평가받는 〈불쌍한 폴란드인들이 게토를 바라보네〉(1987년)에서 홀로코스트에 대해 폴란드 사회의 도덕적 책임 문제를 제기해 20년이 지난 지금까지도 이에 대한 논쟁이 계속되고 있다. 나치의 대학살에 가해자로 직접 참여하지는 않았지만 방관자로 대학살을 속수무책으로 지켜봤던, 또 그들 자신도 이미 나치의 끔찍한 피해자였던 폴란드인들에게 홀로코스트에 대한 사법적 책임은 없지만 기독교도의 원죄의식과 같은 도덕적 죄의식의 문제를 제기한 이 에세이는 폴란드 국내의 논란을 넘어서 폴란드-이스라엘 지식인 대화의 시발점이 되었으며, 지그문트 바우만의 '악의 합리성' 테제에도 영감을 주었다. 나치 점령기인 1941년 예드바브네라는 작은 마을에서 벌어진 폴란드인의 유대인 학살을 다룬 얀 그로스(Jan Gross)의 《이웃들(Neighbors: The Destruction of the Jewish Community in Jedwabne, Poland)》이라는 책은 폴란드인들의 도덕적 죄의식과 양심의 문제를 제기한 브원스키의 혜안을 입증했다.

JAN BŁOŃSKI

얀 브원스키.

아쉽게도 2009년 2월 당신의 부음을 접했습니다. 당신 생전에 직접 이야기를 나누어보지 못했다는 회한이 컸습니다. 폴란드 학계가 지역별로, 대학별로, 혹은 분야별로 영역의 경계가 완고한 편이라 크라쿠프의 문학비평학파를 대표하는 당신과 만날 기회가 없었습니다. 부러 찾지 않은 내 잘못이 물론 먼저고요.

지난 가을, 폴란드의 월간지 〈유대(Więź)〉가 2010년 2월호에 '희생자 의식'에 대한 특집을 기획하면서 '희생자 의식 민족주의'라는 내 테제를 권두논문으로 싣겠다고 제의를 해왔습니다. 나는 폴란드 독자들을 의식해서 글의 서두에서 '희생자 의식 민족주의'라는 내 테제에 영향을 준 폴란드 지성사의 세 가지 흐름을 언급했습니다. 지그문트 바우만의 《근대성과 홀로코스트》, 얀 그로스의 《이웃들》이 촉발한 예드바브네의 유대인 학살을 둘러싼 논쟁, 그리고 당신의 문제적 에세이 〈불쌍한 폴란드인들이 게토를 바라보네〉가 그 셋입니다.

폴란드 독자들을 의식한 말치레는 결코 아니었습니다. 말치레라기에는 당신들 모두 폴란드에서 너무 악명이 높지요. 나도 현대판 매국노로 가끔 거론되기는 하지만, 한민족에 대한 명예훼손죄로 고발하거나 기소하겠다는 협박은 받은 적이 없으니 당신이나 그로스보다는 훨씬 형편이 좋은 셈입니다. 최근에는 그로스가 제2차 세계대전 직후 키엘체(Kielce)의 포그롬(pogrom)과 반유대주의를 다룬 책 《공포(Fear: Anti-Semitism in Poland after Auschwitz)》때문에 폴란드 민족의 명예를 더럽힌 죄로 기소당할 뻔했지요. 형법 제270조던가요? 물론 검사의 위협에 그치기는 했지만, 폴란드 신문 〈가제타 비보르차〉의 동영상 인터뷰 자료를 보니 그로스는 검사가 자기 책을 읽어주면 영광이겠다고 당차게 답하더군요. 훗날 뉴욕에서 만나 그 동영상 이야기를 하면서 한참 같이 웃었습니다. 1968년의 반유대주의 운동에 밀려 폴란드를 떠나야 했던 그로스는 아직도 가슴 한쪽에 폴란드에 대한 감정이 남아 있더군요.

그로스가 처음은 아니지요. 어디선가 보니까, 1987년 당신의 그 글이 나왔을 때도 폴란드 민족에 대한 명예훼손죄로 기소해야 한다는 주장이 나왔다더군요. 이 편지를 쓰려고 당신 글이 실렸던 〈주간 보편(Tygodnik Powszechny)〉의 홈페이지에 들어가 봤더니, 20년이 지난 아직까지도 폴란드의 젊은 네티즌들 사이에서 당신 에세이에 대한 논쟁이 벌어지는 걸 보고 놀랐습니다. 하긴 전쟁 이후 폴란드에서 나온 가장 중요한 에세이라는 평가에 비추어보면, 논쟁이 계속되는 게 이

■ 키엘체의 포그롬

1946년 7월 4일, 폴란드 키엘체에서 일어난 유대인 학살사건을 일컫는다. 당시 마을에는 유대인들이 어린아이를 유괴했다는 유언비어가 돌았는데, 이 소문을 믿고 경찰과 군인을 포함한 마을 사람들이 유대인 공동체를 공격했다. 이로 인해 홀로코스트 생존자들을 포함해서 약 200여 명의 유대인 가운데 42명이 살해되고 40명 넘게 부상을 당했다. 이 사건은 전쟁이 불러온 도덕적 타락과 생존을 위한 잔혹한 이기주의를 잘 보여준다. 당시 폴란드의 한 농민 대표는 공산당 농민대회에서 폴란드는 단일민족이어야 하며 유대인을 제거해준 히틀러에게 감사해야 한다고 했으며, 사회당 계열의 노동자들은 유대인 학살자들을 비난하는 성명서에 서명하기를 거부했다. 또한 붉은 완장을 차고 학살에 참가한 폴란드 사회당의 무장 경비도 있었다. 이런 증거들은 키엘체의 유대인 학살이 극우 민족주의의 일탈적 행동은 아니라는 점을 보여준다.

상할 것도 없지요. 그런데 논의의 유형은 크게 바뀌지 않았더군요. '폴란드=반유대주의'라는 고정관념에 맞서 유대인의 음모론으로 반격하는……. 여하튼 당신들 셋을 '희생자 의식 민족주의'라는 테제에 영향을 준 사람이라고 언급한 것은, 폴란드 독자들을 위한 말치레가 아니라 오히려 위험부담을 감수한 꼴이지요.

그래도 당신이 겪어야만 했던 부당한 비판이나 몰이해, 심적 고통에 비하면 지구 반 바퀴 거리에 떨어져 있는 나야 안전하기 그지없지요. 그러나 갈수록 아쉬운 마음은 더 큽니다. 바우만이나 그로스는 학술회의 자리에서뿐만 아니라 개인적으로도 만나 깊숙이 숨어 있는 그들의 문제의식과 흥미진진한 뒷이야기들도 들었습니다만, 당신과는 그런 기회를 갖지 못했습니다. 내 탓입니다. 사실은 몇 년 전 슈체친 대학에서 '희생자 의식 민족주의'에 대한 강연을 하면서, 당신의 그 에세이를 슬쩍 언급한 적이 있습니다. 희생자라는 역사적 위치가 개인적 차원에서는 어떻게 양심의 목소리를 지워버리고, 사회적 차원에서는 어떻게 '희생자 의식 민족주의'로 정당화되는가를 설명하는 대목이었지요.

꼭 폴란드에 초점이 맞추어진 이야기는 아니었습니다만, 청중석에서 당장 항의가 들어오더군요. 희생자인 폴란드인들에게 무슨 죄가 있냐는, 당신도 귀에 못이 박히도록 들은 이야기지요. 나를 강연에 초청한 얀 피스코르스키(Jan Piskorski)의 설명에 의하면 폴란드의 역사학에서는 한 번도 당신 에세이를 언급한 적이 없다고 하더군요. 비판조차 없이 철저하게 무시했다는 거지요. 하긴 이해가 안 가는 바는 아닙니다. 제2차 세계대전 때 폴란드가 입은 피해와 상처를 생각하면 능히 그럴 수 있다고 생각합니다. 아마 다른 어느 나라라도 마찬가지였을 겁니다.

아직도 생생한 기억으로 남아 있는 제2차 세계대전은 폴란드인 대부분에게 참으로 끔찍한 트라우마 그 자체였지요. 한창 사춘기에 전쟁을 겪은 당신이라고 예외는 아니었으리라 봅니다. 전체 2,400만 인구 중에 300만의 유대인을 포함해 600만에 가까운 시민들이 죽었고, 바르샤바를 비롯한 주요 도시가 파괴된 것은 물론, 전체 도시 인구의 3분의 1이 사라졌지요. 특히 지식인 계급이 받은 타격은 그야말로 결정적이었습니다. 통계에 의하면, 법률가의 반 이상, 의사의 40퍼센트, 대학교수와 가톨릭 성직자의 3분의 1이 각각 살해됐더군요. 요행히 죽음을 피한 수백만 명도 강제수용소, 감옥 등에 투옥되거나 강제 이주를 당했더군요.

1995년 제2차 세계대전 종전 50주년 기념식 때, 당시 미국 대통령인 빌 클린턴과 유럽 각국의 원수들이 모스크바에서 기념행사를 갖기로 하자, 그 기념행사는 러시아가 아니라 폴란드에서 해야 한다고 당시 대통령 레흐 바웬사가 우긴 것도 이해는 가지요. 결국 고집부린 바웬사만 빼놓고 각국 정상들은 모스크바에서 기념식을 가졌습니다만……. 사상자 수나 재산의 파괴 등 절대적인 수치에서는 구소련이 가장 큰 피해자겠지만, 상대적으로 따져보면 폴란드의 피해가 더 컸던 것이 아닌가 합니다.

더구나 소련은 나치한테만 당했지만, 대전 초기 폴란드는 스탈린과 히틀러한테 같이 당했지요. 제2차 세계대전 당시 폴란드인들이 겪어야 했던 이중의 고통은 안제이 바이다가 만든 영화 〈카틴(Katyń)〉에서 잘 드러납니다. 카틴은 1940년 3월 스탈린의 비밀경찰이 1만 9,000명의 폴란드 장교들을 학살한 스몰렌스크 근방의 숲이지요. 나치의 만행이라고 강변해오다, 결국 현실사회주의가 무너지면서 스탈린의 범죄임이 밝혀진 비극적 사건이지요. 올해 2010년에는 러시아의 블라디미르 푸틴 수상이 카틴의 기념식에 참석하기로 결정했다며, '폴란드와 러시아 간에 화해 분위기가 조성되는가'라는 폴란드 신문 기사도 엊그제 읽었습니다. 그런데 그 다음 날엔가 다시 카틴에 대한 기사가 났더군요. 카틴의 학살은 스탈린의 비밀경찰이 아니라 나치의 소행이라며, 진정한 역사적 진실을 밝히자는 결의안을 러시아 공산당이 러시아 의회에 제출했다는 거지요. 이제는 거의 코미디 수준의 민족주의자로 전락한 블라디미르 지리놉스키(Vladimir Zhirinovsky)의 러시아 공산당에 대해서는 정말 더 이상 언급하고 싶지도 않습니다. 훗날 지리놉스키의 지도 아래 있던 러시아 공산당원의 상당수가 그와 함께 극우의 본질을 숨김없이 드러낸 '러시아 자유민주당'으로 이동한 것도 놀랍지 않습니다.

그런데 이 영화를 보면 서두에 이런 장면이 나오지요. 크라쿠프를 점령한 나치를 피해서 도망가던 사람들이 다리 위에서 자기네 방향으로 도망치는 일군의 다른 폴란드인들을 만납니다. 소련의 적군을 피해 도망치던 사람들이지요. 결국 나치 독일과 스탈린의 소련에 쫓긴 이 폴란드 사람들은 어디에도 도망갈 곳이 없는 거지요. 동부와 서부 두 개의 전선에서 밀고 들어오는 스탈린의 소련과 나치 독일에 맞서 이길 확률은 솔직히 0퍼센트였지요. 다리 위에서 엉켜 우왕좌왕하는 폴란드인들을 그린 이 장면이야말로 몰로토프-리벤트로프조약(독·소불가침조약)으로 나치 독일과 스탈린의 소련에 찢긴 폴란드의 비극을 잘 드러내주는 상징적 장면입니다. 크라쿠프를 무대로 당신이 재직했던 야기에오 대학 교수 집안의 이야기를 중심으로 풀어가는 영화니 당신도 혹 보지 않았을까요? 당신이라면 메시지 과잉의 이 영화를 별로 좋아했을 것 같지 않지만, 바이다가 요새 영화를 왜 이렇게 못 만드나 하면서도 끝까지 봤을 것 같아요.

어쨌거나 폴란드인들이 치러야 했던 이 끔찍한 희생은 제2차 세계대전 이후 공산주의 폴란드의 '국가이성'을 정당화하는 역사적 자산으로 작동합니다. 폴란드 민족주의에 도덕적 정당성을 부여하는 데서 더 나아가, 두 강대국에 찢긴 끔찍한 악몽을 되풀이하지 않기 위해서는 국가를 강화해야 한다는 논리가 득세하는 원인이기도 하고요. 당의 공식적 역사 해석이든 시민사회의 애국주의적 역사관이든, 전후 폴란드의 역사학이 민족적 희생자 의식에 뿌리내리게 된 그 배경은 충분히 이해하고도 남지요. '폴란드 민족=집단적 희생자'라는 등식은 그러므로 좌와 우의 이데올로기적 경계선을 넘어서 국가와 시민사회가 모두 공유하는 부동의 전제가 아니었나 합니다. 이 등식은 단순히 폴란드인들이 과거를 기억하는 방식을 넘어 현재의 삶을 이해하는 틀이자 미래를 도모하는 출발점이었지요. 그러므로 폴란드인들의 희생을 경시하거나 부정한다면 전후 폴란드의 민족적 정체성을 부정하고 국가의 존재이유에 대해서 의문을 제기하는 것이나 마찬가지로 느껴졌을 겁니다.

나치의 절멸 대상은 폴란드 민족이었으며 유대인들은 단지 강제 이주의 대상이었을 뿐이라는 공식 해석이 사회주의 폴란드 역사 교과서에 버젓이 등장한 것도 이런 맥락이지요. 20세기가 끝날 때까지도 유대인에 앞서 폴란드인의 희생을 더 강조하는 서술이 교과서에서 지속되는 걸 보면, 민족공산주의적 공식 해석은 여전히 사람들의 집단심성에 깊이 영향을 미치는 것 같습니다.

　프랑스의 아날 학파 역사가들도 존경해 마지않았던 세계적인 경제사가 비톨트 쿨라(Witold Kula)는 일기에 이 비슷한 글을 남겼습니다. '예전에는 유대인들이 재산이나 지위, 학력 등 때문에 질시를 받았는데, 지금은 그들이 죽어간 아우슈비츠의 소각장 때문에 질시를 받는다.'는 내용이라 기억됩니다. 너무 냉소적이라서 섬뜩했습니다. 현재 바르샤바 대학에서 역사와 사회학을 가르치는 그의 아들 얀 마르친 쿨라(Jan Marcin Kula)한테 이 이야기를 했더니, 그가 그러더군요. 쿨라 교수가 죽기 전에 메모 원고 중에 버릴 건 버리고 나머지는 연도별로 가지런히 추려서 책상 위에 놓은 걸 보면 아마도 출판을 염두에 두고 있었던 게 아니냐는 거지요. 차마 생전에 공개적으로 혹은 공식적으로 할 수 있는 이야기는 아니라고 생각했겠지만, 사후에는 메모 형태로라도 메시지를 전달하고 싶었던 게 아닌가 싶어요. 서로 내가 더 고통을 받았다고, 내가 더 희생자였노라고 싸우는 추태가 정말 싫었던 게지요. 아니라면 그렇게까지 냉소적으로 썼겠는가 싶어서 나도 마음이 짠했습니다.

　1968년 당시 당의 히스테릭한 반유대주의 운동을 촉발시킨 한 이유도 역사적 희생자라는 위치를 둘러싼 싸움에 있지요. 바우만과 그로스가 짐을 싸서 폴란드를 떠난 것도 이때의 일이라 하더군요. 당시 폴란드 과학아카데미에서 반유대주의 집회에 참가한 사람이 전하는 이야기는 정말 가관이더군요. 과학아카데미 당 지부가 전체회의를 소집하자 미리 짜인 각본에 따라 건물 청소를 담당하는 폴란드 노동자들이 들어와 문제를 제기하지요. 왜 폴란드 사람인 나는 이렇게 적은 급료를 받고 더러운 일에 종사하는데 유대인인 저 사람들은 교수랍시고 더 고상한 일에 종사하면서 더 많은 월급을 받느냐고요. 이들이 분노하면서 빗자루와 청소도구를 바닥에 탕 하고 던지면, 그때부터 반유대주의 성토대회가 시작되었다는 거지요. 떠나는 게 당연했겠지요. 누구라도 그랬을 거예요. 자신은 국제공산주의자라면서 이혼까지 불사하며 남편만 떠나보내고 끝까지 떠나지 않은 발렌티나 나이두스(Walentyna Najdus)는 극히 드문 경우일 겁니다.

물론 당시의 반유대주의 운동은 비단 폴란드만의 문제는 아닙니다. 더 크게는 1967년의 이른바 제3차 중동전쟁 이후 사회주의 블록 전체에서 대대적으로 전개된 반시온주의 운동이라는 배경이 있지요. 단지 폴란드에서는 뜻밖의 '분서' 사건이 반유대주의적 분위기를 더 악화시켰더군요. '강제수용소'와 '절멸수용소'를 각각 별도의 항목으로 만들어 구분한 《대백과사전(Wielka Encyklopedia Powszechna)》의 출간이 발단이었지요. 유대인뿐만 아니라 폴란드인, 러시아군 포로 등을 수용한 '강제수용소'는 강제노동을 목적으로, 그리고 유대인 전용의 '절멸수용소'는 오로지 학살을 목적으로 만들어졌다는 주장을 펼친 겁니다.

오늘날 홀로코스트 연구에서는 거의 정설로 굳어진 이야기입니다만, 반시온주의 운동의 주역인 민족공산주의 빨치산파로서는 수긍할 수 없는 거였지요. 유대인은 단지 강제이주의 대상이었을 뿐이고, 폴란드인이야말로 절멸의 대상이었다는 당의 공식 입장을 정면에서 부정하는 거니까요. 폴란드인보다 유대인의 희생을 강조하는 시온주의자의 음모라는 비난은 충분히 예측할 수 있는 반응이었지요. 마침 그 사전의 책임 편집자가 유대계였다는 점이 시온주의의 음모론에 더 힘을 실어주었다고 하더군요. 이름이 기억나지 않는 그는 아마 스웨덴으로 망명했지요. 홀로코스트 자체를 폴란드인을 음해하는 독일-유대계의 연합 음모라고 보았던 미에치스와프 모차르 장군의 빨치산파가 봤을 때 이 사전은 폴란드인들의 순교 역사를 훼손시키려는 시온주의적 음모 사슬의 하나였겠지요.

여기 한국의 젊은이들에게는 〈피아니스트〉라는 영화로만 잘 알려진 브와디스와프 슈필만(Władysław Szpilman)의 수기도 같은 맥락이 아닐까요? 아들이 쓴 발문을 보니까, 이 책은 제2차 세계대전 직후 검열로 부분 부분 삭제된 채 아주 적은 부수만 발간되었지만, 재판을 찍지 않아 사실상 금서인 셈이나 마찬가지였더군요. 나는 이유를 알 수가 없었어요. 그러다 현실사회주의가 무너진 지 10년이 흐른 2000년에야 다시 바르샤바에서 발간되었는데, 거기서 밝힌 이유가 흥미롭습니다. 게토를 탈출한 유대인들을 협박하거나 나치에 팔아넘긴 폴란드인 범죄자 집단(szmalcownicy)에 대한 이야기 등 때문에 폴란드인은 가해자이고 유대인은 피해자라는 오해를 줄 수 있다는 게 금서가 된 숨은 이유였지요. 슈필만을 구해준 나치 장교를 너무 선하게 그렸다는 건 핑계였을 뿐이지요. 당의 공식적인 역사 버전에서 아우슈비츠는 폴란드 민족을 비롯한 여타 민족의 저항과 순교의 기념비였을 뿐입니다.

10여 년 전 폴란드 가톨릭교회가 아우슈비츠에 1,000개가 넘는 기독교 십자가를 세워 세계적인 논란거리가 되고, 결국 전 세계 유대인의 격렬한 항의 끝에 십자가를 철거한 적이 있습니다. 아우슈비츠를 폴란드 민족의 순교 성지로 보는 공산당의 공식적인 역사 해석에서 보면 문제될 게 전혀 없는 행위지요. 물론 집시, 러시아군 포로, 동성애자, 폴란드의 저항군, 독일의 사회주의자 등 다양한 집단이 아우슈비츠에서 비참한 죽음을 맞았지만, 유대인 희생자들이 압도적으로 많았지요. 그런데 그 유대인들의 무덤인 아우슈비츠에 십자가를 세우다니요? 기독교도들이 유대인들을 박해할 때마다 십자가의 상징이 따라다녔던 과거를 생각한다면, 사실 있을 수 없는 일이지요.

1990년 겨울이었지요. 아우슈비츠를 처음 방문했을 때, 수용소 인근의 건물 벽에 붉은 페인트로 칠해진 다비드의 별과 반유대주의의 낙서가 아직도 선연합니다. 사회주의를 50년 이상 겪은 사회에서, 그것도 유대인 순교의 상징인 아우슈비츠 인근 벽의 반유대주 낙서라니요. 그런 무신경이 가능했던 한 이유는 폴란드인들이 더 큰 희생자였다는 생각이 그 밑에 깔려 있기 때문일 겁니다. 실제로 1992년 폴란드의 한 여론조사는 아직도 47퍼센트의 응답자가 아우슈비츠를 폴란드 순교의 상징으로 생각하고 있다는 놀라운 결과를 보여줍니다.

그러니 클로드 란츠만(Claude Lanzmann)의 다큐멘터리 〈쇼아(Shoah)〉**는 여러 면에서 정말 충격이었던 모양입니다. 그 다큐멘터리가 1985년 프랑스에서 방영되자 공산당 정부는 즉시 란츠만의 필름

■■ **클로드 란츠만의 다큐멘터리 〈쇼아〉**
클로드 란츠만은 20세기 프랑스 지성을 대표하는 지식인이자 언론인으로서 1985년에 〈쇼아〉를 감독했다. 오랜 제작 기간을 통해 완성된 〈쇼아〉는 홀로코스트의 생존자들과 방관자들, 그리고 가해자들을 인터뷰한 9시간 30분 분량의 방대한 다큐멘터리이다. 란츠만은 이들 세 부류의 사람들에 대한 인터뷰를 통해 아우슈비츠라는 과거의 기억을 새로운 방식으로 재구성했다. 히브리어인 'Shoah'는 프랑스에서 많이 사용되는 말로, '지구상에 존재하는 가장 큰 재앙'이라는 뜻이다.

다큐멘터리 〈쇼아〉 포스터
클로드 란츠만 감독은 언젠가 사라질 시대의 증인들을 카메라 앞에 세움으로써 집단 학살에 대한 기억을 일깨우고 있다.

에 재정 지원을 한 프랑스 정부에 항의각서를 보내고, 당 기관지 등을 통해 반폴란드적 음모라는 식으로 대대적인 비판을 퍼부었더군요. 나중에 마음을 바꾸어 상영을 허락한 이유는 모르겠습니다. 그런데 이 필름이 폴란드 지식인들에게 준 충격은 굉장했던 모양입니다. 당신 에세이에 이어 〈주간 보편〉에 게재된 기고문이나 논쟁들을 보면, 긍정적으로든 부정적으로든 〈쇼아〉를 언급하지 않은 글이 거의 없더군요.

나치의 반유대주의가 기독교적 반유대주의 전통의 논리적 귀결이라는 란츠만의 거칠고 단순한 논조에 대한 가톨릭의 반발이 물론 크지요. 그러나 폴란드 지식인들을 정작 놀라게 한 건, 란츠만과의 인터뷰에서 보인 폴란드 농민들의 태도입니다. 홀로코스트를 바로 옆에서 지켜본 강제수용소 주변의 농민들이 여전히 유대인들에 대해 그토록 거칠고 원시적인 인종적·민족적 편견을 갖고 있다는 데 놀란 거지요. 당신을 잘 아는 사람들은 이런 〈쇼아〉의 충격이 〈불쌍한 폴란드인들이 게토를 바라보네〉라는 에세이를 낳은 한 원인이라고도 하더군요. 직접 만나서 들을 수 있었다면 하는 아쉬움을 지울 길이 없네요.

내 개인적으로는 〈쇼아〉에 나오는 폴란드 농민들에게서 특별한 악의를 느끼지는 못했습니다. 오히려 소박하기 짝이 없지요. 스스럼없이 드러나는 이들의 반유대주의가 특별한 악의보다는 몽매함의 결과라는 생각을 떨치기 어렵더군요. 쉽게 말하면, 반유대주의가 나쁜 거라는 생각을 안 하는 거지요. 가톨릭에서 이단은 늘 문제잖아요. 사실 악의적 반유대주의자들은 조금 더 교묘한 방식으로 자신을 드러내지요. 이들이 주저 없이 반유대주의적 편견을 드러내는 데에는 이단에 대한 알비 십자군***의 정당성 같은 심리가 숨어 있는 것 같아요.

사회적 위치는 전혀 다르지만, 아우슈비츠에서 동료 폴란드인을 대신해 순교함으로써 성인으로 추증된 막시밀리안 콜베(Maksymilian Kolbe) 신부의 반유대주의 논란이 켕기는 것도 이 맥락입니다. 1920년대에 쓴 글에서 '시온 장로 의정서'와 유대인–프리메이슨의 음모■■■■를 한두 차례 언급했다고 해서 콜베 신부를 저급한 반유대주의자로 모는 것은 온당치 않습니다. 실제로 그는 자신의 수도원으로 도망쳐

■■■ 알비 십자군
알비파는 프랑스 남부에서 발생한 카타르파의 이단 분파로, 로마가톨릭교회와 대립하여 교회 성직체계의 권위를 부정하고 성직자들의 부패를 끊임없이 비판했다. 이에 로마가톨릭은 이들을 이단으로 규정하고, 교황 인노켄티우스 3세가 이들을 무력으로 진압하기 위해 1209년 시토 수도회 수사들에게 십자군 원정을 명령했다. 이렇게 결성된 알비 십자군은 카타르파의 중심지인 랑그도크 지역을 공격했다. 이로 인해 약 20만 명에서 100만 명의 사람들이 학살되었다. 이 십자군 원정은 1229년 파리조약으로 끝을 맺었다.

■■■■ 시온 장로 의정서와 유대인–프리메이슨의 음모
시온 장로 의정서(The Protocols of the Learned Elders of Zion)는 1903년에 러시아에서 만들어진 위조문서이다. 유대교의 최고 지도자들이 은밀히 모여 세계를 지배하기 위한 전략을 수립했다는 내용이 담겨 있었는데, 이 문서는 러시아 비밀경찰이 당시 러시아 진보주의자들을 유대인들의 농간에 넘어간 멍청이들로 몰기 위해서 꾸며낸 것이었다. 그러나 이 의정서 내용을 담은 헨리 포드(Henry Ford)의 《국제 유대인(The International Jew)》이란 책은 50만 부가 팔렸으며, 이 책의 독일어 판은 1933년에 히틀러가 집권할 무렵 33판까지 출판되기도 했다.
프리메이슨은 16세기 말에서 17세기 초에 등장한 인도주의적 박애주의를 지향하는 우애단체이다. 채석공의 연장과 용구를 상징으로 사용하며, 상대주의와 관용을 중시하고 도덕성과 박애정신 및 준법을 강조하는 등 종교적 요소가 강하다. 이로 인해 기존의 종교 조직들, 특히 로마교황청을 주축으로 하는 로마가톨릭의 대대적인 탄압을 받았고, 이후 비밀결사의 성격을 띠게 되었다. 로마가톨릭에서는 이들과 유대인과 개신교까지 한데 묶어 '사탄의 삼총사'라고 부르며 멸시했다.

온 1,000명이 넘는 유대인들을 거두었을 뿐만 아니라 유대인들도 하느님의 자식이자 형제이므로 도와주어야 한다고 강론했지요. 굳이 따지자면 예수님도 유대계니까요. 서슴없이 자신을 버리고 봉사했던 콜베 신부의 겸손한 삶은 성격상 반유대주의와는 맞지도 않지요. 그런데도 죄인과 이단, 유대인과 프리메이슨을 개종시켜야 한다는 성직자적 사명감이 문제가 아니었나 싶습니다. 그 뒤에 숨어 있는 강한 자기 정당성은 더 큰 문제고요. 하물며 민족과 같은 큰 집단이 이처럼 강한 자기 정당성으로 무장하고 있으면 어떻겠습니까?

당대의 문학평론가답게 당신의 에세이는 폴란드의 시인 체스와프 미워시(Czesław Miłosz)의 시편에서 시작하더군요. 순교자적 희생으로 채색한 폴란드 민족의 자기 정당성을 뒤흔드는 그 시편들 말입니다. 훗날 노벨문학상을 타게 되는 그는 나치 점령 하의 바르샤바에서 지하 문학잡지를 발간하고 있었지요. 포탄이 작렬하고 총탄이 쏟아지는 급박한 상황 속에서 무기를 들라는 봉기 지도부의 강권에, 자신은 더 급하게 할 일이 있다며 단호하게 아니라고 답합니다. 자신은 나치 치하에서 시달리는 바르샤바 시민들을 위해 지금 하고 있는 독일 시의 번역을 빨리 끝내서 잡지에 실어야 한다는 게 그 이유였습니다.

1944년 바르샤바 봉기는 폴란드 저항군이 나치 점령군에 맞서 바르샤바의 일부를 점령한 후 벌어진 63일 동안의 전투에서 20만 명이 넘는 희생자를 낸 비극적 사건입니다. 봉기가 진압된 후, 히틀러는 분을 참지 못해 주민들을 모두 소개시키고 공중에서 무차별 폭격으로 바르샤바를 폐허로 만들었지요. 바르샤바 봉기를 다룬 노먼 데이비스(Norman Davies)의 책 《1944년의 봉기(Rising '44. The Battle for

Warsaw)》에서 미워시의 이 이야기를 읽고는, 나는 한동안 입을 다물지 못했습니다. 미워시의 자서전을 읽어봐도 이런 강단은 곳곳에서 드러나는데, 여하튼 시인이라 참 별나구나 하는 생각을 지우기 어려웠습니다.

그런데 당신 에세이를 읽으면서야 이 당찬 시인이 1943년에 〈캄포 디 피오리(Campo Di Fiori)〉와 〈불쌍한 기독교인이 게토를 바라보네〉라는 시를 썼다는 걸 알았습니다. 당신 에세이 제목도 그러니까 미워시의 시를 패러디한 거네요. '캄포 디 피오리'는 르네상스의 휴머니스트 조르다노 브루노(Giordano Bruno)가 화형당한 로마의 광장이지요. 그가 고통스럽게 죽어가고 있는 장작더미 옆을 아무렇지도 않게 지나면서 여전히 거래를 하고 놀이를 즐기며 사랑을 했던 르네상스기 로마 사람들의 천연덕스러움에 빗대어 게토의 유대인 이웃들의 고통에 대한 폴란드 영웅들의 무관심을 비판한 거지요. 화창한 일요일, 바로 옆에서 일어나고 있는 게토 비극에도 아랑곳없이 회전목마를 즐기는 바르샤바의 이 시민들에게서는 어떤 집단적 정당성도 찾기 어렵습니다.

나는 바르샤바의 캄포 디 피오리를 기억하네

봄날의 상쾌한 밤

명랑한 음악 소리로 가득한 회전목마

바르샤바의 캄포 디 피오리

흥겨운 가락에 묻혀버린

게토 담장 너머의 총소리는

평온한 하늘 멀리

경쾌하게 날아가 버리네

……

불타고 있는 집들에서 날아온 바람은
이따금 연을 날리는 바람이 되고
회전목마 위의 사람들은
날아오는 불탄 재들을 맞기도 하지
불타는 집에서 날아온 이 바람은
처녀들의 치마를 들어올리고
몰려든 인파가 행복한 웃음을 짓고 있는
아름다운 바르샤바의 일요일…….

 남의 이야기 같지 않아요. 1980년 광주를 제외한 남한에서 술집들이 줄줄이 문을 닫았다거나 피서 인파나 나들이 인파가 줄었다는 이야기를 들은 적이 없습니다. 아, 나는 당당하냐고요? 아니오, 그럴 리 없지요. '죽어가는 조르다노의 고독한 운명'을 속수무책으로 지켜본 일밖에 한 게 없지요. 하지만 그 회한과 부끄러움이 젊은 시절 내 공부의 동력이었다는 이야기는 할 수 있을 것 같아요.
 미워시의 두 번째 시, 〈불쌍한 기독교인이 게토를 바라보네〉는 이해도 어렵고 번역은 더 어렵습니다. 수호천사가 아닌 '수호두더지'가 주검과 폐허로 가득 찬 지하세계에서 화자를 끌고 다니는 내용의 한층 그로테스크한 시로, 읽는 이를 전율케 합니다. 특히 "그리고 그(수호천사)는 나, 할례 받지 않은 자를, 죽음의 도우미로 평가할 것이다."라는 시의 마지막 구절은 압권입니다. 비유대교도 이방인인 내가 유대인을 죽인 '죽음의 도우미', 즉 홀로코스트의 공범자라고 기억할 역사에 대한 두려움이 죽음에 대한 공포와 함께 어우러져 묵시록적인 분위기를 자아냅니다.

이 시를 앞의 시 〈캄포 디 피오리〉와 연결시켜보면, 미워시의 의도는 유대인들의 고통에 대해 애써 무관심했던 폴란드인으로서 도덕적 죄의식을 드러내고 싶었던 게지요. 게토의 담 안에서 유대인들이 죽어갈 때 즐겁게 회전목마를 탄 폴란드인들은 물론 학살자가 아닙니다. 최악의 경우에도 그저 방관자였을 뿐이지요. 그건 방조죄가 되나요? 그럼 유대인에 버금가는 큰 희생을 치른 폴란드인에게 홀로코스트의 사법적 책임을 물어 역사의 법정에 기소해야 하나요?

물론 아닙니다. 말도 안 되는 소리지요. 역사적으로도 법리적으로도 도덕적으로도 그건 말이 안 되는 소리입니다. 유대인을 돕는 비밀 결사조직인 '제고타(Żegota)'가 구출한 유대인의 수가 4만에서 6만 명에 이르고, 자기 목숨을 걸고 유대인에게 직간접적으로 도움을 준 폴란드인이 전체 성인 인구의 2퍼센트 내외에 달한다면 사실 대단하지요. 더구나 제고타의 구성원 대부분은 가톨릭교도였습니다. 개중에는 반유대주의자들도 섞여 있었습니다. 폴란드 민족의 명예를 위해 유대인들을 구하기로 나선 사람들이지요.

인간의 존엄성과 생존의 합리성이 서로 적대하게 만든 나치의 끔찍한 점령 시기를 견뎌야 했던 폴란드인에게 더 많은 유대인을 구했어야 한다고 비난할 자격은 누구에게도 없다고 봅니다. 제2차 세계대전 당시 폴란드인은 유대인의 운명을 바꿀 수 있는 힘이 없었습니다. 더 큰 책임은 목숨을 걸고 아우슈비츠에 잠입했다가 탈출해서 강제수용소의 실상을 알린 폴란드인이 아니라 그런 보고를 무시한 연합국 측에 있는지도 모르겠습니다. 그런데도 제고타의 활약에 민족적 자부심을 느끼기보다는 수호 두더지 앞에서 참담해했던 시인처럼 당신이 느꼈던 도덕적 죄의식이 나는 더 자랑스럽습니다. 바우만이 이야기한 부끄러움의 해방적 역할도 같은 것이겠지만, 도덕적 죄의식이야말로 역사적 책임을 느끼는 출발점이라 생각하기 때문입니다.

아마도 '책임'이라는 말을 우리가 같이 되짚어볼 필요가 있겠지요. 폴란드어로 '책임(odpowiedzialność)'은 '대답하다(odpowiedzieć)'라는 동사에서 파생된 거지요. 독일어의 'Verantwortung'와 프랑스어의 'responsibilité' 역시 '대답한다'는 의미를 갖고 있지요. 영어의 'responsibility'도 물론이고요. 더구나 영어에는 아예 'answerability'라는 동의어까지 있어요. 결국 책임이라는 말은 누구에겐가 대답한다는 거지요. 이때의 누군가란 곧 이웃이겠지요. 그중에서도 소외되고 배제되고 타자화된 이웃 말입니다. 우리가 대답해야 할 그들은 폴란드의 유대인일 수도, 가자 지구의 팔레스타인인일 수도, 일본 열도의 조센징일 수도, 경기도 안산의 외국인 노동자일 수도, 미국 남부의 흑인일 수도, 멕시코 정글의 원주민일 수도, 헝가리의 집시일 수도, 르완다의 투치족일 수도, 세르비아의 보스니아계 이슬람교도일 수도 있습니다. 역사적 책임이란 바로 이들의 고통스러운 물음과 신음에 이웃의 한 사람으로서 반응하고 답하는 것이 아니겠는지요? 이들의 신음과 고통에 뒤돌아 반응하고 답한다는 것 자체가 이미 고통을 함께 나누겠다는 의지의 표현이 아닐까요?

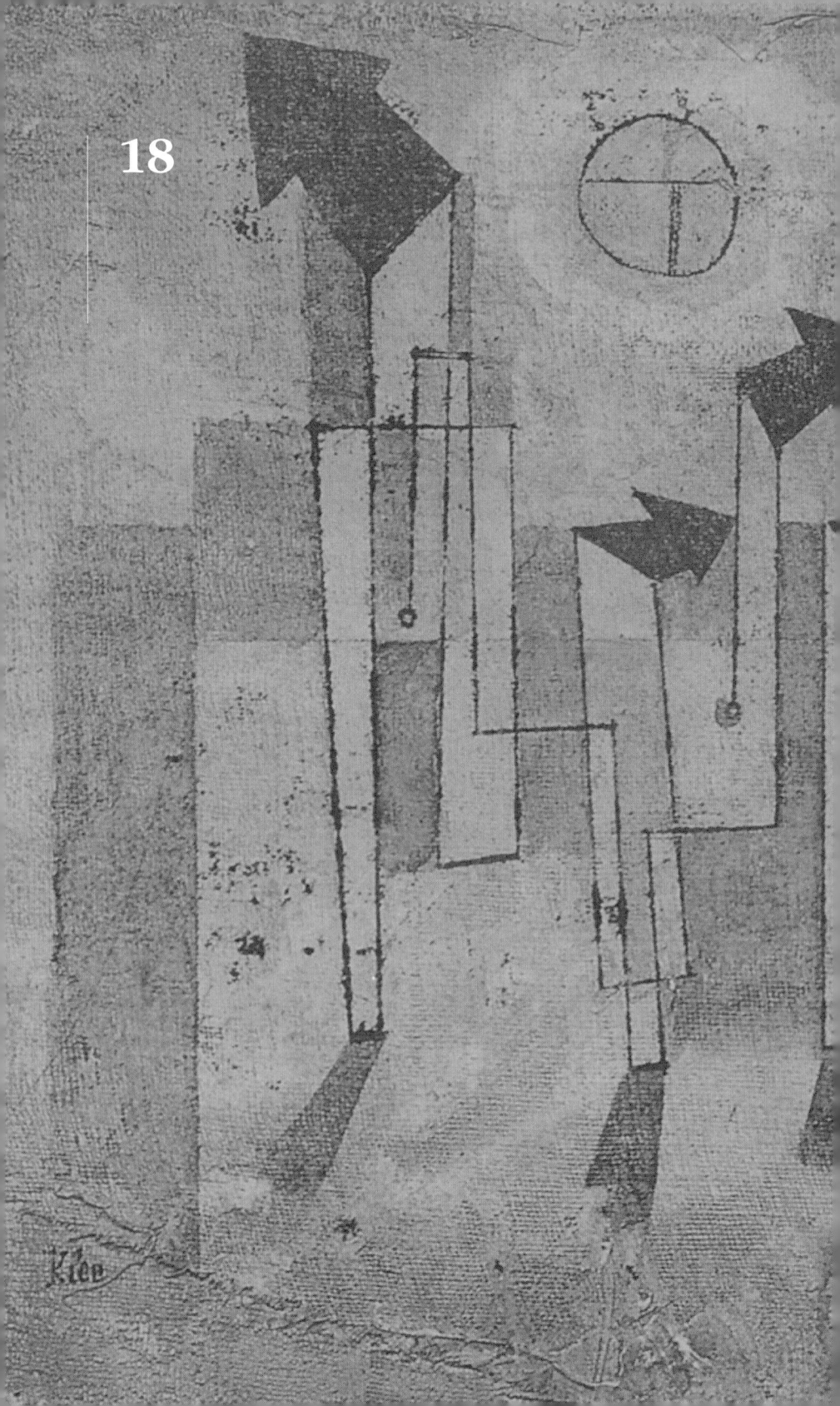

문화는 국경이 없다

― 니시카와 나가오에게

니시카와 나가오
1934~

일제강점기 평안북도 강계에서 태어났다. 교토 대학 문학부 및 동 대학원 문학연구과에서 비교사와 비교문화론을 전공했으며, 현재 리쓰메이칸 명예교수로 있다. 프랑스혁명에 대한 자유주의적 해석이나 마르크스주의적 해석이 프랑스혁명을 인류의 보편적 진보를 향한 역사적 계기임을 주장할 때, 자코뱅의 국민국가 구축 과정이 실은 근대 국민국가의 다양한 억압 기제를 구축하는 과정이었다는 사실을 날카롭게 지적했다. 마르크스의 《루이 나폴레옹의 브뤼메르 18일(Der 18te Brumaire des Louis Napoleon)》을 일본어로 번역하면서 '룸펜 프롤레타리아트'에 대한 마르크스의 무시하는 듯한 태도와 지나치게 부정적인 평가가 계속 마음에 걸렸다는 그의 고백은 서발턴의 문제의식과도 유사하다. 프랑스혁명에 대한 그의 탈근대적 비판은 프랑스혁명을 보편적 비교의 모델로 삼아 전개되어온 일본의 근대사상사에 대한 비판적 논의로 이어졌다. 좌파와 우파를 막론하고 일본 지식인들의 역사적 상상력이 국민국가적 사유의 틀에 갇혀 있었다는 그의 비판은 일본과 동아시아의 근대성을 세계사적 근대성에 대한 비판적 맥락에서 다시 생각하게 만드는 계기가 되어 일본의 젊은 일본학 연구자들에게 큰 충격과 영향을 미쳤다. 특히 근대성의 세계사적 전개과정이라는 관점에서 민족문화를 상대화하면서 펼치는 민족문화론에 대한 그의 비판은 압권이다.

西 川 長 夫

니시카와 나가오.

언어의 구속력이라는 게 참 무섭습니다. 사카이 나오키와는 영어로 대화를 나누다 보니 서로 이름을 부르는 게 아주 자연스러운데, 선생님과는 주로 통역을 사이에 끼고 한국어와 일본어로 대화를 나누거나 간혹 더듬더듬 말도 안 되는 일본어를 몇 마디씩 섞다 보니 '선생님'이라는 호칭이 더 자연스럽습니다. 그만큼 한국어나 일본어가 더 위계적인 사회질서를 반영한다는 이야기겠지요.

한국계 미국인 연구자들과 소통할 때도 가끔 느끼는 문제입니다. 이들과 부러 영어로 소통하는 경우가 더 많은데, 그건 영어가 한국어보다 더 좋아서가 아닙니다. 한국어를 사용하다 보면 경어가 들어가면서 호칭도 복잡해지고, 영어라면 간단히 쉽게 소통할 수 있는 일들이 복잡해지기 때문입니다. 니시카와 유코 선생과 아내는 서로 이름 뒤에 '상'을 붙여서 부르기로 했다더군요. 여하튼 경어체가 복잡한 언어는 일상에서 사람과 사람의 관계를 수직적으로 규율하는 경향이 있네요. 앞으로 계속 고민해야 할 문제겠지만, 당장은 선생님이라 부르겠습니다.

최근 윤해동 교수가 새로 번역한 선생님 책을 가져다주어 재미있게 읽었습니다. 《국민을 그만두는 방법》이라는 한국어 제목의 책인데, 서지사항을 보니 일본어 원제목은 《지구화 시대의 민족문화이론: 탈'국민문화'를 위해(地球時代の民族文化理論: 脱'國民文化'のために)》라고 되어 있더군요. 제목도 그렇지만, 이 책이 《국경을 넘는 방법(國境の越え方)》의 속편이라는 말에 더 흥미가 당겼습니다. 독일

건축가 브루노 타우트(Bruno Taut)*의 세련되고 다소 과장된 일본 문화론을 '무뢰파' 작가답게 '아랫것'의 관점에서 무뢰하고 통렬하게 박살낸 사카구치 안고(坂口安吾)**의 일본 문화 비판이 기억났기 때문입니다. 제2차 세계대전이 한창이던 1942년, 국수주의의 서슬이 시퍼런 그 시기에 "호류지를 헐어내고 정거장을 만들어도 좋다."던 사카구치의 그 발언은 지금 들어도 과격합니다. 혁명 직후 러시아에서 러시아정교회의 유물을 봉건문화의 상징이라고 파괴하거나 마오쩌둥의 중국에서 공자 사당을 공격한 홍위병들의 이데올로기적 반달리즘(vandalism)과는 물론 다르지만요……

일본의 고유한 문화와 전통을 찾기 위해 외래적인 것을 모두 제거

■ **브루노 타우트**
독일의 표현주의 건축가이다. 1933년 나치 정권을 피해 일본에 망명한 그는 그곳에 머무는 동안 일본 문화에 심취해서 《일본미의 재발견》, 《일본문화사관》 등을 썼다. 그는 천황의 별장인 가쓰라 이궁을 "세계적인 기적"이라고 극찬한 반면, 도쿠가와 이에야스의 사당인 도쇼 궁에 대해서는 "권력자의 욕망을 과시하는 장식미일 뿐"이라고 평가했다. 이러한 그의 시각은 이후 서양인들의 일본문화관과 일본인들이 자신들의 문화에 대해 가지고 있는 자부심의 근거가 되어왔다.

■■ **사카구치 안고**
일본의 문학가로 본명은 사카구치 헤이고이다. 제2차 세계대전 이후 일본 사회의 혼란과 퇴폐를 반영한 작품들을 통해 새로운 시대윤리를 제시함으로써 일본인들에게 큰 충격을 주었다. 다자이 오사무(太宰治), 오다 사쿠노스케(織田作之助) 등과 함께 전후 일본 문학을 대표하는 무뢰파(無賴派) 작가로 평가받고 있다. 1942년 브루노 타우트의 저서와 같은 제목의 《일본문화사관》이라는 글을 통해 서양인들이 말하는 일본의 아름다움은 모두 가짜일 뿐이라고 반박했다.

하고 일본적 순수성을 강조하다 보니 결국 국가신도와 천황제로 회귀되는 민족문화의 이데올로기성에 대한 사카구치의 비판은 내가 접했던 민족문화론에 대한 비판 중에서도 가장 날카로운 것이었다고 기억합니다. 사카구치 안고는 신도와 천황제의 문화적 뿌리를 부정함으로써, 일본 제국의 총력전 체제―'익찬체제'에 대한 가장 매서운 비판을 가한 것이 아닌가 합니다. 일본적인 혹은 동양적인 그 무엇에 기대어 서구적 근대성을 넘고자 했던 익찬체제의 철학적 기반에 대한 근원적 비판이니까요. 자신은 타우트가 일본에서 가장 저속한 도시라고 부른 니가타 출신이고, 또 자신은 타우트가 그토록 경멸해 마지않았던 긴자의 비속함을 사랑한다는 사카구치의 위악은 그 건들건들한 외양 아래 무서운 칼날을 감추고 있지요.

《국경을 넘는 방법》 증보판이었던가요? 일본의 페미니스트 연구자 우에노 치즈코(上野千鶴子)가 쓴 발문의 한 구절이 아직도 생생합니다. 우에노 치즈코의 책 《내셔널리즘과 젠더(ナショナリズムとジェンダ)》도 한국어로 번역되어 꽤나 회자되었습니다만……. 우에노 치즈코는 '국민회의' 등의 이름을 띠고 있는 일본 좌파 지식인들의 모임에 강연을 가거나 토론에 초청받아 가면 항상 원인 모를 불편함을 느꼈답니다. 그런데 《국경을 넘는 방법》을 읽고 나서는 그 불편함의 원인을 알게 되었다고 썼더군요. 대안세력임을 자처하면서도 국민이나 민족의 틀 속에 갇혀 있는, 지배 헤게모니 속에 포섭된 저항의 한계에 대한 인식에서 나오는 불편함이 아니었는지요. 일본의 좌파 지식인들이 정치적으로는 일본 민족주의의 우경화를 비판하면서도 문화의 영역에서는 민족을 본질화시키는 데 기여하는 것은 아닌가 하는 의심이 그 밑에 깔려 있었다고 기억합니다.

나는 또 다른 생각이 들었습니다. 한국의 좌파 지식인들의 민족주의적 지향이 식민지 경험이나 분단의 현실 때문이기도 하지만 일본의 '국민적' 좌파들로부터 이론을 공급받아서 그런 것은 아닌가 하는 의심이지요. 이건 아직 직관 차원이고 자료를 진지하게 파고들어야 할 문제겠습니다만, 그들 이론의 공급 창구가 주로 일본이었다는 점에서 의심을 떨치기 어렵습니다. 민족주의와 국민주의를 구분하고, 민중을 국민적 주체로 설정하는 민중주의의 사유방식이 다 그렇습니다.

1990년 이후 일본의 국민좌파 지식인들 일부가 《새역사교과서》 모임에 가담했다면, 남한의 민족좌파 지식인들은 주체사상에 대한 미련을 못 버리거나 민중이 국민이 되는 그날을 민주화의 정점으로 생각하기도 했습니다. 나는 선생님의 두 책 《국민이라는 괴물(國民國家論の射程—あるいは'國民'という怪物について)》과 《국경을 넘는 방법》을 읽으면서, 이들 일본의 국민적 좌파가 한국의 민족주의 좌파 지식인들의 사상적 뿌리가 아닌가 하는 생각을 떨치기 어려웠습니다. '민족주의=좌파', '탈민족주의=우파'라는 등식이 횡행하고, 아직도 진보적 작가 모임에서 '민족'이라는 수식어를 뗄 것이냐 여부를 놓고 갑론을박하는 한국의 형편에서 추론해보면, 우에노 치즈코의 불편함은 충분히 이해됩니다. 정치적인 게 문화적인 것이고, 문화적인 게 정치적인 것이지요. 사카구치 안고의 프리즘을 빌려 민족문화의 이데올로기를 비판하는 선생님의 의도도 알 것 같습니다.

가쓰라 이궁이나 이세 신궁에서 일본의 전통적 아름다움을 발견했다며 수선을 떠는 독일의 좌파 건축가 브루노 타우트와 서양의 대표적 건축가한테 일본의 전통미학이 인정받았다고 맞장구치는 교토의 문화계 인사들에 대해 사카구치 안고가 날린 펀치는 생각할 때마다 통쾌합니다. 타우트는 일본을 발견해야 했지만, 정작 현실을 살아가는 일본인은 일본을 발견할 필요가 없다는 거지요. 사실 교토에 도착하자마자 다이마루 백화점 사장의 대저택에 손님으로 머물면서 가쓰라 이궁과 긴카쿠지(金閣寺), 이세 신궁 등 국보급 문화재들을 방문하고 미술 호사가들의 저택에 초청받아 고전작품들을 감상했던 타우트의 전통문화 체험은 일본 사람들도 누릴 수 없는 호사였겠지요. 가와바타 야스나리나 미시마 유키오조차 부러워했을 호사를 누린 타우트는 유럽인의 눈으로 일본의 순수하고 고유한 문화를 잘 발견함으로써 오늘날까지도 '일본문화론'의 태반은 타우트의 일본문화론에 빚지고 있다고한 게 특히 흥미로웠습니다.

그런데 사카구치 안고가 찾은 교토는 그런 호사와는 정말 거리가 먼 교토더군요. 책에 따르면, 기온의 무희들과 같이 간 심야의 히가시야마 댄스 홀, 구루마자키 신사 뒤편의 초라한 사설극장, 아라시야마의 지린내 나는 극장과 유랑극단, 저잣거리의 찻집과 마부들이 사카구치 안고에게 각인된 교토의 심상 풍경이라고요. 자기 필요에 따라 지금 이곳에서 살아가는 사람들의 생활이 곧 문화이기 때문에 교토나 나라의 모든 절들이 불타도 문화나 전통은 끄떡없다는 그의 발언은 21세기의 기준으로도 충분히 과격합니다. 지난가을 선생님 내외가 교토의 저희 집에 오셨을 때, 《교토, 뒷골목의 풍경(京都みちくさの景色)》(교토신문사, 1999)이라는 책을 주고 가신 깊은 뜻이 이 편지를 쓰는 이제야 이해됩니다. 뒷골목의 채소 가게, 시장 한 모퉁이의 건어물 가게, 긴카쿠지(銀閣寺) 앞의 낡은 라면집, 누구라도 싸게 마실 수 있는 서민 주점, 옛날 인삼 찻집 분위기의 찻집들을 낡은 흑백사진과

함께 소개한 그 책을 보면, 브루노 타우트나 가와바타 야스나리, 미시마 유키오의 교토가 아니라 사카구치 안고의 교토를 느끼라는 뜻이 아니었나 합니다.

장 콕토(Jean Cocteau)도 사카구치 안고의 예봉을 피해가지는 못하더군요. '일본인들은 왜 기모노를 안 입고 정신없이 서둘러 서구화로 내닫는가'라고 한탄하는 콕토에 대해 짧은 다리에 양복을 걸치고 서양 춤을 추고 다다미 대신 싸구려 의자와 테이블에 앉아 거드름을 피우면 좀 어떠냐고 반문하는 사카구치 안고의 모습은 상상만 해도 재밌습니다. 나는 너희한테 우스꽝스럽게 보일까 걱정하기보다는 내 편리가 더 중요하다는 그 배짱 말입니다.

이 이야기를 읽고 나니 문득 저는 폴란드에 있고 아이들은 영국에서 초등학교에 다닐 때의 에피소드가 기억납니다. 런던은 가장 코즈모폴리턴적인 도시인 데다 다문화주의가 정부의 기본정책이다 보니 학교에서 다문화주의의 날이던가 소수민족의 날이던가 그 비슷한 행사가 있었던 모양입니다. 그런데 선생님이 가능하면 민족 고유의 의상을 입고 오라고 했던 모양이에요. 기모노도 그렇지만 한복도 불편해서 평소에 입는 사람은 거의 없지요. 서울의 할머니한테 국제전화로 급히 공수를 부탁해서 입고 갔는지, 아니면 결국 한복을 못 입었는지는 기억이 안 납니다만, 한복을 둘러싼 그 소동은 아직도 기억합니다. 다문화주의가 문화의 상대성을 인정하고 각자의 고유한 가치를 인정하기도 하지만, 동시에 민족문화를 본질화하는 측면도 있는 것 같아요.

그러고 보니 2009년 11월 나라국립박물관에서 열린 '61회 쇼소인

(正倉院)˙'전'을 보러 갔던 기억이 납니다. 인파에 치이면서도 막상 둘러보니 잘 왔다는 생각이 들었습니다. 마침 이 해는 헤이세이 천황(平成天皇) 즉위 20주년 기념이라 전시도 더 알찼다고 하더군요. 상아와 사슴뿔로 꽃문양과 새를 장식한 화려하기 그지없는 자단나무 비파, 상아로 금을 그었다는 정밀하면서도 우아한 바둑판을 비롯해 갖가지 칠공예, 금속공예품 등은 정말 대단했습니다. 여기에 사용된 나전이나 문양 기법은 오늘날의 공예 수준으로도 따라가기 힘든 것이라고 하더군요. 고묘 황후(光明皇后)가 서기 756년에 기증한 물건들이라니, 그 아스라한 세월을 이겨낸 이 유품들이 대견했습니다. 또 그것들을 이토록 잘 보존하고 정성껏 관리해온 쇼소인을 비롯한 일본 사회의 문화적 역량 같은 게 느껴졌습니다.

보물들은 당나라와 서역, 페르시아에서 온 것들이 대부분이었습니다. 간혹 한반도에서 전래된 것도 있더군요. 요샛말로 '국산품'보다는 '수입품'이 훨씬 많았습니다. 물론 기원주의적 사고방식으로 돌아가자는 이야기는 결코 아닙니다. 기원주의는 문화를 소통이 아닌 고립의 산물로 간주할 뿐 아니라, 종종 '세계 최초' 증후군과 결합되어 민족의 영광을 담보하는 증거물로 제출하기 때문이지요. 중국의 국

■■■ **쇼소인**
도다이지에 있는 일본 왕실의 유물 창고이다. 729년에서 749년 사이에 세워진 것으로 추정되며, 여기에는 나라 시대부터 전해지는 미술이나 공예, 생활용품 등 여러 분야의 가치 있는 물품 9,000여 점이 소장되어 있다. 일본 문화의 정수를 볼 수 있다는 점에서 일본의 자랑거리인 쇼소인의 소장품들 중에는 한국이나 중국, 인도의 고대 유물들도 포함되어 있다.

수가 먼저냐 이탈리아의 스파게티가 먼저냐 하는 식의 논쟁이 그 예지요.

그러고 보니 몇 년 전 교토 대학의 다카기 히로시(高木博志) 선생이 교토를 보여주면서 도지(東寺)의 불상이었는지 아니면 불교 관련 어떤 조각이었는지에 대해 설명해준 기억이 났습니다. 일본의 국보로 지정된 붉은 채색이 아직 남아 있는 나무조각이었는데, 당나라에서 수입한 것이었다는 거지요. 19세기 말 국보로 지정될 당시에도 수입품을 국보로 삼는 것이 타당하냐는 논쟁이 있었다고 하더군요. 그런데 일본의 국보 목록을 찾아보니 외제가 꽤 많더군요. 도자기의 경우 고려 것도 있지만 남송 제품이 압도적이고, 불교 관련 조각이나 그림 중에는 당나라 것이 많았습니다. 일본의 국보라고는 하나, 그 보물들을 만들고 운송하고 소비하고 감상한 사람들이 모두 여러 나라에 걸쳐 있으니 사실은 인류의 유산인 셈이지요. 물론 그것들의 가치를 깨닫고 정성껏 관리하고 보존해온 일본 사회의 문화적 역량은 높이 평가되어야 합니다만, 사카구치 안고식으로 말하자면 기모노만이 아니라 양복도 일본 문화의 일부가 되는 거지요. 일본 열도의 사람들이 즐겁고 편하게 사용해 그들의 삶을 윤택하게 했다면 기모노든 양복이든 무슨 상관이냐는 거지요.

그런데 국보로 등재되는 순간, 이 트랜스내셔널한 문화유산은 일본의 민족문화로 둔갑하는 마술이 일어나는 걸 느낄 수 있었습니다. 이번 쇼소인전에서도 그 점을 생생하게 느낄 수 있었습니다. 물론 이 유품들은 10여 세기 전 중국이나 서역에서 온 것이 아주 명명백백하기 때문에 전시 자체가 이것들을 일본 고유의 문화유산이라고 강변하는 데까지 나아가지는 않더군요. 유물은 말이 없으니, 유물에 대한 말을 만들어내는 건 쇼소인전을 조직하고 그것을 관람하는 사람들이지요. 국민 모두가 공유할 수 있는 미적 체험의 공간이자 국민교육의 진지로서의 박물관을 새삼 느낄 수 있었습니다.

이런 관점에서 흥미로웠던 것은 쇼소인의 유물에 대한 일본 사회의 문화적 담론이었습니다. 왕가가 수입한 그 '외제 명품'들을 1,000여 년의 세월을 넘어 민족문화로 포장하는 문화적 담론들 말입니다. '순일본종' 누에 실로 쇼소인의 비단을 복원했다며 대견해하는 신문의 논조 등도 그렇지만, 내 눈길을 끈 것은 '우리의 쇼소인'이라는 초·중학생 대상 글짓기 대회였습니다.

마침 6등까지의 수상작들이 〈요미우리 신문(讀賣新聞)〉의 홈페이지에 떠 있어 한번 훑어보았습니다. '보물을 남겨준 고묘 황후에 대한 감사', '천황폐하와 황후의 평화에 대한 의지', '과거의 사람들과 우리를 연결해주는 보물들', '일본인이 오랫동안 축적해온 기술들', '일본적인 것이 좋아졌다'는 내용들이 눈에 띄더군요. 가면극의 등장인물인 고조(吳女) 가면에 대한 글과 중국과 페르시아에서 온 보물들을 언급한 글도 있지만, 일본의 어린 학생들이 쇼소인의 보물을 인식하는 과정에서는 자연스레 일본적인 것이 강조되는 것은 아닌가 하는 생각이 들었습니다.

'우리의 쇼소인'이라는 글짓기 대회 제목 자체가 쇼소인의 과거 보물과 21세기의 아이들을 연결하도록 유도한 거겠지요. 캐나다 어린이들의 역사 관련 글짓기의 대부분이 '기억할 수 없는 먼 옛날부터 우리 캐나다인들은……'으로 시작한다는 것도 의미심장하지요. 어쨌든 글짓기 대회와 같은 다양한 방법을 통해 남송과 당, 고려의 장인들이나 페르시아의 상인은 슬그머니 사라지고, 일본적인 것만이 남는 역사인식이 구성되는 거지요. 민족문화가 이처럼 현재에서뿐만 아니라 과거에서도 타자를 배제하는 이데올로기임에는 틀림없는 것 같습니다.

민족문화는 이처럼 타자를 배제하는 이데올로기이면서도 그것을 구성하는 방식은 타자의 눈에 의거할 때가 많은 것 같습니다. 예컨대 한국 미술에 대한 표준적 교과서들이 한국 미술의 본질을 자연주의라고 규정할 때, 식민지 시기 조선의 예술을 '자연의 미', '자연의 예술'이라고 논한 야나기 무네요시(柳宗悅)를 비롯해서 영국인 고드프리 곰퍼츠(Godfrey St. George Montague Gompertz)의 '형(form)과 균형(balance)에 대한 감각', 독일인 안드레아스 에카르트(Andreas Eckardt)의 '중용, 조화, 겸손의 특징', 디트리히 제켈(Dietrich Seckel)의 '생명력과 즉흥성' 등의 주장이 그 근거로 제시됩니다. 야나기 무네요시에 의해 규정된 '자연의 미'라는 한국 미술의 본질이 고유섭을 거쳐 후대의 미술사가들에게 전승되면서 건축과 조각, 공예와 회화를 막론하고 한국 미술의 미의식은 자연주의라는 명제로 굳어진 모양입니다. 한국 미술의 본질이 외국의 관찰자들에 의해 발견되었다는 이 역설은 사실 역설이랄 것도 없지요. 일본 문화론의 태반이 브루노 타우트의 일본문화론에 빚지고 있는 것과 같은 이치겠지요. 파리 만국박람회의 요청으로 만든 일본 최초의 미술사 책인 《일본 예술의 역사(Histoire de L'art au Japon)》(1890) 또한 유럽의 기준에 맞게 '우리나라 고유의 예술정신'을 고무하고 민족적 유산을 찬양하는 것이었으니, 비슷한 맥락이 아닌지요?

미국 출신의 오리엔탈리스트 어니스트 페놀로사(Ernest Fenollosa)가 19세기 후반 일본 미술사의 초석을 닦았다면, 한국 미술사는 1902

년 개성과 경주를 중심으로 조선의 유적 조사를 실시한 도쿄 제국대학 공과대학의 조교수 출신 세키노 다다시(關野貞)로부터 시작한다고 하더군요. 그러니까 서양에서 일본, 일본에서 다시 조선으로 이어지면서 민족문화를 구성하는 논리의 대연쇄가 있는 거지요. 세키노도 일본 미술사에 적용된 유럽의 모델에 따라 한국 미술을 분류하고 등급을 매겼다고 합니다. 세키노는 "조선의 문화가 유례 없이 발달"했다며 통일신라시대의 미술을 특히 높이 평가했는데, 국가/지방/인민이 피폐한 조선시대의 퇴락한 예술과 대비시키려는 의도였다고도 하더군요. 동시에 현대 일본의 탁월한 예술적 성취와 현대 조선의 퇴락한 미술을 대비함으로써 일본의 조선 병합과 조선에 대한 문명화 사명을 예술적 관점에서 정당화하는 방식이기도 했습니다.

신라 미술의 영광과 조선 미술의 퇴락을 대비시킨 세키노의 일본판 오리엔탈리즘은 해방 이후에도 한국 미술사 서술에 큰 영향을 미치지 않았나 합니다. 오늘날까지도 불국사, 다보탑과 석가탑, 석굴암의 불상으로 대변되는 신라 미술의 '전무후무한 정화'는 비단 미술사 책들뿐만 아니라 각급 학교의 역사 교과서에서도 한결같이 소중한 문화유산이자 빛나는 민족전통으로 소개되고 있습니다. 1970년대 초 국가의 후원 아래 전 국민의 관심을 모으면서 대규모로 전개된 통일신라의 수도 경주의 고고학적 유적 발굴 사업은 또 어떻고요? '민족주체성'과 민족전통에 맞는 '한국적 민주주의'를 내건 '유신' 독재의 시대정신이 민족 '고유'의 영광스러운 문화유산을 절실하게 요청했던 거지요. '유신'이라는 용어가 함축하는 대로, 민족을 새롭게 재생하기 위해서는 무엇보다도 먼저 재생해야 할 대상이 있어야 하는 거 아니겠습니까? 일본의 식민주의가 오리엔탈리즘의 프리즘으로 발견하고 만들어낸 통일신라의 문화적 성취와 영광에 대한 담론은 이처럼 아직도 한국인들의 자기 인식에 깊은 그림자를 드리우고 있습니다.

외부의 고상 떠는 시선으로 만들어진 한국 문화나 예술의 고유한 본질에 대해 사카구치 안고와 같은 '무뢰파' 지식인의 무뢰하고도 통렬한 비판이 아쉽기는 비단 일본뿐 아니라 한국도 마찬가지입니다. 일본의 순수한 문화와 고유의 전통에 대한 고정관념을 산산조각 낸 그의 시선이야말로 동아시아의 역사 화해를 위한 첫걸음이라고도 생각합니다. 우리 고유의 영토, 고유의 문화, 고유의 전통을 실재하는 본질로 간주하는 한, 그래서 민족에 대한 본질주의적 이해가 동아시아 사람들의 역사인식을 지배하는 한, 서양과 동양, 제국과 민족, 식민주의와 민족주의의 이항대립에서 빠져나갈 출구를 찾기란 지난합니다. 일본이든 한국이든 중국이든, 민족을 발견할 필요도 없이 그냥 이 땅에서 생활하고 살아가는 사람들의 일상의 필요가 만들어내는 문화에 대한 '저속'하고 '무뢰'한 이해야말로 20세기의 역사로부터 빠져나가는 출구로 우리를 안내하지 않을까요?

국경을 넘는 역사적 상상력을 위하여

― 한·중·일의 동료 시민들에게

한·중·일의 동료 시민들

수천 년이 넘는 오랜 역사 기간 동안 민족이 항상 사유와 실천의 주체였으며, 자기 민족의 영광스러운 과거를 강조하고 상대적으로 이웃에 사는 다른 사람들을 무시하거나 타자화하고 심지어는 적대적으로 보게 만드는 역사 교육을 받아온 동아시아의 주민들, 북방영토와 센카쿠 열도가 불변하는 일본의 '고유한 영토'라고 믿는 일본의 주민들, 고구려는 한국사의 뿌리이므로 동북공정에 맞서 방송국에서 빌린 고대 군사복장을 하고 반중국 시위를 자발적으로 주도한 한국의 '진보적' 지식인 단체, 또는 독도로 한국 본토 주민을 이주시키기 위해 시민단체를 결성한 '보통' 사람들, '백년국치'의 역사에 치를 떨며 주기적으로 민족주의적 시위를 벌이다가도 주변 소수민족들의 민족주의 시위를 앞장서서 진압하는 중국의 평범한 시민들에게 과연 동아시아의 과거와 미래는 어떠했고, 어떠하며, 또 어떨 것인가를 묻는 일. 권력의 역사 조작이 너무 심하게 너무 자주 일어나니까, 과거는 변화무쌍하기 때문에 미래보다 과거가 더 예측하기 힘들다는 구소련 지식인들의 풍자적 한탄에서 우리는 얼마나 자유롭냐고 묻는 데서부터 동아시아의 역사 화해는 시작되지 않을까?

한·중·일의 동료 시민들께.

1990년대 초의 일로 기억합니다만, 20세기의 대표적 마르크스주의 역사가 에릭 홉스봄이 부다페스트의 중앙유럽대학 초청으로 참석한 한 강연에서 이런 이야기를 한 적이 있습니다. 역사학이 핵물리학보다도 위험하다는 생각이 들 때가 점점 더 많아진다며, 모든 역사가는 예기치 않게 정치가가 될 수밖에 없다는 거지요.

중앙유럽대학은 공산주의 붕괴 이후 헝가리 출신의 유대계 이민자인 조지 소로스(George Soros)가 주식투자로 모은 재산 중 10억 달러라는 거금을 쾌척해서 만든 대학이지요. 이념적 장벽이 무너진 이후 국경을 넘는 동유럽 지식인들의 자유로운 학문적 토론과 포럼을 기대하며 만들었습니다. 이 대학에서 이루어진 홉스봄의 이 강연은 공산주의의 몰락 이후 막 움트고 있던 당대의 낙관적 시대정신에 찬물을 끼얹는 것이었지요. 그런데 역사학이 핵물리학보다 더 위험하다는 잠재적 위험성에 대한 불길한 예언은 얼마 지나지 않아 유고 내전을 겪으면서 곧 현실화되었습니다.

인종청소와 대량학살의 참혹한 내전을 겪은 후 한자리에 모인 발칸 지역의 역사가들은 자신들도 전범이라는 자책감에서 한동안 벗어날 수 없었다고 합니다. 내전이 왜 그렇게 극심했는지 원인을 찾다가 각각 자기가 몸담고 있는 국가나 지역의 역사 교과서를 찾아 읽고는 경악한 거지요. 자기 민족의 순수한 전통과 문화를 본질화하고 그 범주에 속하지 않는 타자를 배제하고 적대시하는 전형적인 '국사(national history)' 체계의 이 교과서들을 읽고 공부했으니 보통 사람들이 이웃에 대한 적대감을 갖는 것은 당연하며, 따라서 이 같은 역사 교육을 방관하고 심지어는 고무한 역사가들도 내전의 책임에서 벗어날 수 없다는 게 이들의 반성이었습니다.

같은 지역, 심지어는 같은 마을 안에서조차 그리스정교, 슬라브정교, 오스만튀르크의 이슬람, 로마가톨릭이 서로 얽혀 있고, 대여섯 개의 서로 다른 언어와 종족이 얽혀 사는 발칸 지역의 특성상 이와 같은 자민족 중심주의적 역사 서술이나 교육은 그야말로 불에 기름을 끼얹는 격입니다. 말하자면 발칸은 전 지역이 고구려나 마찬가지입니다. 서로 자기 국사의 일부라고 싸우는 고구려사 논쟁 같은 것이 수십 개씩 일어날 수 있다는 겁니다.

가만히 따져보면 이처럼 특정 시기의 종교나 언어를 근거로 민족적 차이를 본질화하는 것도 비역사적인 억지지요. 한 예를 들어볼까요? 유고 내전이 일어나기 전에 폴란드 대학의 슬라브 학부에는 세르비아-크로아티아 언어문화학과가 있었지요. 폴란드 친구들 이야기를 들어보면, 이런 학과 편제에 대해 항상 크로아티아 사람들이 불만이었다고 하더군요. 세르비아가 앞에 오고 크로아티아가 뒤에 붙는 데 대한 불만이었지요. 그런데 유고 내전이 벌어진 이후에는 세르비아 사람이나 크로아티아 사람이나 다 같이 불만을 터뜨리기 시작했다는 겁니다. 불만의 요지인즉, 이렇게 서로 다른 언어를 어떻게 같은 학과에 묶을 수 있냐는 거였답니다.

실제로 유고 내전을 종식시킨 데이턴 평화협정에 얽힌 에피소드인데, 협정의 주체인 유고 내전의 당사자들이 이구동성으로 동시통역 서비스를 주장하는 바람에 부랴부랴 동시통역 부스를 설치하고 통역사를 배치했다더군요. 그런데 진짜 재미있는 광경은 막상 회의가 시작되자 누구도 동시통역 이어폰을 끼지 않았다는 거지요. 왜냐고요? 거의 차이를 느끼지 못하고 다 알아들을 정도로 가까운 말들이니, 굳이 귀찮게 이어폰을 낄 필요가 없었기 때문이지요.

실제로 19세기에 발칸에서 민족어가 만들어질 때 세르비아-크로아티아 문법체계는 동일한 것으로 같이 만들어졌습니다. 하지만 지금처럼 정치적으로 적대적인 상황이 앞으로 50년이고 100년이고 흐르면, 이 언어들은 서로 다른 방향으로 발전하면서 다른 어휘와 다른 의미를 지닌 다른 언어로 발전할 가능성이 큽니다. 그러면 다시 언어적 차이를 근거로 민족적 차이를 본질화하는 주장들이 힘을 얻게 되는 거지요. 문제는 민족의 화약고라는 발칸에서는 이런 주장들이 담론으로만 그치지 않고 적대적인 행동으로 발전하기 쉽다는 겁니다.

때늦은 감은 있지만, 그래도 발칸의 역사가들이 국사 서술과 교과서의 문제들을 직시하기 시작했다는 것은 아주 중요합니다. 더구나 모임을 꾸려나가는 방식도 아주 창의적이고 인상적입니다. 예컨대 이런 식이지요. 그리스의 중세사 전공자들이 알바니아 역사 교사들의 연수에서 알바니아 중세사를 강의한다거나, 거꾸로 알바니아의 역사가들이 그리스 역사 교사들의 재교육을 일부 담당하는 식입니다. 자민족 중심주의와는 다른 시각을 가르치자는 거지요.

아직까지 세르비아 역사가들이 크로아티아 역사 교사 연수에 참가하고 크로아티아 역사가가 보스니아에서 강의하는 수준까지는 아닌 것 같습니다만, 동아시아에서 이루어지고 있는 역사가들의 대화에 비하면 훨씬 진취적이고 진일보한 수준이라고 봅니다. 지난 1월 일중공동역사연구가 결국 제2차 세계대전 이후 현대사 관련 보고서는 공표하지 않기로 결정을 내린 채 끝난 것과 비교해도 그렇습니다. 또 한국의 역사가들이 일본 교사들에게 일본군 위안부 역사를 가르치거나, 일본 역사가들이 한국 교사들에게 임나일본부를 가르친다거나, 한국의 고구려사 전공자들이 중국의 역사 교사들에게 고구려 역사를 가르치는 것 따위는 동아시아에서는 아직 상상도 할 수 없는 일이지요.

저도 개인적으로는 '비판과 연대를 위한 동아시아 역사포럼'이라는 한일 역사가 모임을 발의해서 7~8년 동안 같이 작업을 한 적이 있습니다만, 결코 쉬운 일이 아니었습니다. 그때 우리 목표는 양국 사이의 이견을 좁히는 공동연구가 아니라, 국사의 패러다임을 해체함으로써 이견들이 공존할 수 있는 여지를 만들자는 것이었습니다. 역사 해석에서 이견이 있는 것은 불편하고 지양해야 할 문제가 아니라 당연하고 바람직하다는 게 저희 생각이었습니다. 단지 그 이견들이 국사의 틀에 기반을 둘 때는 고구려사 논쟁이나 임나일본부 논쟁처럼 같이 서기 어렵다는 것이지요. 이미 국제정치적 논쟁으로 비화해버린 이 논쟁에서 오늘날의 중국이나 한국, 일본이 제거되어버리면, 사실 이견들은 얼마든지 공존할 수 있다는 게 우리 생각이었습니다.

동아시아 역사 논쟁을 들여다보면, 사실 국사 패러다임이 작동하는가 여부가 적대적 이견과 비적대적 이견을 나누는 분기점이 아닌가 합니다. 그런데 지금 여기에서 현실의 삶을 살아가는 보통 사람들한테 국가의 역사 이야기가 어떻게 받아들여지는지는 또 다른 문제입니다. 사실 일상을 살아가는 사람들의 입장에서 내 삶이 어느 나라의 역사에 속하는가가 갖는 의미는 전혀 다르게 다가오기도 합니다.

여기 재미있는 일화가 하나 있습니다. 지도 위에 인위적으로 그어진 선인 국경이 사람들의 일상을 어떻게 규율하는가를 보여주는 일화지요. 무대는 제1차 세계대전 직후 폴란드와 러시아의 변경지대이고, 주연은 그곳에서 대대로 살아온 농민입니다. 제1차 세계대전 직후 베르사유조약에서 강대국의 외교관들이 폴란드의 독립을 결정한 사실은 잘 알려져 있습니다. 독립을 시키려니 우선 국경을 확정지을 필요가 있었을 테고, 국경을 확정짓기 위해서는 대대적인 측량사업이 필요했고, 그래서 최신 장비를 갖춘 측량기사들이 이곳 변경지대의 오지 마을을 찾아오게 되었다는 겁니다.

베르사유조약도 모르고 자신들이 독립했는지조차 모르는 한 농민이 밭을 갈다가 낯선 측량기사들에게 도대체 무엇을 하는가 물었겠지요. 나라와 나라 사이의 경계를 긋는 국경선을 측정한다고 답하자, 고개를 갸우뚱하던 그 농부는 여하튼 자기 땅은 그럼 어느 나라에 속하게 되느냐고 물었답니다. 그러고는 아슬아슬한 차이로 러시아를 비껴나 폴란드에 속하게 된다는 답변을 들었지요. 그러자 이 농부는 안도의 한숨을 쉬며 신께 감사의 기도를 드렸습니다. 왜냐고요? 러시아의 겨울은 너무 추워서 견디기 힘들기 때문이라는 것이지요.

이 일화는 국경과 변경에 대해 흥미로운 사실을 전해줍니다. 근대 국민국가의 지배 헤게모니에 포섭된 일반적인 상식으로는 이 농민이 폴란드 사람이기 때문에 폴란드에 속하게 된 데 대해 안도감을 느낄 것이라고 짐작하기 십상이지요. 그런데 러시아의 겨울이 폴란드의 겨울보다 더 견디기 힘들기 때문이라는 농민의 대답은 그런 민족주의적 상식을 단숨에 전복시켜버립니다. 그나마 이 농민의 전복적 상상력은 잘 무장된 해체주의적 이론의 힘이 아니라, 매서운 겨울나기라는 일상의 체험에 굳건히 서 있기 때문에 투박하지만 훨씬 더 견고합니다. 변경 농민의 일상적 삶에서 보면 언어와 종족의 경계에 따라 제멋대로 그은 새로운 국경은 그야말로 자의적이고 인위적인 것이었을 뿐이지요.

그러나 이 일화에서 베르사유조약이 제멋대로 그은 국경의 개념을 전복시키는 한 투박한 농민의 전복적 상상력만 읽어낸다면, 그것 또한 지나치게 일면적입니다. 자의적으로 그은 국경선에 따라 엄혹한 러시아의 겨울과 상대적으로 온화한 폴란드의 겨울을 구분하는 이 농민의 의식은 국경의 경계 안에 포박되어 있기도 합니다. 근대 국민국가의 경계 논리에 포섭된 그의 의식은 이 '선' 너머의 겨울은 러시아의 겨울이기 때문에 '선' 안쪽 폴란드의 겨울보다 더 혹독할 것이라는 엉뚱한 논리의 연상작용을 불러일으키는 것이지요.

국경을 기준으로 작동되는 이 연상작용은 특정한 국가나 민족에 대한 고정관념을 만드는 계기입니다. 흑해 연안의 항구인 러시아의 세바스토폴이 폴란드 동부의 루블린이나 비아위스토크보다는 훨씬 더 따듯하지만, '러시아'의 겨울이 '폴란드'의 겨울보다 따듯해서는 안 되는 거지요. 일상에서 접하는 현실과 이데올로기가 만들어내는 고정관념 사이의 긴장은 이렇듯 개인적 기억과 공식적 역사 사이의 긴장이라는 형태로 늘 존재해왔습니다.

또 하나 흥미로운 예를 들어볼까요? 1920년대 말인지 1930년대 초인지 폴란드의 우치 대학 사회학부에서 폴란드인들과 유대인 이웃들이 서로를 어떻게 생각하고 있는지를 방문 조사해 남긴 아주 흥미로운 기록이 있습니다. 대체로 이런 내용입니다. 조사자가 '바웬사'라는 폴란드인을 찾아가 묻습니다. "폴란드 민족에 대해서 어떻게 생각하는가?"라는 질문에 그는 폴란드 민족은 예수가 신의 선택으로 못 박혔듯이 인류를 대신해서 십자가에 못 박힌 진리와 사랑을 추구하는 민족이라 대답합니다. 학교에서 배운 그대로지요. 그럼 "유대인에 대해서는 어떻게 생각하는가?" 하고 질문하자 그들은 예수를 죽게 만든 돈과 이해만 좇는 무지하고 몽매한 민족이라고 답합니다. 전간기(戰間期)의 반유대주의가 만든 유대인에 대한 고정관념을 그대로 반복하는 거지요. 그런데 이때 바웬사가 생각하는 폴란드 민족과 유대인에 대한 이미지는 그가 직접 경험해서 느낀 것이라기보다는 학교나 교회 혹은 언론을 통해 알거나 듣고 배운 겁니다.

조사자는 계속해서 묻습니다. "그럼 옆집에 사는 폴란드인 '미하우'는 어떤가?" 하는 질문에 바웬사가 답합니다. 같은 폴란드인이라는 게 창피할 정도로 미하우는 더럽고 자기 이해만 좇는 유다 같은 배반자라는 게 그의 답입니다. 조사자는 다시 집요하게 묻습니다. 그 건너에 사는 유대인 이웃인 '아담'은 어떤가? 그러자 폴란드인 바웬사는 자기 생각을 숨김없이 표현합니다. "나는 지금까지 살면서 그처럼 착하고 이웃을 배려하는 인간다운 인간을 만난 적이 없다."고요.

이런 내용들이 우치 대학 사회학부의 그 조사 연구에는 가득 차 있습니다. 말하자면 바웬사가 일상에서 경험한 구체적인 인간 미하우와 아담은, 한 사람의 국민으로 커나가는 사회화 과정에서 학교나 교회, 언론 등을 통해 바웬사가 배운 폴란드 민족의 특성이나 유대인에 대한 고정관념과는 전혀 다른 인간들인 것이지요. 여기서도 일상과 이데올로기는 충돌합니다.

벌써 오래전 일입니다만, 영국의 국제마르크스주의 서클의 일원이자 포츠머스 대학에서 '사회주의와 민족주의' 프로젝트를 오래 진행해 온 브라이언 젱킨스(Brian Jenkins)에게 이 이야기를 들려준 적이 있습니다. 그러자 젱킨스는 1980년경 영국의 BBC 방송에서 만든 인종주의 특집에서 본 장면이라며 아주 재미있는 이야기로 답하더군요.

BBC 방송의 리포터가 영국의 스킨헤드족을 인터뷰하기 위해 축구장을 찾아갔답니다. 유럽의 경우 극우파들이 주로 축구 팬클럽 조직을 통해 연결되니까 극우파를 찾기에는 맞춤이지요. 그 리포터는 스킨헤드족을 곧 찾아 그와 인터뷰를 합니다. "최근 들어 이민이 급증하고 있는 카리브 해 흑인들에 대해 어떻게 생각하는가?" "오, 그들은 영국의 사회보장에만 의존해 사는 게으르고 더러운 작자들이며 범죄의 원흉으로 우리 세금만 축낸다." 그때 리포터는 마침 그 스킨헤드족 바로 옆에 앉아 있는 흑인을 한 사람 발견합니다. "이 사람은 누구인가?"라고 묻자, "오, 그는 트리니다드토바고에서 온 내 친구 찰스인데, 세상에 둘도 없는 내 친구로, 이 친구처럼 영리하고 착하며 이타적인 인간은 없다."는 스킨헤드족의 답변이 바로 이어집니다.

이 이야기를 주고받으면서 한참 같이 웃었습니다만, 사실 웃고 넘길 문제가 아니지요. 다른 민족이나 인종에 대해 이들이 갖고 있는 고정관념은 단순한 인식의 문제를 넘어서는 거니까요. '어떤 역사적 사건도 이름을 갖고 난 다음에야 존재한다'는 수잔 손택(Susan Sontag)의 지적처럼, 현실을 인식하고 받아들이는 담론이 현실을 만드는 경향이 있으니까요. 예컨대 '광주사태'냐 '광주민주화항쟁'이냐에 따라, 혹은 '5·16쿠데타'냐 '5·16혁명'이냐에 따라 그 역사적 사건의 성격이 달라지는 것이지요.

물론 어떻게 인식하는가와 상관없이 움직이지 않는 엄연한 현실은 있지요. 이미 흘러간 과거는 바뀌지 않는 거니까요. 그러나 현재의 삶에 영향을 미치는 것은 과거 그 자체가 아니라 '인식된 과거'지요. 현실도 과거와 마찬가지입니다. 사람들의 실천을 지배하고 특정한 방향으로 유도하는 것은 엄연한 현실 그 자체가 아니라 사람들이 인식한 현실이지요. 현실을 어떻게 인식하는가에 따라 실천의 방향과 길이 달라지는 겁니다.

앞서 이야기한 폴란드인 바웬사나 영국의 스킨헤드족이 갖고 있는 유대인과 흑인에 대한 고정관념은 물론 허위의식입니다. 그들이 일상에서 체득한 구체적인 인간 한 사람 한 사람에 대한 생각과는 모순되지요. 나치의 유대인 친구나 흑인 단짝을 둔 백인 인종주의자, 폴란드 민족의 명예를 위해 유대인을 구한 반유대 민족주의자와 같은 모순된 존재들이 역사 속에서 숱하게 발견되는 것도 그 때문입니다.

그러나 이들이 선거에서 표를 던지거나 특정한 정책이나 문화적 제안을 지지하는 등의 사회적 실천을 지배하는 것은 일상의 경험보다는 이데올로기적 고정관념일 때가 더 많습니다. 나치즘이, 인종주의가, 반유대주의가 일시적이나마 승리할 수 있었던 것도, 또 패배했는데도 끊임없이 옷을 갈아입고 역사의 무대에 등장하는 것도 이데올로기가 자주 일상을 이기기 때문이 아닐까요? 일상과 이데올로기의 충돌에서 국사는 흔히 이데올로기의 편입니다. 한국 민족, 일본 민족, 폴란드 민족, 유대 민족 등을 동질적이고 단일한 실체로 본질화시키기 때문이지요.

국사가 아닌 역사가 어떻게 가능하냐고요? 물론 가능합니다. 동북공정으로 촉발된 중국과 한국의 고구려사 논쟁을 한번 살펴볼까요? 중국의 공식적인 역사 해석은 현재 중화인민공화국의 영토에서 일어난 역사는 전부 중국사로 여깁니다. 비단 고구려뿐만 아니라 발해도 중국의 지방정권이라 여기는 거지요. 그러나 중국 국민혁명의 아버지인 쑨원이 '산하이관 밖의 동쪽 오랑캐인 만주족이 중국인을 노예화했다'며 '타타르족을 몰아내자'고 했을 때, 만주를 중국사의 일부로 보았을 리는 없는 거지요.

중국분들, 화부터 내지 마세요. 그렇다고 내가 고구려는 한국사라고 주장하려는 것은 아닙니다. 훗날 한반도의 역사로 흡수된 예맥족이 고구려의 일부 주민을 구성한 것은 맞지만, 고구려 역사의 주역은 역시 숙신, 여진, 거란, 말갈 등으로 불린 북방의 기마민족이었다고 보는 것이 맞겠지요. 만약에 만주국이 멸망하지 않고 존속했다면, 고구려와 발해는 아마도 만주국의 국사로 편입되었을 겁니다. 물론 고구려사를 만주국의 국사로 편입하는 것이 바람직한가의 여부는 또 다른 문제이겠습니다만…….

고구려 역사의 주역이었던 북방의 유목민들 관점에서 보면, 중국과 한국의 역사학계가 고구려를 놓고 서로 자기네 국사라고 싸우는 모양이 얼마나 우습겠습니까? 고구려가 위치했던 만주라는 역사적 공간이야말로 한족의 대륙문화, 북방의 유목문화, 한반도를 통해 들어간 해양문화 등 서로 다른 문화가 만나 경합하고 갈등하고 서로 침투하면서 만들어나간 복합적인 문화공간이지요.

사실 전근대의 경계라는 것은 오늘날의 국경처럼 선으로 그어진 것이 아니라 넓은 지역에 걸쳐 산포된 많은 점들이 만들어내는 면의 공간입니다. 역사적 변경이라는 이 독특한 공간은 중국사든 한국사든 국사 패러다임이 강변하듯이 어느 한 민족이나 특정한 문화가 독점할 수 있는 공간이 아니라 다자가 공유하는 공간입니다. 이처럼 변경사의 관점에 설 때, 역사적 분쟁의 대상인 고구려는 한족과 예맥족뿐 아니라 북방의 다양한 기마민족과 유목민들이 공유했던 친근한 삶의 터

전이자 경쟁하면서도 다양한 삶의 경험을 나누던 문화적 교류의 장으로 이해됩니다.

비단 고구려만은 아니지요. 고구려는 그래도 형편이 나은 편입니다. 아직까지 영유권 분쟁으로 이어지지는 않고 있으니까요. 현해탄을 뜨겁게 달구고 있는 독도/다케시마, 중국과 일본의 영유권 분쟁을 불러일으킨 다오위다오/센카쿠 열도, 러시아와 일본이 팽팽하게 신경전을 벌이는 쿠릴 열도, 고구려사 논쟁과 연결되어 중국과 한국 사이에 시한폭탄처럼 가로놓인 간도, 또 시야를 약간 남서쪽으로 돌리면, 중국, 베트남, 타이완 등 6개국이 영유권을 다투고 있는 스프래틀리 제도와 말레이시아와 인도네시아가 서로 '우리나라 고유의 영토'라고 우기는 동칼리만탄 섬 등을 둘러싼 갈등은 역사 논쟁이 영토 분쟁과도 연결되어 있는 예들입니다. 분쟁 당사국들은 모두 이 분쟁지역이면 옛날부터 '우리나라 고유의 영토'라고 주장합니다.

특히 독도/다케시마나 다오위다오/센카쿠 열도처럼 무인도의 경우, 현지 주민과 본토 주민과의 문화적 유대를 주장할 아무런 근거가 없기 때문에 역사 자료에 더 의존할 수밖에 없습니다. 분쟁 당사국 모두가 각자 그것이 '우리나라 고유의 영토'임을 입증할 만한 역사 자료를 찾아내고자 혈안인 것도 그 때문이지요. 그래서 나름대로 모두 그곳이 '우리나라 고유의 영토'임을 입증하는 자료들을 제시합니다. 그러나 문제는 누구의 눈에도 공평무사하고 객관적인 증거를 제시하지는 못한다는 점입니다. 자신의 눈에만 나름대로 객관적인 증거일 뿐이지요.

영토 분쟁이 곧잘 역사 논쟁으로 비화하는 것도 이 때문입니다. 그러나 이 논쟁은 객관적 사실의 영역이 아니라 주관적 해석의 영역인 경우가 더 많습니다. 역사 자료를 통해 분쟁이 종결되는 것이 아니라, 서로 다른 주장이 이제는 역사까지 등에 업고 팽팽한 평행선을 달리는 거지요. 17세기 도쿠가와 바쿠후의 '도해면허'가 독도에 대한 일본의 실효적 지배를 의미한다는 일본 학계의 주장과 그것은 오히려 바쿠후 일본이 독도를 외국으로 간주했다는 증거라는 한국 학계의 반박이 그 좋은 예입니다.

독도가 일본 땅이라고 선포한 시네마 현의 조례에 대해서 대마도/쓰시마가 한국 영토라고 의결한 마산 시의회의 주장은 어떤가요? 근거가 없나요? 천만에요. 저는 아직 가보지 못했지만 쓰시마 박물관에 가면 대마도를 지배한 '소(宗)' 가문은 도쿠가와 쇼군 체제의 신하이자 조선 왕국의 관리였다는 공식문서가 있다지요. 이렇게 보면 대마도는 일본이자 한국이며, 부산/마산 지역사의 일부이자 후쿠오카 지역사의 일부이기도 했던 거지요.

물론 시마네 현의 '다케시마의 날 조례'와 비교해볼 때, 마산시의 '대마도의 날 조례'는 한국에서조차 단순한 에피소드로 치부될 뿐 큰 반향은 일으키지 못했습니다. 그것은 무엇보다도 현재 일본어를 사용하고 자신을 일본인이라고 생각하는 주민들이 살고 있기 때문이지요. 그렇다고 해도 대마도가 원래부터 일본의 '고유한 영토'였는가, 또 그 주민들이 언제부터 일본인이라는 정체성을 가졌는지를 따지자면, 그 역시 간단한 문제는 아니라고 봅니다.

물론 역사에 기대어 영유권 논쟁을 전개하는 것은 동아시아만의 고유한 현상은 아닙니다. 독일의 테오도르 몸젠(Theodor Mommsen)과 프랑스의 퓌스텔 드 쿨랑주(Fustel de Coulanges)가 벌인 알자스-로렌 논쟁부터 시작해서, 폴란드와 리투아니아의 빌뉴스 논쟁, 독일-폴란드의 슐레지엔/실롱스크 논쟁, 영국-프랑스의 노르망디 귀속 논쟁, 피레네 산맥 지역을 둘러싼 스페인-프랑스의 논쟁 등 그 목록은 상당히 깁니다. 심지어는 서고트족의 역사적 주권을 놓고 국경을 맞대기는커녕 유럽 대륙의 북단과 남단으로 뚝 떨어져 있는 노르웨이와 스페인의 역사가들이 논쟁을 벌인 적도 있지요. 로마제국 말기 서고트족이 북으로부터 이동을 시작해 로마를 거쳐 이베리아 반도로 내려와 오늘날의 스페인에 정착하게 된 그 역사를 놓고 노르웨이의 역사다, 스페인의 역사다 하며 서로 싸운 거지요. 예수가 서로 자기네 민족이었다고 싸운 세르비아와 크로아티아의 역사학도 그렇지만, 그 틈바구니에서 《구약성서》에 나오는 아담은 헝가리 사람이었다고 주장한 헝가리의 국사도 만만치 않습니다. 코페르니쿠스가 독일인이었냐 폴란드인이었냐 하는 논쟁은 아직도 양국 언론에서 계속되고 있습니다.

20세기 전반까지 유럽에서 중세 고고학이 발달한 것도 이유가 있습니다. 역사적 분쟁의 대상 지역을 발굴해서 원래 이 땅은 우리 고유의 영토이자 역사적 영역이었다는 주장의 근거를 찾아내는 어용학문으로서 국가적 지원을 받아가며 발전한 거지요. 1950년대 폴란드의 고고학이 독일에게 할양받은 실롱스크/슐레지엔 지역을 집중적으로 발굴하고, 거기서 나온 토기나 각종 생활의 흔적들을 슬라브적인 것이라 주장한 것도 같은 맥락이지요. 오늘날에는 독일과 폴란드의 고고학자들이 공동 발굴을 통해 이 지역은 슬라브족과 게르만족의 접촉과 교류가 이루어지던 변경지대로, 공통의 문화공간이었다고 주장하고 있습니다. 큰 차이지요.

가야와 한반도 남부 지역이나 일본의 백제 유적지에 대한 한일 고고학자들의 공동 발굴은 가능할지, 또 공동 발굴했다면 그 조사보고서는 자국 민족문화의 우월성을 입증하는 것으로 고고학적 발굴을 이용했던 과거의 민족고고학으로부터 얼마나 자유로울 수 있을지 잘 모르겠습니다. 임나일본부에 대한 적대적 정치 논쟁이 비적대적 학문 논쟁으로 전환하는 것은 양국의 고고학이 국사적 틀에서 같이 벗어날 때에나 가능하겠지요.

동아시아에서는 국사의 틀이 여전히 지배적인데, 유럽에서는 국사를 넘어서려는 흐름이 대세를 이루기 때문에 유럽 사회가 동아시아 사회보다 더 개방적이고 민주적이라고 평가한다면 그것도 일면적입니다. 제2차 세계대전과 홀로코스트라는 인공적 대재앙을 겪었는데 그만큼도 반성하지 않는다면 문제지요. 체르노빌은 이 점을 다시 한번 확인해주었습니다. 우크라이나의 사고였지만, 바람의 방향 때문에 가장 크게 피해를 입은 나라는 벨라루스였고, 거의 모든 유럽 국가가 방사능 낙진의 영향을 받았습니다.

여러 나라가 조밀하게 국경을 맞대고 있는 유럽의 상황에서 핵발전소는 그것이 위치한 개별 국민국가 고유의 영토에서 일어나는 주권의 경계를 넘어 지역 전체의 사활이 걸린 문제입니다. 개별 국민국가의 핵발전소 사업이 국경을 접하고 있는 이웃나라들의 승인을 전제로만 가능하게 된 것도 그 때문이지요. 이 상황에서 유럽 주민들의 이익을 위해 일국의 국민주권은 제한될 수도 있다는 생각은 자연스럽지요. 제멋대로 국경을 넘나드는 방사능 낙진은 더 이상 개별 국민국가가 국민의 생명과 건강을 위협하는 환경적 위험과 위기의 관리 주체일 수는 없다는 것을 분명히 말해주었습니다.

유럽만의 특수 상황이라고요? 중금속 미세먼지를 잔뜩 안고 한반

2007년도 제6회 한·중·일 청소년 역사체험캠프에 참여한 청소년들
동아시아의 미래는 우리가 어떤 역사적 상상력으로 미래를 꿈꿀 것인가에 따라 달라질 것이다.

도의 봄을 공습하는 중국의 황사는 어떤가요? 덕분에 서울 시민들의 평균 수명이 교토 시민들보다 2년 이상 짧아진다는 연구 결과도 있는 모양인데, 그냥 운명으로 받아들여야 하나요? 중국이 마구잡이로 나무를 베서 사막화를 촉진하든 근대화를 앞세워 오염물질을 마구 배출하든 팔짱 끼고 쳐다볼 수밖에 없는 건가요?

그렇습니다. 중화인민공화국이라는 국민국가의 경계 안에서 일어나는 한 그것은 중국의 주권 문제입니다. 근대적 국제질서를 규정해온 국가주권의 원칙이 신성불가침의 보편원리로 작동하는 한, 자신의 생명과 건강에 중요한 영향을 미치는 황사 문제에 한반도의 주민들이 관여할 수 있는 길은 없습니다. 주권의 신성불가침성과 민족주의의 주술에 사로잡혀 있는 한, 황사 문제 등을 풀 수 있는 사회적 상상력은 빈곤할 수밖에 없습니다.

21세기 우리의 삶이 처하고 있는 문제의 해결책을 찾기 위해서는 먼저 국경에 갇혀 있는 우리의 상상력을 민족주의의 주술에서 해방시키는 것이 급선무가 아닌가 합니다. 국사 패러다임을 문제 삼는 것은, 그것이 현재와 미래에 대한 우리의 상상력을 국가의 경계 속에 가두고 질식시키기 때문입니다. 우리 일단 상상력을 해방시켜봅시다. 그 다음에 이 고삐 풀린 상상력이 우리를 어디로 인도하는지 지켜봅시다. 실은 나도 궁금해 죽겠습니다.

에필로그

네가 서 있는 바로 그곳부터 파헤쳐라

희주야.

네가 공언한 대로 역사 과목을 단 1학점도 안 듣고 교양과정을 무사히 마친 걸 축하한다. 네가 다니는 그 대학은 '유구한 역사와 전통'을 자부하는 사학과가 있어 교양과정에서 역사 과목의 비중이 클 텐데 용케도 잘 빠져나갔구나. 네가 특별히 역사를 싫어해서는 아니겠지. 집 밖의 공적 영역에서는 아빠의 그림자조차도 미치지 않는 곳에서 네 나름대로의 세계를 건설하겠다는 자립 의지의 표현이라고 생각하마. 하긴 교양과목에서 서양 문화사나 동양 문화사, 한국 현대사 같은 역사 과목 한두 개 듣는다고 네 생각이나 사는 방식이 크게 달라질 것 같지는 않구나. 남자친구나 식구들한테 유식한 척하면서 그야말로 교양을 드러내는 데 도움이 될지는 모르겠지만, 그나마도 기말시험까지 치르고 학기가 끝나면 얼마 안 가서 거의 다 잊어버리겠지.

벨기에에 앙리 피렌(Henri Pirenne)이라는 역사가가 있었다. 역사학의 역사라는 관점에서 보면 아주 대단한 역사가지. 훗날 프랑스에서 아날 학파를 만들어 20세기의 역사학에 아주 큰 영향을 미친 마르크 블로크(Marc Bloch) 같은 대역사가를 키운, 그러니까 아날 학파의 할아버지 같은 사람이다. 이 사람은 중세 유럽의 도시나 지중해 무역 등에 대해 아주 탁월한 업적을 남긴 중세사의 대가이기도 하지.

오늘날 피렌의 학설을 그대로 따르는 중세사가는 거의 없지만, 아직도 그의 책을 읽으면 항상 눈을 뜨는 듯한 느낌을 받는다. 그래서 또 다른 중세사가 한 사람은 더 이상 그의 주장을 따르지는 않지만 피렌이야말로 역사학에서 '풍요로운 오류가 건조한 진실보다 소중하다'

는 것을 잘 보여주는 예라고 과감히 주장하기도 했다. 역사는 사실을 추구하는 실증적 학문이라는 생각이 지배적인 시대에 그런 주장을 공개적으로 던지기 위해서는 참으로 많은 용기가 필요했을 거라는 생각이다. 지금 네 나이보다 그저 두세 살 정도 더 많은 대학원 초년생 때 읽은 글인데 아직도 생생하게 기억이 나는구나.

그런데 이 피렌이 학생들을 인솔해서 스칸디나비아로 답사를 갔을 때의 일이다. 인솔교수인 피렌이 중세 경제사의 대가인 것을 아는 학생들은 당연히 한자 동맹에 속했던 항구도시나 바이킹의 유적과 유물을 찾아 중세 때 일어난 교역의 흔적을 더듬어볼 것이라고 기대했겠지. 그런데 학생들의 기대를 보란 듯이 배반하고 이 중세사가가 학생들을 처음 데려간 곳은 스톡홀름의 국회의사당이었다. 아직도 생생하게 기억나는 것은 뜻밖의 답사 장소인 국회의사당 앞에서 어리둥절해 있는 학생들한테 '살아 있는 역사'의 현장인 이곳이야말로 첫 번째 답사지가 되는 것이 당연하다고 피렌이 일갈했다는 그 장면이다.

역사를 공부한다는 게 결국 사람을 이해하고 그들이 살아가는 삶의 복잡한 양상들을 이해하는 것이라면, 역사책만 열심히 읽는다고 해서 좋은 역사가가 되는 것은 아니다. 오히려 신문을 열심히 읽고 지금, 여기, 자기 주변에서 일어나는 일들을 세심하게 잘 관찰하면 사람과 삶에 대한 이해도 깊어지고, 따라서 역사에 대한 이해도 깊어질 수 있다는 게 아빠 생각이다.

1980년대 후반의 일이다. 소련에서는 국가사회주의 체제가 완전히 기능부전에 빠져 더 이상 굴러갈 수 없게 되자, 미하일 고르바초프가 등장해 개혁개방의 물결이 일어나고 당과 국가의 무능과 부패, 그리고 거짓말들이 봇물처럼 터져 나오고 있었지. 당시 고르바초프 서기장은 돌연 초등학교부터 대학에 이르기까지 소련의 모든 학교에서 당분간 역사 시험을 중지한다는 지시를 내렸다. 역사를 거짓말로 가르쳤는데, 더 이상 학생들이 이 거짓말들을 사실인 것처럼 외워서 역사 시험을 치러서는 안 된다는 게 그 이유였다. 거짓말로 가득 찼던 역사 교과서가 새로 만들어질 때까지 역사는 가르쳐서도 안 되고 시험을 치러서는 더 안 된다는 거였지.

그러고 보니 영국의 역사가 노먼 데이비스가 폴란드에 유학 와서 지도교수를 정하고 박사논문 주제를 의논했던 일화를 소개한 게 기억나는구나. 옥스퍼드에서 역사를 공부한 후 청운의 꿈을 품고 야기에오 대학에 온 이 젊은이는 러시아혁명 직후 폴란드와 볼셰비키 러시아 간의 전쟁˙을 주제로 박사논문을 쓰고 싶다고 지도교수에게 제안했단다. 그러자 그 지도교수의 반응이 뭐였는지 아니? "이 사람아, 미안하지만 그런 전쟁은 우리 역사에 없었네." 였단다. 그래서 데이비스는 당장 짐을 싸서 영국으로 돌아와서는 폴란드-소비에트 전쟁으로 박사논문을 썼단다. 이 논문은 나중에 책으로 나왔는데, 이 논문의 주제가 된 전쟁은 소련과 폴란드에는 없지만 영국에는 있는 전쟁이 된 셈이지.

■ **폴란드와 볼셰비키 러시아 간의 전쟁**
1919년 2월부터 1921년 3월까지 공산화되기 이전의 폴란드와 소비에트 연방 사이에 벌어진 전쟁이다. 반러시아 감정이 강한 폴란드의 호전성 때문에 시작되었지만, 레닌은 러시아 영토를 회복하는 데 그치지 않고 폴란드의 바르샤바까지 진격했다. 독일의 혁명이 러시아혁명의 성공에 중요한 요소라는 점을 절실하게 느낀 레닌은 민족자결권의 원칙을 스스로 부정하면서까지 폴란드와의 전쟁에서 승리해 혁명 러시아와 독일의 국경을 맞닿게 해서 독일의 혁명에 힘을 보태고자 했다.

당시만 해도 1970년대 초니까 1919년부터 1921년에 걸쳐 일어난 이 전쟁에 참여했고 또 기억하는 사람들도 많은데, 그런 전쟁이 폴란드 역사에 없었다는 게 이해되니? 사회주의 모국인 소련이 폴란드를 침공한 그 전쟁은 사회주의 형제국가인 소비에트 러시아와 폴란드의 우호를 위해서는 있어서는 안 되는 일이었지. 과거는 얼마든지 바꿀 수 있기 때문에 항상 미래보다 과거가 더 예측하기 어렵다는, 구소련의 냉소적인 농담은 농담이 아니라 이처럼 현실이었구나. 이들이 모토로 내건 '과학적 역사학'의 과학은 도대체 어떤 걸까?

한 가지 예를 더 들어볼까? 구로이타 가쓰미(黑板勝美)라고 일본 근대 역사학의 아버지로 평가되는 역사가가 있다. 문헌자료에 대한 엄밀한 실증적 분석을 바탕으로 사실을 추구하는 실증사학의 틀을 정립한 사람으로 잘 알려져 있지. 그런데 이 사람이 유럽 일주를 하고 와서 남긴 글들이 아주 걸작이다. 스위스의 빌헬름 텔 유적을 방문하고 그의 신기에 가까운 활쏘기뿐만 아니라 애국주의에 깊은 감명을 받고, 또 그리스에서는 올림포스 유적 등에서 크게 감명을 받았던 모양이다. 이 사람이 일본에 돌아와서는 "일본도 빌헬름 텔과 같은 전설을 필요로 한다. 사실이 아니면 좀 어떤가? 국민에게 애국심과 충성을 북돋울 수 있다면 괜찮다."는 식의 글을 거침없이 발표하는가 하면, 도쿄의 야스쿠니 신사-부도칸-황궁이 몰려 있는 오늘날 일본 극우의 상징적 심장부 옆에 올림픽 스타디움을 지어 국민의식을 높일 것을 제안하기도 했다는구나. 몇 년 전 교토의 한 학회에서 와세다 대학의 이성시 선생이 이 논문을 발표하니, 일본의 역사 연구자들이 깜짝 놀라더구나. 어떻게 구로이타 가쓰미처럼 엄격하고 고증에 충실한 실증사가가 그런 발언을 할 수 있었는지 도저히 믿을 수 없다는 표정들이었지.
 비단 구로이타뿐만 아니다. 일본 역사가들이 1903년 도쿄 제국대학에서 처음으로 '랑케 마쓰리(축제)'를 지냈다는 흥미로운 기록도 있다. 월계수와 국화, 일본 고유의 분재 등으로 제단을 장식하고 레오폴트 폰 랑케(Leopold von Ranke)를 일본 역사학의 원조로 모시는 제사를 지낸 거지. 자신들은 랑케 사학의 숭배자라며, 사실에 대한 엄밀한 고증을 강조하는 실증사학의 정신을 일본의 역사학이 이어받았다고 주장한 거지.
 그런데 이 사람들, 이상하다. 랑케의 손자뻘 제자임을 자처하며 교토 제국대학에 사학과를 만든 사카구치 다카시(坂口昻)를 한번 볼까? 이 사람, 조선총독부의 요청으로 알자스-로렌과 슐레지엔 지역에 대한 독일제국의 민족정책, 예컨대 독일이 폴란드계 주민들에게 어떻게 독일어와 독일 역사를 가르치는지를 조사해서는 일본도 독일의 문화정책을 배워야 한다는 보고서를 제출하기도 했더구나. 과거에 대한 엄밀한 실증적 연구라는 것은 자기방어벽이었을 뿐, 실제로는 식민주의에 봉사하는 어용학문으로 역사학을 전락시킨 거지.
 일본 랑케 사학만의 문제는 아니지. 독일 사학사의 대가 게오르크 이거스(Georg Iggers) 교수의 연구에 의하면, 실은 랑케부터 이미 '실증'의 이름 아래 역사 속에서 세계사에 개입한 신의 섭리를 입증하고 국가의 생명력과 도덕적 에너지 등을 찾으려고 했다는구나. 그러니까 일본의 '랑케 마쓰리'에서 보듯이, 랑케를 신줏단지처럼 모시며 과거에 대한 엄밀한 실증적 모사와 복원을 주장하는 것은 이미 그 출발부터 잘못된 거지.
 일본 우익의 《새역사교과서》나 고구려사를 중국사로 편입하려는 동북공정에 대해서, 또 심지어는 요코 가와시마 윗킨스의 《요코 이야기》에 대해서 역사와 사실을 왜곡한다고 비판하고, 한국의 역사학은 객관적인 역사적 진실만 이야기한다는 일각의 주장에 대해서 극히 회의적인 아빠를 이해하겠니? 많은 경우 실증적이고 객관적이며 엄밀한 역사적 사실에 대한 주장은 자민족중심주의적 해석을 정당화하는 논리이기 때문이지. 네가 교양과정에서 결사적으로 역사 수업을 안 듣겠다고 했을 때, 아빠는 한편으로 섭섭하면서도 또 한편으로는 차라리 안 듣는 게 낫겠다는 생각에서 별로 말리지 않은 거지. 하긴 말린다고 네가 들었을 것 같지는 않지만…….

너와 네 언니가 초등학교의 국어시간에 아직도 알퐁스 도데(Alphonse Daudet)의 〈마지막 수업(La dernière classe)〉을 읽는 것을 보고 아빠는 정말 깜짝 놀란 적이 있다. 아빠가 '국민학교'에 다닐 때도 배운 교재인데, 너희 세대도 읽을 줄은 정말 몰랐다. 더구나 이 소설은 일본 제국주의의 일본어/국어 교과서에도 수록되었던 거니, 생명력이 질기기도 하더구나. 독일에 점령당한 알사스 지역의 초등학교에서 프랑스어로 진행되는 마지막 수업을 그린 이 짧은 소설은 어린 애들한테 그야말로 모국어에 대한 사랑을 불러일으키기에 딱 좋은 교재지.

몇 년 전 도쿄의 프랑스 문화원장과 만나서 이야기를 나누다 알퐁스 도데 이야기가 나왔다. 그 프랑스인은 왜 일본과 한국에서 알퐁스 도데가 그렇게 유명한지 도저히 이해를 못하겠다고 하더구나. 프랑스에서는 별로 작가적 능력을 인정받는 사람이 아니라면서. 하지만 아빠가 볼 때 그 이유는 분명하지. 언어적 민족주의를 정당화하는 아주 좋은 교재니까. 나중에 악시옹 프랑세즈(Action Française)라는 프랑스의 극우파 조직에 관한 책을 읽으면서, 아빠는 알퐁스 도데의 아들이 그 조직의 중요한 활동가였음을 발견했다. 우연일까?

희주야.
그래, 굳이 역사 공부를 하려고 애쓰지 마라. 잠이 안 올 때를 빼놓고는, 재미도 없고 죽어 있는 역사책을 읽으려고 굳이 애쓰지 말거라. 역사는 멀리 있는 게 아니다. 언니하고 싸우면서 사람들 사이에 갈등이 왜 생기는가를 생각해보고, 엄마와의 팽팽한 신경전에서 헤게모니의 문제를 느껴보고, 아빠하고 싸울 때 권력과 지배, 순응과 저항의 문제를 생각해보면 우선 그걸로 충분하다. 어떤 훌륭한 역사책보다 네가 몸으로 느끼면서 배우는 삶의 문제가 더 생생하고 중요하다는 생각이다. 너와 상관도 없는 먼 과거를 파헤치기보다는 우선 '네가 서 있는 곳을 파헤쳐라.' 공식적 역사를 부정하고 밑으로부터 살아 있는 역사를 갈구했던 맨발의 스웨덴 역사가 스벤 린드크비스트(Sven Lindqvist)의 주장이다. 그러니 지금까지처럼 '역사 공부' 하지 말거라.

이 책에 사용된 이미지들

18~19쪽: 장 레옹 제롬(Jean Leon Gerome, 1824~1904)의 〈the snake charmer〉. 에드워드 사이드의 저서 《오리엔탈리즘》(1978)의 표지 이미지로도 쓰였다.
37쪽: 이스라엘 베들레헴 분리장벽의 벽화(2008년), ⓒ연합통신.
42~43쪽: 일본 야스쿠니 신사 전경, ⓒ안해룡.
60~61쪽: 1934년의 독일 뉘른베르크에서 열린 나치당 회합.
74~75쪽: 〈배조우도(拜胙遇塗)〉(답례하러 가는 길에 양화를 우연히 만나다), 작자 미상, 1742, 33x54cm, ⓒ성균관대학교박물관.
90~91쪽: 베네치아 궁전 발코니에 서서 온몸으로 연설하는 무솔리니.
108~109쪽: 1951년에 그려진 소련의 그림.
128~129쪽: 〈조선 사람의 본때를 보여주어야 하오〉, 박진영, 조선화, 247x278cm, 1968, 이구열 소장.
148쪽: 세네갈에 세워진 '아프리카 르네상스' 동상, ⓒ연합통신.
150~151쪽: 1964년 울산의 정유공장, ⓒ국정홍보처.
170~171쪽: 1968년 독일 학생과 청년들이 벌인 베트남 전쟁 반대 시위.
190~191쪽: 1907년 사회민주당 대회에서 연설하고 있는 로자 룩셈부르크. BPK 제공.
214~215쪽: 2010년 4월 16일 쿠바의 사회주의 국가 건설 49주년 기념식 모습, ⓒ연합통신.
230~231쪽: 2001년 멕시코시티 거리에서 시민과 함께하는 사파티스타, ⓒ박정훈.
241쪽: 2001년 3월 11일 소칼로 대광장의 시민들, ⓒ박정훈.
248~249쪽: 1947년 여름, 약속의 땅 이스라엘로 떠나는 엑소더스(Exodus)호의 유대인들.
264쪽: 예루살렘에 있는 홀로코스트 기념관 야드 바셈(Yad Bashem).
268~269쪽: 마스튼 하틀리(Marsden Hartley, 1877~1943)의 〈The Iron Cross〉, 1915. 'The Iron Cross'는 독일의 철십자 훈장을 일컫는다.
277쪽: 1961년 재판정에 선 아이히만.
286~287쪽: 제2차 세계대전 당시 아우슈비츠 수용소 벽에 기대어 서 있는 유대인들.
304~305쪽: 서울역에서 부산으로 이동 중인 일본인 아이들, ⓒNARA.
315쪽: 난징대학살 기념관 조형물, ⓒ김정은.

324~325쪽: 베를린의 홀로코스트 기념관, ⓒRICH.

338쪽: 다큐멘터리 〈쇼아〉 포스터.

346~347쪽: 파울 클레(Paul Klee, 1879~1940), 〈Mural from the Temple of Longing〉, 1922.

362~363쪽: (상) 2006년 동북공정에 반대하는 한국인들 / (중) 2005년 일본의 과거사 청산과 유엔 안보리 상임이사국 진출을 반대하며 반일 시위를 벌이는 LA의 중국인들 / (하) 2005년 '다케시마의 날' 조례안 가결 후 환호하는 일본의 우익 단체 사람들, ⓒ연합통신.

380쪽: 청소년 역사체험캠프에 참여한 한·중·일 청소년들(2007년), ⓒ아시아 평화와 역사교육연대.

새로운 세대를 위한 세계사 편지
– '만들어진 역사', 국사와 세계사 교과서를 찢어버려라

지은이 | 임지현

1판 1쇄 발행일 2010년 6월 14일
1판 2쇄 발행일 2013년 1월 28일

발행인 | 김학원
경영인 | 이상용
편집주간 | 위원석
편집장 | 정미영 최세정 황서현
기획 | 문성환 나희영 임은선 박민영 박상경 최윤영 조은화 전두현 최인영 윤홍 정다이 이보람
디자인 | 김태형 임동렬 유주현 최영철 구현석
마케팅 | 이한주 하석진 김창규 이선희
저자·독자 서비스 | 조다영 함주미(humanist@humanistbooks.com)
스캔·출력 | 이희수 com.
용지 | 화인페이퍼
인쇄 | 청아문화사
제본 | 정민문화사

발행처 | (주)휴머니스트 출판그룹
출판등록 | 제313-2007-000007호(2007년 1월 5일)
주소 | (121-869) 서울시 마포구 연남동 564-40
전화 | 02-335-4422 팩스 | 02-334-3427
홈페이지 | www.humanistbooks.com

ⓒ 임지현, 2010

ISBN 978-89-5862-313-7 03900

만든 사람들

기획 | 최세정(se2001@humanistbooks.com) 박태근 박정선
편집 | 김선경
디자인 | 민진기디자인